# 福利中国的初曙

## ——近代养老金制度的建立与发展

林　矗／著

復旦大學出版社

## 丛书组成人员

丛书顾问　施　诚　王联合

丛书主编　刘守刚　刘志广

丛书编委会（拼音为序）

曹　希　李　钧　梁　捷　林　矗　刘守刚　刘志广

马金华　马　珺　宋健敏　汤艳文　陶　勇　童光辉

王瑞民　魏　陆　温娇秀　武靖国　解洪涛　徐一睿

闫　浩　杨海燕　杨红伟　曾军平

# 总序 PREFACE

成立于2013年9月的上海财经大学公共政策与治理研究院，是由上海市教委重点建设的十大高校智库之一。我们通过建立多学科融合、协同研究、机制创新的科研平台，围绕财政、税收、医疗、教育、土地、社会保障、行政管理等领域，组织专家开展政策咨询和决策研究，致力于以问题为导向，破解中国经济社会发展中的难题，服务政府决策和社会需求，为政府提供公共政策与治理咨询报告，向社会传播公共政策与治理知识，在中国经济改革与社会发展中发挥"咨政启民"的"思想库"作用。

作为公共政策与治理研究智库，在开展政策咨询和决策研究的同时，我们也关注公共政策与治理领域基础理论的深化与学科的拓展研究。特别地，我们支持从政治视角研究作为国家治理基础和重要支柱的财政制度，鼓励对财政制度构建和现实运行背后体现出来的政治意义及历史智慧进行深度探索。在当前中国财政学界，从政治学角度探讨财政问题的研究还不多见，研究者也零星分散在各高校，这既局限了财政学科自身的发展，又不能满足社会对运用财税工具实现公平正义的要求。因此，我们认为有必要在中国财政学界拓展研究的范围，努力构建财政政治学学科。

呈现在大家面前的丛书，正是在上海财经大学公共政策与治理研究院率先资助下形成的"财政政治学文丛"。作为平台，它将国内目前分散的、区别于当前主流方法思考财政问题的学者聚合在一起，以集体的力量推进财政政治的研究并优化知识传播的途径。文丛中收录的著作，内容上涵盖基础理论、现实制度与历史研究等几个方面，形式上以专著为主、以文选为辅，方法上大多不同于当前主流财政研究所用分析工具。

我们上海财经大学公共政策与治理研究院将继续以努力促进政策研究和深化理论基础为己任，提升和推进政策和理论研究水平，引领学科发展，服务国家治理。

胡怡建

2019 年 10 月

# 序 PREFACE

改革开放40余年以来，养老金一直是我国深化改革的重要环节，尤其是近年来养老金并轨、养老金入市等问题越来越受到社会各界的关注和讨论。伴随着现代社会保障理论的发展和实践的需求，以社会保障史为主体的研究逐渐增多，但迄今尚未有针对中国历史上养老金制度演化的全面分析。因此，有必要立足于近代养老金制度，从其所积累的丰富经验和教训中，寻找对今天仍行之有效的改革方案，努力探求适应当代经济发展的模式。鉴于此，这本《福利中国的初曙：近代养老金制度的建立与发展》在爬梳大量近代报刊图书文献的基础上，采用经济史学、历史学、社会保障学的研究方法，从近代西方养老金制度在华传播与本土化、民国时期养老金制度的演进、近代养老金的管理模式与资本市场、近代养老金制度的二元结构特征四个主要方面进行考察，旨在厘清近代中国福利制度的产生、发展及其内在逻辑，为当前养老金改革和福利制度的完善提供重要的历史经验。

林矗是我指导的博士后，该书是在他的博士后报告的基础上修改而成的。该书运用翔实的史料，依据丰富的典籍，以及结合社会经济史的研究方法，对近代以来中国养老保障史进行了富有开创性的研究。该书从西制东行、制度变迁、二元结构以及对资本市场的影响等方面进行多视角、多层次的理论研究，从中揭示中国传统养老保障近代化过程内在演变的逻辑与规律，进而对当代中国养老保障制度的完善提供有益的借鉴。在方法上，该研究采用了社会保障理论、经济史、思想史与历史学相结合的跨学科研究方法，突破以往单一的研究范式。该研究具有重要的理论价值和创新性。

丛树海

2021年1月

# 前言 FOREWORD

2015 年夏，我从上海财经大学经济学院博士毕业后，进入公共经济与管理学院从事师资博士后研究。本书是在我的博士后出站报告的基础上修改而成。感谢刘守刚、刘志广两位老师将本书纳入他们主编的“财政政治学文丛”系列。

在本书付梓之际，我由衷地感谢硕博阶段的恩师杜恂诚老师指引我走上学术研究之路，感谢博士后导师丛树海老师的关心支持并为本书赐序，感谢我的家人的理解与支持，感谢责任编辑戚雅斯老师为本书所付出的辛劳。同时，也以此书告慰黄天华老师的在天之灵。

最后，本书得到了上海财经大学“中央高校双一流引导专项资金”和“中央高校基本科研业务费”资助出版，在此一并感谢。

作 者

2021 年 2 月

# 目录 CONTENTS

# 第一章
# 导　论

随着社会保障问题的日益凸显，虽然个别学者开始注意到“古代社会保障”这一课题的研究价值，但依然无法建立沟通现代与古代社会保障模式联系的合理框架，尤其是对于近代这一过渡阶段的社会保障问题的研究依然空洞。在人类历史上，包括社会保障制度和社会福利模式在内的大多数社会经济制度都不是一蹴而就的，而是通过长期不断发展完善而成，即便是当下的社会保障制度和社会福利模式，也只是现代多数国家社会保障制度发展的一种过渡形态，而非最终模式，日后将会随着社会的进步而逐渐进化。可以说，古近代的社会保障制度或社会福利模式与现代的社会保障制度存在着密切的关联和延续性。因此，研究中国社会福利的发展历史，尤其是近代这一特殊时期社会保障制度的逐步构建过程，无论对于理解古代传统社会福利模式向现代社会保障制度过渡的逻辑，还是致力于现代社会保障的制度完善，都大有裨益[1]。

“养老保障”(Old-age Security)或“社会养老保障”(Social Security for the Aged)，又称“老年保障”，是指国家、社会或者个人通过一系列经济帮助和社会服务等方面的措施，对退出劳动领域或者无劳动能力的老年人开展的各种社会保障项目的总称[2]。在现代福利国家，养老保障概念有广义和狭义之分：广义的养老保障即老年福利，通常包括生活保障、社会服务、文化娱乐、老年教育等内容；而狭义的养老保障是指为老年人提供基本的经济生活和必要的服务帮助[3]。作

[1] 关于近代社会保障史的研究现状，详见附录1。
[2] 夏征农、陈至立主编；谈敏、丛树海编：《大辞海·经济卷》，上海辞书出版社2015年版，第839页。
[3] 杨翠迎主编：《社会保障学》，复旦大学出版社2015年版，第207—208页。

为现代国家的一项基本的社会经济制度，养老保障制度往往与一个国家的经济发展和社会稳定密切相关，对于发展中国家而言更是如此。党的十九大报告明确提出："按照兜底线、织密网、建机制的要求，全面建成覆盖全民、城乡统筹、权责清晰、保障适度、可持续的多层次社会保障体系。"其中，"完善城镇职工基本养老保险和城乡居民基本养老保险制度，尽快实现养老保险全国统筹"是这一系列部署保障和改善民生举措中的重要内容。

从经济学的角度来看，养老保障制度本质上是一项实现公平分配、稳定社会的主导机制。随着国家对养老保障事业的不断重视，为了更好地适应社会发展的需要，探索适合我国国情的养老保障道路的研究成为当前学术界的热点。近年来，有学者以养老保障同国际接轨为由，以西方发达国家养老保障制度模式为标准蓝本，提出了若干当前盛行于西方世界的养老保障规则，以此来框定我国养老保障的未来走向。诚然，在我国养老保障改革的进程中借鉴国外的经验是必要的，但是，照搬、照套国外的模式，即便是被认为较为成功的模式，也是有失偏颇的。因此，完善我国养老保障的制度体系，不仅要吸收西方发达国家的经验教训，而且有必要借鉴我国历史上养老保障制度的发展经验。

基于此，本书以近代养老金制度为例，以近代特殊的政治、经济和社会为背景，多维度地分析影响中国社会福利发展的因素；通过西方社会福利模式的历史演变，分析中国和西方国家社会福利模式的差异；以中国近代独有的社会经济转型特点为基础，明确在以社会福利制度为主体的社会构建中，自上而下的国家力量与自下而上的社会市场如何联合作用而使得近代养老金制度逐步得以规范。这一系列研究内容可为完善中国现有经济、社会、制度背景下的社会福利模式提供绝佳的历史镜鉴。当然，中国社会福利史或社会保障史是一座内涵丰富的宝藏，除了本书论及的近代养老金制度这个例子外，还有很多可待发掘的内容值得赓续钻研和探索。

## 一、社会福利与福利国家的内涵

社会福利(Social Welfare)通常是指国家依法为所有公民普遍提供旨在保证一定生活水平和尽可能提高生活质量的资金和服务的社会保障制度，即凡是为改善和提高全体社会成员物质、精神生活而采取的措施、提供的设施和服务等都称为社会福利。社会福利的概念有广义和狭义之分，广义的社会福利制度是指国家和社会为实现社会福利状态所作的各种制度安排，与目前的社会保障的含义基本相同;狭义的社会福利则指为帮助特殊的社会群体、疗救社会病态而提供的社会服务,属于目前社会保障体系中的一个子系统,与社会保障中的社会保险、社会救助、优抚安置等子系统并列[1]。本书所指的社会福利基本沿用了我国社会保障专家郑功成的定义:"社会福利是国家和社会通过社会化的福利津贴、实物供给和社会服务,满足社会成员的生活需要,并促进其生活质量不断得到改善的一种社会政策。"[2]

在西方,工业革命之前的社会福利是建立在自由主义、个人责任和私人善行基础上的行动,其宗教色彩和道德责任较强,宗族、家庭是福利提供的主要载体。工业革命后,西方国家政府逐渐成为社会福利的主要提供者,开始承担社会福利的主要责任。20 世纪 30 年代,随着世界范围内的资本主义经济危机的发生,制度型社会福利思想逐渐盛行,也催生了英国政府的"人民预算"和美国的"罗斯福新政"。第二次世界大战结束后,英国率先按照《贝弗里奇报告》建成福利国家和新的社会福利制度。此后,欧美各国也根据福利国家模式逐步构建起各国的社会保障制度。第二次世界大战爆发前后直到 20 世纪 70 年代,是全世界福利国家建立和社会保障制度完善的黄金时期。社会福利和社会保障作为现实社会中的一项重要制度得以推行,并且成为历史性、社会性的进步事物得以公认。直至现代,福利国家的基本特点已演变为国家通过税收来筹集社会福利所需的资金,尽可能地推进社会各阶层之间的平等,保障每个公民都可享受较高标准的生活,为每个人提供大量的免费医疗及其他社会服务。可以说,福利国家是在 19 世纪以来整个世界所有工业化国家在摸索中逐渐推行的社会政策的基础上产生的,其兴起也推动了现代社会福利制度的发展。

福利国家这一术语虽然在第二次世界大战后半个世纪以来曾被运用在多种语境下,但至今尚无普遍认可或权威的界定。福利国家的概念最早是由威廉·坦普尔提出的,他指出福利国家是一种为普通平民服务的国家,它与以纳粹德国为例的、为统治者服务的"权力国家"完全不同。还有学者认为,"福利国家所表述的真正概念是一种国家形态"[3]。英国政治学家约翰·基恩认为,福利国家就是"国家通过保证投资、减少失业和扩大社会保险项目的再分配等战略使自己渗透到社会生活中去,以便保证个人与群体之间的公正和平等",福利国家

---

[1] 尚晓援:《社会福利与社会保障再认识》,《中国社会科学》2001 年第 3 期。

[2] 郑功成主编:《社会保障学》,中国劳动与社会保障出版社 2005 年版,第 361 页。

[3] 周弘著:《福利国家向何处去》,社会科学文献出版社 2006 年版,第 2 页。

的建立,标志着“一个以民族和谐的社会人际关系,不受限制的生产和提供大量福利项目为主要特征的新时代的开始”。[1] 在此,我们仅以英国社会历史学家阿萨·布里格斯在《历史视野中的福利国家》一文中对福利国家的理解为参考,来宏观地理解福利国家的含义,以展开下文对近代中国福利国家的分析。阿萨·布里格斯认为:“福利国家大量使用组织力量(政治和行政),至少在三个方向上努力纠正市场作用。第一个方向是可以保证个人和家庭的最低收入,不管他们的工作和财产的市场价值如何;第二个方向是使个人和家庭能够应对某些导致个人和家庭危机的‘社会突发事件’(如疾病、老龄和失业),缩小其不安全程度;第三个方向是公民地位或等级,确保他们在人们认可的一定社会服务内获得可得的最好水平的服务。”[2]

美国学者安东尼·哈尔和詹姆斯·梅志里从福利模式的演进出发,将近现代国家福利模式概括为三种类型。第一种是补缺型社会福利模式,主张满足社会需要的政府干预应当最小化,将社会福利看作个人生活的一种边缘性需要,政府应当把自己的行为局限于应对社会病理,充分发挥市场竞争机制。一般社会需求应当通过市场中的个人努力予以满足,辅以家庭和社区的支持,并借助慈善组织或志愿组织的力量。这种福利最小化的思路在19世纪西方的济贫法中得以体现。但是由于补缺型社会福利无法应对大规模的贫困问题,面对人们对基本服务社会需求的上升趋势,补缺型社会福利模式逐渐退出社会舞台。第二种是渐进型的福利模式。20世纪60年代左右,为满足人民对医疗、教育、住房等基本公共产品的需求,统治阶级扩大了社会服务的提供面,大量新建学校、住房、医院等公共设施,并确立了一种新的社会福利模式——渐进型的福利模式。在此种模式下,社会部门以零碎的、应急性的方式逐步扩张,以应对政治的压力,而不是满足特定的社会需求。但是这种情况忽视了大部分农村贫困公民的迫切需求,导致了“向城市一边倒的弊病”。第三种是综合性福利模式。在凯恩斯国家干预经济思想的影响下,全面福利思想兴起,社会保障制度成了国家垄断资本主义的一个重要组成部分。政府的责任是保障所有公民享有某种基本的生活水平,主张把扩大社会保障规模作为增加需求的重要途径,把社会保障制度作为政府宏观调控的经济工具,调节社会需求,调节消费结构,促进社会经济发展。然

---

[1] [英]约翰·基恩著,马音、刘利圭、丁耀琳译:《公共生活与晚期资本主义》,社会科学文献出版社1999年版,第1页。

[2] [英]阿萨·布里格斯:《历史视野中的福利国家》,丁开杰、林义选编:《后福利国家》,上海三联书店2004年版,第1—15页。

而,从资源配置角度讲,政府管制不可避免地会造成一定的效率损失,产生大量的交易成本。特别是到了 20 世纪 70 年代后期,西方各国相继陷入了“滞胀”的危机之中,占据统治地位的凯恩斯主义已经无法给出令人满意的解决对策,发达国家新一轮的福利经济理论浪潮随之风起云涌,从而也影响综合性福利模式在西方国家和发展中国家的地位[1]。显然,上述各种社会福利模式都不适用于中国,因为中国社会福利模式的建立和完善饱含历史传统的复杂因素。“我国的福利模式具有相当的复杂性,绝不是某种单一的模式,而是基于历史文化发展进程基础上的种种制度模式的混合。”[2]本书以为,近代中国是处于一种剩余型的福利模式,即国家在社会福利方面扮演有限的角色,政府除了在社会救助和基本的社会服务方面承担主要责任外,在其他社会服务和福利领域基本上依靠市场、非政府组织和就业者个人。

无论是“社会福利”制度还是“福利国家”,在以往的社会保障教材中,学者普遍认为:“中国社会保障实践,自古有之,但作为社会保障制度,则是从 20 世纪 50 年代陆续建立起来的。”[3]社会保障学界也几乎默认了这种观点,却忽略了古代社会保障制度的近现代转型发展以及现代社会保障思想自清末便已开始从西方传入中国的史实。在中国古代,社会保障事业尽管由于生产力水平偏低而导致保障能力有限,但其保障范围却已经较为全面,基本上囊括了近现代社会保障业务的主要内容。“社会保障”一词最早出现在 20 世纪初,但作为制度形态的源头可以追溯到我国三代时期。只不过,在文明社会的初始阶段,社会保障只是点点滴滴地表现在个别方面,零散而又琐碎,尚未形成一定的规制,严格地说,这只能是早期社会的“互助共济”[4]。

《礼记·礼运》开篇所说的“大同之世”即描述了中国古代原始社会较晚时期的社会福利状况:“大道之行也,天下为公。选贤与能,讲信修睦,故人不独亲其亲,不独子其子,使老有所终,壮有所用,幼有所长,矜寡孤独废疾者,皆有所养。男有分,女有归。货恶其弃于地也,不必藏于己;力恶其不出于身也,不必为已。是故谋闭而不兴,盗窃乱贼而不作,故外户而不闭,是谓大同。”这种氏族内部财产公有、鳏寡孤独皆有所养的“大同之世”,为后世人们追求理想社会奠定了社会

[1] [美]安东尼·哈尔、詹姆斯·梅志里著,罗敏等译:《发展型社会政策》,社会科学文献出版社 2006 年版,第 6—7 页。
[2] 姚建平著:《中美社会救助制度比较》,中国社会出版社 2007 年版,第 7 页。
[3] 李晓林、王绪瑾主编:《社会保障学》,中国财政经济出版社 1997 年版,第 13—14 页。
[4] 黄天华著:《中国财政制度史》第 1 卷,上海人民出版社、格致出版社 2017 年版,第 85 页。

福利方面的基础。可以说，原始社会的“大同理想”是后世数千年社会福利思想的源头。此后，在古代以“大一统”专制主义作为理想政治形式的两千余年时间里，孔子的大同思想在保障民生、争取公平、凝聚人心上发挥了重要作用，尤其可以说其维护社会稳定、实现社会协调的功能与近现代所崇尚的社会保障理念是一脉相承的[1]。例如，清朝光绪年间，康有为的《大同书》就是以孔子的有关思想作为理论武器，宣传变法维新；又如孙中山发起的资产阶级民主革命也公开宣传“世界大同”“天下为公”，以此作为奋斗目标。由此可知，中国社会福利制度的建设远早于西方国家，甚至在西方关于“福利国家”的定义出现之前，便早已应用于古代国家治理之中。

## 二、中国古代传统社会福利的思想与实践

根据当代学者的定义，中国传统社会福利体系是基于中国古代特定的社会形态之上的，即“生产上家庭小规模生产占主导地位；经济形态为自给自足的小农经济；社会结构表现为血缘性宗法家族结构；思想文化以专制思想为主体；以儒家伦理纲常为核心”的这样一种社会形态。其中，政府、民间、宗教、宗族、基于业缘和地缘的自保互助组织等主体构成了社会福利的主体[2]。直至近代，尤其到了民国时期，在社会救济开始正式由国家责任向社会模式转变的历程中，社会福利的内涵才从古代封建社会的“社会救济”逐步过渡为“社会福利”“社会事业”或“公共协助”[3]。

中国早在先秦时期就初步构建了国家社会福利制度的框架，出现了以儒家、道家等为基础的社会福利思想。基于儒家的基本理念、围绕农村家庭和宗族建立起来的福利制度，其主要方式通常为慈善救济与社会救济。在传统封建社会，维护政权稳定、粉饰太平景象是统治者的现实目的，因此，对于长期以“大一统”的高度集权的皇权政治作为理想政治形势的古代封建社会而言，儒家理念始终鞭策着当政者致力于民众的社会福利，致力于将传统社会福利作为维护封建统治者及地主阶级统治秩序的工具。只不过，因封建专制时代政治体制的弊病，中国历代社会福利制度的推行十分缓慢。

---

[1] 刘芳、毕可影主编：《社会保障制度史》，上海交通大学出版社 2018 年版，第 6 页。
[2] 秦莉著：《中国适度普惠型社会福利体系的建构研究》，上海交通大学出版社 2016 年版，第 92 页。
[3] 陈凌云著：《现代各国社会救济》，商务印书馆 1937 年版，自序。

夏商两代对鳏寡孤独群体有定期的救济举措。据《礼记·王制》的描述，夏商两代对鳏寡孤独皆实施"常饩"，即政府定期发给生活必需品。又据《周礼》记载，西周时期由稿人察看灾情并向上级官吏汇报，然后中央组织救灾，实行"保息六养万民"，即"慈幼，养老，振穷，恤贫，宽疾，安富"六项安民、救济政策。应该说，《周礼》中的社会救助面覆盖到了各类人群。例如，养老主要针对孤寡无依者、年老致仕的"国老"以及为国而死的老人等，主要措施为免除力役、举行宴会款待"国老"以及赐予"齿杖"等[1]。

春秋战国时期，社会保障制度基本承袭了三代初创的规制，并在此基础上有所发展，特别是在制度细节方面更为规范、更为有效。同时，伴随着孔子、孟子、墨子等古代思想家的福利思想，中国的传统社会福利逐渐发展出儒家的"民本""仁政""大同"，墨家的"兼爱"及道家的"德治"等济贫思想，为建构社会福利制度和福利国家的雏形提供了思想支撑。孔子的社会福利主张的理论依据是孔子的仁学思想体系(即"重礼""贵仁"两个方面)，其在儒家学说初创之时便已产生。如由孔子"仁者爱人"为核心的"仁"而衍生出来的是"惠爱其民，惠予其民，惠存其民"以及"济众助人""均无贫""薄赋敛""使民以时"等社会福利思想。

孔子的最高社会理想是"大同"，《礼记·礼运》中曰："大道之行也，天下为公。选贤与能，讲信修睦，故人不独亲其亲，不独子其子，使老有所终，壮有所用，幼有所长，矜寡孤独废疾者，皆有所养。男有分，女有归。货恶其弃于地也，不必藏于己；力恶其不出于身也，不必为己。是故谋闭而不兴，盗窃乱贼而不作，故外户而不闭，是谓大同。"在这种"大道之行"的理想社会的社会形态下，生产资料共有，社会事务由大家处理；分工自然合理，男子有职业，女子有归属，老有所养，少有所托，孤寡残疾之人也能得到社会的照护；人们之间互相亲爱，诚信和睦，推己及人。不过，"大同"社会是孔子以原始社会末期社会形态为依据而构想出的一种理想社会模式。

后来，孔子的"使民以时""教化""仁爱"等仁政思想被孟子提升为一种政治道德和执政条件，并继续发展出一套以"仁学"为核心的社会福利思想主张。他以人性善为出发点，以重民思想为基础，提出了"老吾老以及人之老，幼吾幼以及人之幼"的思想命题和"仁政""王道""制民恒产""井田制"等社会主张。孟子社会福利思想的总框架，主要是建立在他的"性善说"和颇具民本主义色彩的"仁政"学说的基础上。最典型的例子是，孟子的"救穷济弱"思想界定了社会救济对

---

[1] 张剑、赵宝爱主编：《社会福利思想》，山东人民出版社2014年版，第162页。

象的范围，认为鳏、寡、孤、独、老、幼等应是社会救济的主要对象，提出“老而无妻曰鳏，老而无夫曰寡。老而无子曰独，幼而无父曰孤。此叫者，天下之穷民而无告者，文王发政施仁，必先施四者”[1]。在尊老思想方面，孟子提出：“老吾老，以及人之老；幼吾幼，以及人之幼，天下可运于掌。”[2]至于如何尊老敬老，孟子认为要通过教育等措施来宣扬和固化，“谨庠序之教，申之以孝悌之养，颁白者不负戴于道路矣”[3]，以保证老年人老有所养，能被儿女孝顺。

除了儒家中饱含推崇社会福利思想之外，道家也对古代社会福利和社会救济方面有过诸多论述。例如，《太平经》作为中国道教史上的一部重要著作，反映了贫苦民众疾苦与要求的思想以及对理想社会模式的构想，体现为对人类基本生存需要的肯定、对生命的尊重和社会平等的倡导、宣扬散财济穷思想等。《太平经》从民本思想出发，批评了社会上的贫富不均现象，怀着对民众的关爱和对弱者的同情，提出了“周穷救急”的救济思想，要求统治者和富人们广散余财，以保障社会下层的平民百姓能获得基本的生活资料，过上安稳的生活。《太平经》把关注点放在社会底层，认为救济对象主要是那些“饥者”与“寒者”，即处于生死线上的贫民。他们的社会地位低下，生活状况十分窘困，有甚者则“饥饿道傍，头眩目冥，步行猖狂，不食有日，饿死不见葬，家无大无小，皆被灾殃”。他们一“穷”二“急”，如果不对其实施救助，就会“使其饥寒而死”，社会应给予救济，解决他们的生存问题，保证他们不至于因饥寒而死[4]。

春秋战国时期的《管子》和《墨子》中也蕴含着许多早期社会福利理念。春秋时期齐国的管仲在主持国政时，非常强调社会救济的功能，以“仓廪实而知礼节，衣食足而知荣辱”和“爱之，利之，益之，安之”为社会福利原则，力行“九惠之教”（“安老、慈幼、恤孤、养疾、合独、问疾、通穷、振困、接绝”），直接扶持老弱贫病。管子还提出了济贫思想，分析了百姓贫困的多种原因以及“甚贫”对社会稳定的危害，并提出了“贫穷线”问题。《管子》指出，为政者兴德政时还要“匡其急、振其穷”。“匡其急”包括“养长老，慈幼孤，恤鳏寡，问疾病，吊祸丧”，即敬养老人，慈恤幼孤，救济鳏寡，关心疾病，吊慰祸丧；“振其穷”指“衣冻寒，食饥渴，匡贫窭，振罢露，资乏绝”。当然，管仲的利民扶贫政策是为了巩固齐国奴隶制度的统治，是为了图谋霸主地位以控制更大的地区，并非为了民众特别是奴隶们的利益而实

[1] 《孟子·梁惠王下》。
[2] 同上。
[3] 同上。
[4] 张剑、赵宝爱主编：《社会福利思想》，山东人民出版社 2014 年版，第 168—169 页。

行的。《管子》认为，给予生活困难者适当的救济可收拢民心，“饥者得食，寒者得衣，死者得葬，不资者得振，则天下之归我者若流水”[1]。

墨家的墨子从“兼相爱”“交相利”的根本原则出发，认为自然界的变化和统治者的横征暴敛、奢侈浪费密切相关，因此，发动战争是灾荒产生的主要原因。而积粟备荒、节用抗灾、足财抗灾是赈荒抗灾的主要方法，即所谓的“赈灾备荒论”。相反地，同一时期的以韩非为代表的法家则从“人性自私论”和“自为自利”理论出发，提出了“贫富分化合理论”“反足民论”和“反济贫论”。他认为“足民”不会给统治者带来好处，相反却会带来巨大的祸患。他认为，实际“济贫”措施不仅会破坏法制，而且会鼓励奢侈、懒惰。在实践方面，战国时期的各诸侯国普遍以调粟、安缉等方法进行社会救济。应该说，以社会救济为特征的先秦社会福利制度体现了“以民为本”的思想。此后，历代统治阶级为了维护国家的统一和社会的稳定，往往通过皇帝颁发的诏书，运用行政手段来实行这类济贫政策，不断丰富和发展先秦构建的社会福利制度。

汉初，社会救济一般被分为两类：一类是为恢复残破的社会经济状况而采取的宏观社会救济措施；另一类则是针对百姓个体的社会救济措施。此时的社会福利还包括赈灾与优抚（赈济、放贷、徙流民）。西汉各朝的社会救济方法有招抚流亡、轻徭薄税、均输平准法、限名田、公田“假与”、赊贷及六管制、尊年高、恤鳏寡孤独、复除、赐民爵等。东汉统治阶级也采取了释放奴隶和囚徒、赐爵、“假民公田”的救济方法。其中，常平仓制度作为中国封建政权调节粮价、备荒、赈恤而专门设置的粮仓，始于汉代。汉宣帝五凤四年（公元前 54 年）采纳耿寿昌的创议在边郡设置常平仓。该仓因在谷贱时提高收购价格收进、在谷贵时降低价格而售出，使粮食价格保持在相对稳定的水平上而得名。“寿昌遂白令边郡皆筑仓，以谷贱时增其贾而籴，以利农。谷贵时减贾而粜，名曰常平仓。”[2]西汉已将平粜思想具体化为一种政策和制度，并长期成为一项基本救荒措施，以稳定市场，防止谷贱伤农和商人投机盘剥农民。

因此，诸如灾荒救济多元化、传统养老制度完善化、贫困抚恤制度化、疾疫救济社会化、妇幼保障法治化、军人优抚精细化、医疗救助政策化、仓储体系规范化等，突出表现在汉代社会保障诸方面的制度化和法治化[3]。这些社会保障措

[1]《管子·轻重》。

[2]《汉书·食货志上》。

[3] 黄天华著：《中国财政制度史》第 1 卷，上海人民出版社、格致出版社 2017 年版，第 329 页。

施对汉代社会的政治经济发展起到了很好的治世作用，并对其后几千年古代社会保障体系的构建与完善产生了不可忽视的重大影响。不过，虽然社会福利在汉代已具雏形，但享受福利的对象大多是政府官员和士卒及其家属，广大的农民并不享有这种权利。换言之，汉代对弱势群体缺乏长期的扶助，救济措施缺乏持续性，具有很大的局限性[1]。

三国两晋南北朝时期采取了重农、垦荒、赈济、调粟、养恤、蠲缓(免征或缓征赋税)等防灾救灾的社会救济措施。至隋唐五代时，社会救济措施更为丰富，且在一些政策上取得了新的突破。唐朝统治者真正确立了“以民为本”的统治思想，提出以“恤民养民”为核心的社会福利主张，实行“与民休息”“恤民养民”的一系列政策措施：恤鳏寡孤独减免赋役建社仓恤刑慎罚、重视教化。无论是均田令，还是租庸调制，都对鳏寡孤独及残废疾病者有特殊的照顾。另外，慈善救济是唐代非制度性社会保障的另一个重要方面，主要包括对贫弱者的一般性救济，如贫困救济、养老救济、灾害救济和教育救济等，还包括为贫病者提供药品和服务、为大众提供临时性住所等。

两宋时期，封建社会已形成一整套救济政策：重视生产、仓储和水利，进行赈粮、赈钱、工赈等多种形式的赈济，蠲免租税，安置流民，设立多种居养机构，利用普济院施粥。宋代政府不仅设立专门的救济机构赈济灾民，而且民间、慈善事业也给予了极大的支持。这一时期为应付自然灾害，一方面，实行仓储救济，在仓储救济上除了官仓，政府设立了常平仓和义仓，其作用在于平抑粮价、赈济灾民；另一方面，通过赈粮、赈钱和工赈的形式对灾民实行救助。除了灾害发生时的大规模救济，宋代也有一些日常救济措施，如设立收养贫困人口的机构，在京师有福田院，京师以外设有广惠院、养济院和居养院。这一时期的民间救济主要依靠商人、官吏和士绅为主。富商将家中存粮和钱财平价买卖、借贷给灾民，免其利息，士绅等会施粥布衣、提供医疗医治[2]。

至元朝时，政府设立“劝农司”“司农司”，奖励垦荒、屯田，兴修水利，重视仓储，蠲免租税，除害治疫，安置流民设置居养。明代主张临灾治标和灾后补救，重视农业和仓储，在各地设立普济院以收容孤苦无依的人。明太祖朱元璋提出了诸多解决老人和儿童福利的具体举措：尊老养老(免除老人及其亲属的徭役；救济贫苦无依靠的老人；乡饮酒礼的敬老规定)；恤鳏寡孤独废疾者；设立“养济院”

---

[1] 林兴龙著：《汉代社会救济问题研究》，厦门大学出版社 2017 年版，第 5 页。
[2] 刘芳、毕可影主编：《社会保障制度史》，上海交通大学出版社 2018 年版，第 12 页。

以及收养孤贫残疾者。明代社会福利和社会救济的最大突破在于官办的救助贫弱机构的继续完善和设立，特别是民间慈善事业在明末出现了高峰，民间社会救助突破了以往个人的、零散的局限，初步形成了地域性、组织性的机构。至清代时，社会福利事业一般由官府或富绅义捐创办，由慈善团体主持。

清朝政府采取的社会福利政策在清政府内政事务中统称为“蠲恤”，大体可分为两类，一类是灾荒救济，即遭遇涝灾、旱灾、蝗灾等自然灾害时对灾民的救济，救济方式主要有减免赋税和提供实物资金；另一类是对弱势群体的救助，即对鳏寡孤独及废疾的无依无靠者等缺乏生存能力的弱者进行救助，救助方式主要是提供服务，有时也有物质和资金的救助。清朝的具体社会救济措施还包括停止圈地、实行“更名田”、奖励垦荒、“摊丁入亩”、蠲免租税、安节孝、恤薄官、矜罪囚、抚难夷等，政府设立养济院、育婴堂、栖流所收养特殊救济对象，对旗人给予赈济、偿借、给地的救济。

清代前期的社会福利事业在康熙到乾隆时期达到高潮。“康乾盛世”的繁荣经济、强大国力，为社会福利事业的兴办提供了良好的社会条件和经济条件。至清代后期，社会福利事业发生了一些新的变化，主要体现在官办福利事业的重建、民办社会福利事业的兴起、外国教会举办福利事业等几方面。随着清末民办的社会福利事业和西方传教士举办的福利活动的增加，政府已不再是社会福利事业的唯一提供者。例如，清政府设立了养济院、育婴堂、普济堂等社会福利机构，民间则设立了类似的机构以及宗族义田、义庄等赡族组织。而外国教会所办的慈善机构采取“养”“教”“工”并举的方法使国内民办福利机构受到了启发，进而仿效，并影响到官办福利机构[1]。

总而言之，中国封建社会福利和社会救济实践的发展过程，表现在以下几个方面：第一，加强和完善赈济措施。针对受灾程度不同的地区和人口，实行赈济政策。第二，重视粮食的流通。制定各种鼓励性政策，引导各地余粮向灾区流通，同时严禁地方设立关卡，阻遏本地粮食出境。第三，疏导和安置流民。要求地方政府积极有序地安置好就食避荒之灾民，并在灾荒过后，协助灾民回乡。第四，提倡和奖励民间救助。通过旌奖及晋爵秩等政策，鼓励绅缙富户捐资捐粮，救济灾民[2]。中国古代社会保障体系也随着社会救济模式的发展日臻完善，

[1] 王振耀主编：《社会福利和慈善事业》，中国社会出版社 2009 年版，第 4—5 页。

[2] 陈桦、刘宗志著：《救灾与济贫：中国封建时代的社会救助活动（1750—1911）》，中国人民大学出版社 2005 年版，第 9 页。

逐步形成了三个层面的保障体系和主体:首先是建立以义庄为基础的宗族生活与互助互济;其次是建立行业内部的社会保障系统;最后是超越血缘、业缘关系而建立的区域性的社区保障系统,即由地方政府倡议而由商民共建的集社会公益事业和生、老、病、死救助于一体的保障机构[1]。由于古代封建统治阶级的根本目的仍是维护其统治秩序,社会救济只是缓和一时的社会矛盾,因而中国古代的社会福利大多是临时性的救灾济贫活动,至近代之前依旧没有真正形成一种经常性的社会救济制度。

## 三、中国福利制度建设中的国家治理特征

2013年11月,党的十八届三中全会审议通过的《中共中央关于全面深化改革若干重大问题的决定》,首次把国家治理体系和治理能力与现代化联系起来,赋予国家治理以时间与方向等维度,深刻揭示了国家治理与现代社会的内在联系。其后不久,习近平总书记在《切实把思想统一到党的十八届三中全会精神上来》一文中又对国家治理体系和治理能力的概念作出科学阐释。"国家治理体系和治理能力是一个国家制度和制度执行能力的集中体现。国家治理体系是在党领导下管理国家的制度体系,包括经济、政治、文化、社会、生态文明和党的建设等各领域体制机制、法律法规安排,也就是一整套紧密相连、相互协调的国家制度;国家治理能力则是运用国家制度管理社会各方面事务的能力,包括改革发展稳定、内政外交国防、治党治国治军等各个方面。国家治理体系和治理能力是一个有机整体,相辅相成,有了好的国家治理体系才能提高治理能力,提高国家治理能力才能充分发挥国家治理体系的效能。"[2]关于国家治理,它是作为政治统治的国家体现政治价值的行为,合理地分配和运用公共权力,通过治理的制度和结构架构,形成稳定的理念,实行对社会事务的有效引导和支配及调控,构建理想的政府、市场与社会平衡机制,促进公共利益最大化,从而达到善治状态[3]。

学术界一般认为,自20世纪90年代起,西方流行的"governance"传入中国,被译为"治理"。"治理"与"统治"的本质区别在于:政府统治的权力总是自上而下的,是运用国家公共权力对社会公共事务实行单向度的管理;治理则是一个

[1] 龚汝富:《浅议中国古代社会保障体系》,《光明日报》2001年12月4日。
[2] 习近平:《切实把思想统一到党的十八届三中全会精神上来》,《求是》2014年第1期。
[3] 兰旸著:《中国国家治理结构研究》,知识产权出版社2018年版,第8页。

上下互动的管理过程，主要通过合作、协商、伙伴关系，确立认同和共同的目标来管理公共事务；“治理”并不是否认国家或政府的权力，而是意在达成国家与社会组织、政府与非政府组织的合作，形成多元共治的良性互动局面。概言之，治理强调政权的所有者、管理者和利益相关者等多种力量合作管理的重要性。而且，治理把增进公共利益同维护公共秩序当作两大目标[1]。

国家治理包含以下几层内涵：第一，国家治理的兴起是市场经济发展的必然趋势；第二，国家治理的主体是政府，但是非政府组织也是国家治理的有机组成部分，为政府的治理提供保障与补充，政府、市场中的企业以及公民的社会组织在国家治理中是三角形架构，政府是最重要的治理核心；第三，国家治理的客体是社会的公共事务，是通过对国家权力的配置而对其进行管理和控制；第四，国家治理主体权威的来源不仅包括法律，还包括各种非国家强制的契约，权威的性质既可以是强制性也可以是协商性；第五，国家治理的权力运行向度是上下互动的，其方式更多的是政府与公民的互动和公民参与政府的决策；第六，国家治理的目的是实现善治，即国家与社会都处于最佳状态，推动公共利益的最大化[2]。总而言之，国家治理是适应市场经济发展，充分调动各个治理主体的参与性，运用国家公共权力而实现政府与公民对社会的合作治理。在不同的社会状态和不同的国家制度下，国家治理的表现形式和组织形式是各不相同的，这需要视各个国家的历史和发展情况而定，必须符合本国的政治文化，中国的国家治理也必然符合中国的国情与历史。

自古以来，中国在国家治理方面虽屡屡面临内部和外部挑战，但无论外敌的入侵还是内部浩劫，中国作为“大一统”的整体都表现出强大的凝聚力和自我修复能力。中国古代的“国家治理”主要指统治者治国理政，而治理的领域涉及统治者和普通民众间琐碎的日常个人修养，乃至重大的国家决策等方方面面[3]。到了近代，伴随着西方制度的发展，中国开始了对传统国家治理模式的反思和改革。费正清在观察近代中国现代化变革情况时，提出“西潮冲击—中国回应”的思考范式。近几十年来，无论是西方汉学界还是中国史学界对此都提出不少批评，费氏弟子如柯文等开始倡导“在中国发现历史”，亦即重视中国的内在发展。[4] 甚至有学者将中国的现代化元素追溯到两宋时期。无论如何，近代

[1] 张维为主编：《国际视野下的中国道路和中国梦》，学习出版社 2015 年版，第 109 页。
[2] 兰旸著：《中国国家治理结构研究》，知识产权出版社 2018 年版，第 8 页。
[3] 方建斌：《中国特色社会主义国家治理的特色与优势》，《新视野》2017 年第 3 期。
[4] [美]柯文著，林同奇译：《在中国发现历史：中国中心观在美国的兴起》，中华书局 1989 年版。

中国所经历的"器物—政制—文化"之变，无一不是我们面临西潮激荡而被迫做出的反应，进而引起科学技术、经济政治、思想文化的大变化。正如王国维所言："自三代至于近世，道出于一而已。西方国家通商以后，西学西政之书输入中国，于是修身齐家治国平天下之道乃出于二。"[1]由此看来，近代中国国家治理模式显然是在西方国家制度和中国古代传统制度的联合作用之下建立起来的，甚至西方的影响更大。

除此之外，第一次鸦片战争之后，近代中国国家治理开始表现为政治国家、市场经济领域的逐步分立，体现在近代福利制度的建构中，即自上而下的国家力量与自下而上的社会市场的交互作用，以达到国家社会福利和民间、市场利益诉求的耦合。一旦福利制度的规定没有得到相关利益团体或民间企事业的要求，无论是行会、工会，还是商会，在其利益受到侵犯的时候，都会围绕着制度完善与自身利益与近代政府进行对抗和博弈，迫使其作出调整，最终以达成妥协性制度为解决办法。在近代，这种抵制的形式包括罢工、罢市或者是大规模的工人运动，不仅仅是简单的经济或政治运动[2]。此类现象可视作近代国家治理和福利建设的必经过程，它围绕具体利益展开，斗争的双方经过协调形成新的平衡，最终，在得到福利制度法治化和规范化落实的同时，也促进了整个近代经济中的资本市场、劳动力市场的发展和完善。从近代社会保障与养老金制度建设的视角来看，一方面，基于近代市场经济的逐步发展，在职工养老金制度推动的过程中，近代政府仍处于主导地位，中央政府仍高度掌握着对劳动阶级福利改进的主导权以及政策制定的决定权；另一方面，养老金制度对整个国家而言具有重要的政治和经济意义，而劳动力市场和资本市场是养老金制度的承载者和受益方。因此，除了由西方国家早期的引介这一重要因素，近代养老金制度的发展最终取决于国家、市场甚至基层劳动者的联合作用。

## 四、养老金建设在福利制度中的核心作用与养老保障史研究

养老保障是福利国家体系建设的核心，其中，养老金制度又是养老保障制度的核心。无论是在现代西方发达国家还是像中国等发展中国家，经济的活力主要依赖于市场机制，但是单纯地依赖市场会出现很多负面的社会效应，这就需要

[1] 王国维著：《王国维全集》第14卷，浙江教育出版社2009年版，第212页。
[2] [美]裴宜理著，刘平译：《上海罢工——中国工人政治研究》，江苏人民出版社2001年版。

国家一定程度的干预来缓解市场所带来的负面效应。福利国家的政府干预就是将经济利润提取出来进行整合，在一定原则的基础上利用社会政策在社会范围中进行收入再分配，重新整合社会资源，进而促进社会的公平[1]。而对于近代中国这一剩余型福利国家模式而言，虽然政府干预能力有限，但面对强烈的劳工冲突和阶级矛盾的驱动，清政府以及国民政府为了解决社会问题，维护社会的稳定，往往会颁行“迫不得已”的法令法规和“收效甚微”的政策措施，其中，以养老保障和养老金制度为主。此外，养老保障制度的主要内容是养老金制度，它是伴随着养老保险制度的诞生而出现的，也随着中国社会及政治的发展而不断变化和发展。换言之，养老保障制度的核心是养老保障的经济制度，即养老金制度。

对于传统养老保障制度的近代演变以及近现代养老保障制度的形成过程，历来缺乏系统性研究。学界对中国历史上养老保障的研究多聚焦于近代以前传统封建社会中的养老问题，且关注于建立在血缘纽带之上的封闭家庭养老模式，或古代由政府主导的养老法规和保障措施[2]。本书对以古代养老保障为研究对象的相关文献进行系统总结，大体将其分为如下四种类型。

**（一）以文化史为角度的研究**

从文化史的角度研究古代养老问题的研究因起步较晚，并不多见。高成鸢的《中华尊老文化探究》是我国第一部系统地研究中国古代尊老文化的著作，填补了我国古代尊老文化研究的空白。他从通史的角度论述了尊老是中华文化的精神本原、家族生命观、历代尊老礼制、老人是道德与智慧的化身、家族生活与尊老、政治运作与尊老、社会人文与尊老和尊老文化的价值认同等八个方面[3]。他还提出，中国的尊老传统远早于孝悌的确立，从虞舜时代就形成了“尚齿”的风尚，这是中华“礼”文化的本原，他还概括了古代尊老传统在各领域的表现、在当今的潜在现实价值及对于国际或社会老龄化的意义[4]。谢元鲁、王定璋的《中国古代敬老养老风俗》则主要从汉王朝对老人的优待、敬老的特殊庆典、退休的官吏及其致仕后的生活、民间的一些敬老风俗等方面，着眼于风俗文化的角度介

[1] 解静著：《福利国家模式变迁的历史比较研究》，吉林人民出版社2016年版，第6页。

[2] 考察古代家庭或社会养老制度的文献有以下几种，刘松林：《浅谈我国古代的养老制度》，《文史杂志》1999年第6期；刘松林：《古代的养老制度》，《文史知识》2000年第3期；穆光宗：《中国传统养老方式的变革和展望》，《中国人民大学学报》2000年第5期；刘珺、王荔：《浅议我国古代退休养老制度》，《黑河学刊》2004年第1期。

[3] 高成鸢著：《中华尊老文化探究》，中国社会科学出版社1999年版。

[4] 高成鸢：《论中华尊老传统》，《道德与文明》1999年4期。

绍了我国古代的敬老养老风俗,具有一定的知识性和趣味性[1]。

2016年出版的《中国古代尊老养老问题研究》一书从历史的角度,采用文献、考古资料和民族研究等相结合的多重证据法,涉及中国古代尊老养老观念的起源及早期实践、尊老养老的措施、古代家庭与宗族的尊老养老、中国古代尊老养老的礼仪与风俗、古代社会尊老养老以及养老救济的思想与实践、尊老养老的特点与影响等内容,较为全面系统地研究了中国古代的尊老养老问题[2]。

### (二) 古代官制中的养老退休制度研究

古代官员的选用、任命、考核、奖励、晋升与退休等一系列制度,都是古代官员制度研究中的主要内容。特别值得注意的是,历史上官吏的养老退休制度与平民之间存在着巨大的差异。沈星棣、沈凤舞的《中国古代官吏退休制度史》专门以官吏退休制度为研究对象,并以各个朝代的历史发展为线索,论述了从三代至清朝退休制度兴起、发展、演变的历史[3]。佟宝贵编著的《古今中外退休养老制度读本》不仅综述了我国古代尊老养老礼仪制度和古代官吏的退休制度,而且在进行中外比较后对我国现行退休制度的沿革提出了宝贵的意见和建议[4]。类似研究还包括王超的《古代官吏的退休制度》(《人民日报》1981年11月3日)、梁坚的《中国古代的养老制度》(《台湾省立博物馆科学年刊》1952年第6期)、黎圣伦的《我国历代敬老养老制度》(《中山学术文化集刊》1957年第2卷)等。

### (三) 社会福利史、慈善通史等著作中专门以养老服务为主题的章节

较为完善的社会保障体系一般包括功能化的贫困救助、灾荒救济、养老服务等范畴,回溯中国历史,社会福利和慈善救济是其中非常关键的内容。社会福利是源于西方工业化国家的一种社会保障观念。民国时期,社会福利的含义经历了从狭义到广义的嬗变过程。抗日战争以前,社会福利与社会救济基本上是同义语。当时的学者在谈及社会救济理念从慈善向国家责任转变时,曾提议"抛弃'社会救济'之名词,而改称'社会福利'(Social Welfare)、或'社会事业'(Social

---

[1] 谢元鲁、王定璋著:《中国古代敬老养老风俗》,陕西人民出版社2004年版。

[2] 李岩著:《中国古代尊老养老问题研究》,中国社会科学出版社2016年版。其他关于古代尊老养老问题的研究有,刘德增:《古代中国的养老与敬老》,《民俗研究》1992年第1期;张承宗:《魏晋南北朝养老与敬老风俗》,《史林》2001年第4期;王志芬:《浅析中国古代的尊老养老体制》,《学术探索》2003年第7期;李岩:《近二十年来中国古代尊老养老问题研究综述》,《中国史研究动态》2008年第5期;时文杰:《试论先秦两汉政府的尊老养老措施》,《黑龙江史志》2013年第13期。

[3] 沈星棣、沈凤舞著:《中国古代官吏退休制度史》,江西教育出版社1992年版。

[4] 佟宝贵编:《古今中外退休养老制度读本》,中国社会出版社2009年版。

Work)、或'公共协助'(Public Assistance)者"[1]。后来,社会福利的含义不断拓宽,社会救济转而变为其中的一个组成部分。在这方面,王子今、刘悦斌、常宗虎的《中国社会福利史》是国内第一部系统研究中国社会福利史的学术专著。全书从国家福利政策、社会组织、文化思想等方面系统地考察了中国历代社会福利的特点,其中,对历代政府的养老福利政策、民间的养老福利组织、中国传统文化所包容的养老福利思想等内容也有诸多论述[2]。

在慈善救济方面,周秋光的《近代中国慈善论稿》以及他与曾桂林合著的《中国慈善简史》虽然是以历史上慈善事业的基本问题、慈善思想的形成与发展等为核心内容,但其中也有大量篇幅论述官方和民间针对老人抚恤的各类慈善救济活动和相关慈善机构[3]。

### (四) 古代养老机构的专项研究

早在古代,我国就已经有养老机构的存在。从南北朝时期的孤独园到唐代的悲田院,再到宋代的福田院、居养院,最后发展至明清的养济院[4]、善堂等,虽然名称不同,但它们都是为了提供古代传统社会中家庭养老之余的社会养老服务。在近代之前,养老机构主要以官办为主。随着社会经济的发展,养老机构开始普及,在宋代达到了高峰,出现了一大批民间慈善机构,如普济堂等。尤其是到了近代,善堂开始以民办形式为主。其中较为突出的研究是日本学者夫马进所著的《中国善会善堂史研究》,该书从社会科学和人文科学的角度出发,叙述

---

[1] 陈凌云著:《现代各国社会救济》,商务印书馆 1937 年版,自序。

[2] 王子今、刘悦斌、常宗虎著:《中国社会福利史》,中国社会出版社 2002 年版。

[3] 周秋光著:《近代中国慈善论稿》,人民出版社 2010 年版;周秋光、曾桂林著:《中国慈善简史》,人民出版社 2006 年版。相关慈善史研究还包括:王卫平:《明清时期江南地区的民间慈善事业》,《社会学研究》1998 年第 1 期;王卫平、黄鸿山著:《中国古代传统社会保障与慈善事业——以明清时期为重点的考察》,群言出版社 2005 年版;王卫平、黄鸿山、曾桂林著:《中国慈善史纲》,中国劳动社会保障出版社 2011 年版;向常水著:《民国北京政府时期湖南慈善救济事业研究》,人民出版社 2015 年版。关于慈善史的综述类文献可参见:曾桂林:《20 世纪国内外中国慈善事业史研究综述》,《中国史研究动态》2003 年第 3 期;曾桂林、王卫平:《日美及港澳台地区近五十年对中国慈善事业史的研究》,《史学理论研究》2008 年第 2 期;曾桂林:《近 20 年来中国近代慈善事业史研究述评》,《近代史研究》2008 年第 2 期;曾桂林:《2000 年以来中国古代慈善事业史研究概述》,《文化学刊》2009 年第 1 期。

[4] 关于养济院的研究有,王兴亚:《明代养济院研究》,《郑州大学学报》(哲学社会科学版)1989 年第 3 期;曾思平:《清代广东养济院初探》,《韩山师范学院学报》2000 年第 4 期;雷妮、王日根:《清代宝庆府社会救济机构建设中的官民合作——以育婴堂和养济院为中心》,《清史研究》2004 年第 3 期;王尊旺:《慈善与社会控制:明代养济院略论——以福建省为中心的考察》,《明史研究》2010 年;刘宗志:《浅析清前期的养济院制度》,《河南师范大学学报》(哲学社会科学版)2008 年第 4 期;黄鸿山:《清代江苏养济院的救助名额、救助标准与经费来源研究》,《中国经济史研究》2013 年第 2 期。

了善会善堂出现的时代、善会善堂的具体活动情况和善会善堂与国家、行会、都市行政化及近代地方自治的关系，将民间的善会与官办的善会善堂区别开来，具有一定的学术价值[1]。

在宗族义庄的研究中，李文治和江太新的《中国宗法宗族制和族田义庄》一书从不同的历史阶段对宗法宗族制的发展变化进行了介绍，尤其在论述宗约族规的形式和内容时，特别提到了宗约族规中赡养老人的规定[2]。此外，袁同成从社会资本的视角分析了古代以义庄为载体的农村家族邻里互助养老模式[3]；李学如、王卫平以近代苏南义庄为例，探讨了其使族人幼有教、老有养、婚丧有助、鳏寡孤独废疾有恤等一整套的宗族保障机制[4]。

除了上述四个方面之外，一些以古代社会保障史为主题的研究也会在部分章节简要概括历代养老保障的发展脉络或制度措施。王文素在《中国古代社会保障研究》中专列一章内容阐述了古代尊老养老的思想与理念、政府和民间的各项养老制度，总结了古代养老保障的特点。他认为，中国古代官吏和平民的养老保障制度在历史上经历了从“合”到“分”的过程，而古代人口的增加使政府很难承担起为所有老年人提供养老保障的责任，这也是养老制度“分”的重要原因[5]。另有一些研究也会围绕古代某一段时期的养老保障政策展开详尽的讨论[6]。综上所述，学界对古代养老保障制度的研究是多层面、多视角的。

然而，关于近代养老保障制度的研究，现有相关文献数量极为有限。特别是从近代劳工层面和资本市场视角研究近代养老退休制度和养老金的演化机理及其与政府的矛盾互动关系，有待深入考察。

---

[1] [日]夫马进著，伍跃、杨文信、张学锋译：《中国善会善堂史研究》，商务印书馆2005年版。

[2] 李文治、江太新著：《中国宗法宗族制和族田义庄》，社会科学文献出版社2000年版。

[3] 袁同成：《“义庄”：创建现代农村家族邻里互助养老模式的重要参鉴——基于社会资本的视角》，《理论导刊》2009年第4期。

[4] 李学如，王卫平：《近代苏南义庄的宗族保障制度》，《中国农史》2015年第4期。

[5] 王文素著：《中国古代社会保障研究》，中国财政经济出版社2009年版，第183—232页。

[6] 例如，李玉杰：《“三老五更”与先秦时期的养老制度》，《河南大学学报》(社会科学版)2004年第5期；臧知非：《“王杖诏书”与汉代养老制度》，《史林》2002年第2期；刘兴云：《浅议唐代的乡村养老》，《史学月刊》2007年第8期；盛会莲：《试析唐五代时期民间的养老状况》，《中国经济史研究》2014年第1期；马晓燕：《宋代养老制度的发展与演变》，《史志学刊》2016年第1期；李莎：《元代的养老政策》，《齐鲁学刊》2008年第3期；张树江：《明代社会养老保障制度初探》，《兰台世界》2015年第21期；周祖文：《清代存留养亲与农村家庭养老》，《近代史研究》2012年第2期；赵全鹏著：《清代养老制度》，西安出版社2003年版。

## 五、本书的研究主题与意义

第一次鸦片战争爆发以后，伴随着西方资本主义的入侵和冲击，国家和社会一直行进在从古代向近现代的转型过程中，这或许是中国历史上所曾经历过的最为深刻和根本的变化[1]。美国著名社会学家列维根据起始时间的先后将世界各国的现代化发展历程划分为“内源发展者”(indigenous developers)和“后来者”(late-comers)两种模式[2]，中国的现代化被国内学者普遍界定为“后发外生型”[3]。在“后发外生型”现代化过程中，除了一系列十分尖锐的社会问题和层出的矛盾外，最为关键的莫过于各项社会经济制度是如何在西方资本主义的影响下逐步产生、发展与延伸。正如晚清海关报告中称：“自义和团动乱以来，包括政府官员、知识界、绅士及商人阶级在内的人士，几乎普遍地确认，向西方学习是十分必要的。”[4]可见，中国近代化并非传统社会的自我演进，而是由西方殖民者强制纳入资本主义世界体系中，“其底色为西式油彩而非古典水墨”[5]。然而，要在外来模式与内在结构整合的基础上实现经济制度的演进绝非易事，土洋、中西冲突下的新旧碰撞使其变得极为艰难与漫长。也正是基于此，20世纪中叶以后，费正清的“冲击—回应”学说与柯文的“中国中心观”都凸显了西方制度所带来的冲击以及近代中国对西方社会发展模式的重新评定与外来思想理论的合理运用[6]。在一定程度上而言，这是中国近现代史中最为重要的课题之一。

历史上的转型过程并不仅仅包括经济方面的转型，还包括政治、军事、文化、法律制度等各个方面，是一个需从多维度全方位考察的概念。如果将发展和制

---

[1] 刘守刚著：《国家成长的财政逻辑：近现代中国财政转型与政治发展》，天津人民出版社2009年版，第1页。

[2] [美]列维：《现代化的后来者》，谢立中、孙立平主编：《二十世纪西方现代化理论文选》，上海三联书店2002年版，第811页。

[3] 许纪霖、陈达凯主编：《中国现代化史(1800—1949)》第1卷，上海三联书店1995年版，第2页。

[4] 徐雪筠等译编：《上海近代社会经济发展概况(1882—1931)》，上海社会科学院出版社1985年版，第164页。

[5] 桑兵：《清末兴学热潮与社会变迁》，《历史研究》1989年第6期。

[6] Ssu-Yu, Teng and Fairbank, J. K., *China's Response to the West: A Documentary Survey, 1839-1923*, Cambridge: Harvard University Press, 1963; Cohen, Paul A., *Discovering History in China: American Historical Writing on the Recent Chinese Past*, New York: Columbia University Press, 1984.

度变迁合并称为转型，转型就可定义为“大规模的演变”，即在相对集中的一段时期内，集中发生的一系列相互影响和作用、具有内在一致性的发展与制度变迁[1]。近代社会保障的转型是这极其复杂过程中的一脉重要分支，是整个中国近代社会从传统农业社会向现代化工业社会的转型过程的产物与体现。在这一过程中，中国古代传统的养老保障体系在政策、内容和形式方面均发生了显著的变化。一方面，近代养老保障体系保留了传统以家庭养老为主的保障模式和风俗文化；另一方面，近代养老保障制度又在西学东渐、西制东行的制度移植中对西方养老保障制度作出了长期的调适及运用，进而初步建立起对近代中国有广泛社会影响和示范作用的现代养老保障体系。

基于上述考虑，本书以近代养老金制度为研究对象，试图借鉴历史学的研究范式和社会经济史的研究视角，于西方养老金在近代中国传播的比较视野中，首次尝试撰写近代中国养老保障史和福利制度史。本书也希望突破传统社会经济史的研究框架，从养老金在资本市场中的投资和在劳动力市场所体现的二元结构特征来探究近代转型时期中国市场经济的运行，以进一步梳理传统养老保障近代化过程的内在演变逻辑。本书至少具有两个方面的现实意义。

首先，当前我国经济体制仍处于转轨时期，社会主义市场经济体制仍不完善，养老保障体系的发展已被置于这一特定历史阶段，新问题、新情况层出不穷。近代传统养老保障体系的转型置身于社会经济体制近代化的历史时期，与当前我国有着极其相似的背景。因此，理解近代传统养老保障的转型轨迹及其逻辑特点，了解其与西方国家的差距与差异，能够为当前我国养老保障体系的完善提供历史经验，有助于探索适合社会主义初级阶段和社会主义市场经济体制发展需要的新型养老保障模式。

其次，改革开放四十余年以来，养老金一直是深化改革的重要环节，尤其是近年来养老金并轨、养老金入市等问题越来越成为政府部门和社会各界关注的焦点。而且，随着我国人口老龄化趋势的加剧、城乡二元经济结构的变动，覆盖全国范围的、统一的多层次多支柱的公共养老保障体系建设仍面临着诸多挑战。本书以近代资本市场和劳动力市场为分析视角，分别考察近代养老金的投资管理模式和养老金制度表现在城乡之间、行业之间、部门之间的二元结构特征，不仅能够丰富我们对有关转型时期近代中国经济的认知，而且对当前经济改革情况下养老金制度的完善，也具有一定的借鉴价值。

[1] 张良、戴扬：《经济转型理论研究综述》，《开放导报》2006年第6期。

至于理论意义方面，除了近代中国养老保障史尚未有相关研究问世这一点外，本书还试图在多学科交叉的范式中寻求理论创新。从新的视角进行中国养老保障史研究，一个重要的基础工作便是以更久远的时空维度来审视和重新确立养老保障的概念体系，突破现代养老保障理论概念和分析框架的束缚。现代养老保障理论是对西方现代社会结构和特征的概括和总结，西方国家基于此普遍建立了以养老保险为核心的现代养老保障制度。总体上来说，西方养老保障理论是时代发展的产物，经历了一个动态的演变过程。然而，从德国的新历史学派到福利经济学、瑞典学派、凯恩斯有效需求理论、新凯恩斯主义、克林顿的新自由主义，再到"第三条路线"，西方发达国家的养老保障理论多从经济角度、从资金的来源阐述问题，都是只针对特定的国家和地区在一定的经济社会条件下所宣扬的理论观念。而中国在历史沿革、政治制度、文化传统方面与西方国家都有着天壤之别，这使得我们对于西方养老保障的发展模式和理论运用仅可借鉴，绝不能照搬。因此，本书采用了社会保障理论、经济史、思想史与历史学相结合的方法，突破以往单一研究范式的窠臼，这是本书最为核心的理论价值。

# 第二章

# 近代以前中国养老保障制度的发展脉络

中华民族主体上属于农耕民族，农业立国，无论是“互助共济”，还是“社会救济”，群体保障的核心问题还是“尊老抚幼”，尤其是“养老”。生存高于一切，早期互助共济的所有规制都围绕这一原则有序发展，也就是说，先有养老、抚恤，然后才有救济、医疗、优抚和仓储，这是社会保障发展的基本脉搏[1]。在长期的社会发展中，长幼有序、事亲至孝、敬老崇文、尊贤尚德已成为中华民族文化的重要组成部分。尊老、敬老是中华民族的传统美德，“老有所养、老有所终”是任何社会和时期的理想目标。对老人的救助不仅有利于统治阶级赢得民心，维护整个社会的稳定和发展，而且有利于树立良好的社会风尚，并为后世的养老制度奠定一个扎实的基础。故而，“以孝治天下”，尊老、养老也被统治阶级奉为治国理民的最高准则。

## 一、中国古代养老保障制度的思想基础

中国养老保障制度的产生，一方面是传统农耕社会的客观需求，另一方面源于其深远的孝道思想和儒家文化基础。孝作为中国传统中最基本的道德规范，也是养老文化的核心内容。《尚书·酒诰》曰：“肇牵牛车远服贾，用孝养厥父母。”《尔雅·释训》云：“善父母为孝。”《说文解字·老部》曰：“孝，善事父母者。”段玉裁注曰：“顺于道，不逆于伦，是之谓畜。是故孝子之事亲也，有三道焉：生则养、没则丧，丧毕则祭。养则观其顺也，丧则观其哀也，祭则观其敬而时也。尽此

[1] 黄天华著：《中国财政制度史》第1卷，上海人民出版社、格致出版社2017年版，第85—86页。

三道者,孝子之行也。”[1]《诗经·大雅·卷阿》曰:“有孝有德”,意思是最大的德行是永远躬行“孝道”。

孝在儒家有三层意思。一是指能养亲、尊亲。孔子说:“今之孝者,是谓能养。至于犬马,皆能有养,不敬,何以别乎?”[2]孟子也说:“孝子之至,莫大乎尊亲。”[3]也就是说,孝敬父母,不仅要满足父母生活上的需求,也要使父母精神上得到尊重和愉悦,缺一不可。二是指承继祖先、父母的思想和行为。《中庸》说:“夫孝者,善继人之志,善述人之事者。”《礼记·祭仪》说:“君子之所谓孝者,先意承志,谕父母于道。”三是作为一切道德的根本和万事万物的衡量标准。《孝经》说:“夫孝,德之本也,教之所由生也。”“夫孝,天之经也,地之义也,民之行也。”是人们所必须遵守的天经地义的信条。《吕氏春秋·孝行览》说:“夫孝,三皇五帝之本务而万事之纲纪也。”以上三层意思中,养亲、尊亲是基础。经过儒家思想两千多年的浸润,孝的思想成了中国人最重要的行为准则[4]。例如,董仲舒从五行的角度谈论“孝”为何是“天之经、地之义”的问题。

在以儒家思想为核心文化理念的古代中国,传统养老的载体是以血缘为基础的小农家庭,主要形式是家庭赡养和子女赡养。自先秦时期开始,虽然生产力水平低下,但为使得老有所养,统治者们采取了致仕、减免赋役、减轻刑罚、赐杖等国家抚养与家庭赡养相结合的方式,进行老年救助。尊老、敬老和养老等制度及其实践在先秦时期即已见诸文字。先秦时期将年满 50 岁之人称为老年人,可免于从事重体力劳动,并享受国家和社会的优待。除了严格的礼仪约束外,先秦时期设立专职人员管理养老事务,设立敬老养老保障机制。例如,“太宰”通管全国事务,“以生万民”;“大司徒”“以保息六养万民”;“乡大夫”登记“免除赋役”的老者信息等。其次,国家对鳏寡孤独者设有抚恤养老的政策。《礼记·王制》曰:“少而无父者谓之孤,老而无子者谓之独,老而无妻者谓之鳏,老而无夫者谓之寡。此四者,夫民穷而无告者,皆有常饩。”再者,养老教化在先秦时期就已初见端倪,体现为“学中养老”。养于学是将有智慧的老人奉养在学校,教人以孝悌之道,其不仅是一种养老方式,更是为了兴教化、明人伦。这个时期虽然没有制定明确的社会养老保障体系,但整个社会形成了尊老的礼法,并十分注重“孝”的伦

[1] 《礼记·祭疏》。
[2] 《论语·为政》。
[3] 《孟子·万章上》。
[4] 杨复兴著:《中国农村养老保障模式创新研究——基于制度文化的分析》,云南人民出版社 2007 年版,第 40—41 页。

理规范和宗法道德，强调孝亲和尊长的思想观念[1]。

总之，“养老”和“孝道”的关系就呈现出家庭伦理和国家治理的基本准则。统治者倡导“孝道”，其一，要求子女报答父母的养育之恩和教养之情，赡养老人。在道理上可深明大义，而在农耕社会尤为深得人心；其二，“孝道”化解养老，“孝道”解决养老，要求天下百姓奉养自己的亲人，实际上也是为国家分忧，减轻国家巨额的财政负担，可谓一举两得。因此，古代统治者以“孝道”以解决养老，无论是官员养老，还是百姓养老，都是建立在家庭养老的基础之上，这是我国古代社会养老保障体系的基本特色[2]。可以说，家庭是人类迄今为止日常生活的基本单位，也是最为理想的养老场所，它借助“父母子女之情”，把养老的义务分摊到各个家庭中去，既减轻老人对社会的压力，化解了国家财政的巨大负荷，也在最大程度上满足了老人的精神生活，这就是我国古代社会以孝为核心的传统养老方法。

## 二、中国古代家庭养老保障模式的演进

养老之礼，始于虞舜，名曰燕礼，夏曰飨礼，殷曰食礼。《礼记・祭义》载：“昔者有虞氏贵德而尚齿，夏后氏贵爵而尚齿，殷人贵富而尚齿，周人贵亲而尚齿。虞、夏、殷、周，天下之盛王也，未有遗年者。年之贵乎天下久矣，次乎事亲也。”意思是说，从前有虞氏重视德行且尊崇年老的人，夏后氏重视爵位且尊崇年老的人，殷人重视富裕且尊崇年老的人，周人重视亲属且尊崇年老的人。虞、夏、殷、周这四个朝代天下都盛行王道，那时都没有忽视老年人的。以西周的给食赏赐养老政策为例，班固在《汉书・食货志》中追述西周时期的土地制度时道：“民年二十受田，六十归田。七十以上，上所养也；十岁以下，上所长也。”意思是说百姓年满20岁就授予田地，满60岁归还国家；70岁以上的老人由国家负责赡养[3]。《礼记・内则》中对于年龄超过50岁的老人规定了具体的供养方式，老人可按不同的年龄和身份享受不一样的饮食、礼制待遇，老人的年龄越大，饮食越丰富。《礼记・王制》中也有类似的记载：“凡养老，有虞氏以燕礼，夏后氏以飨礼，殷人以食礼，周人修而兼用之。五十养于乡，六十养于国，七十养于学，达于

[1] 郭源生主编：《智慧医疗与健康养老》，中国科学技术出版社2017年版，第89页。
[2] 黄天华著：《中国财政制度史》第1卷，上海人民出版社、格致出版社2017年版，第85—86页。
[3] 肖金明编：《老年人社会救助制度研究》，山东大学出版社2015年版，第113页。

诸侯。八十拜君命，一坐再至，瞽亦如之；九十使人受。五十异粻，六十宿肉，七十贰膳，八十常珍，九十饮食不离寝，膳饮从于游可也。六十岁制，七十时制，八十月制，九十日修，唯绞、紟、衾、冒，死而后制。五十始衰，六十非肉不饱，七十非帛不暖，八十非人不暖，九十虽得人不暖矣。五十杖于家，六十杖于乡，七十杖于国，八十杖于朝。九十者，天子欲有问焉，则就其室，以珍从。七十不俟朝，八十月告存，九十日有秩。五十不从力政，六十不与服戎，七十不与宾客之事，八十齐丧之事弗及也。五十而爵，六十不亲学，七十致政，唯衰麻为丧。"由这段话可知，养老之礼，在唐虞时期以燕礼行之，夏代以飨礼行之，商朝以食礼行之，周人在对前人的养老礼仔细取舍后而兼用之，并且五十岁的老人在乡中行养老礼，六十岁的在国都行养老礼，七十岁的在学校行养老礼，从天子到诸侯都按此规定实行。而且，五十多岁的老人可以不吃粗粮而吃细粮；六十多岁的老人隔一天吃一次肉；七十多岁的老人每顿吃肉外，还要加一份美食；八十岁以上的老人要常吃珍美的食品；九十岁以上的老人食不离居室，还可将食品送到他游玩的地方。在夏商周时期，对于矜、寡、孤、独这四类最穷困的人通常由国家供应定量口粮。

我国古代虽然早有尊老养老的理念与实践，但始终没有完整的社会养老保障体系，赡养老人主要依靠家庭。所谓家庭养老，就是以家庭为基本单位，由家庭承担起对老人赡养的责任和义务。但在传统的中国社会，家庭的经济力量毕竟过于弱小，其养老功能的运转很难独立进行，于是，不得不转而依赖社会和国家的强力支持。因此，传统社会的家庭养老实际上就是国家支持下的家庭养老，国家的支持构成了家庭养老的必要条件[1]。换言之，我国古代的百姓养老主要是建立在家庭保障的基础上，辅以国家体恤孤寡的具体政策和措施。

春秋战国时期，管仲治理齐国，推行"九惠之教"，即九种惠政，其中有一条叫"老老"。《管子·入国》载："入国四旬，五行九惠之教，一曰老老，二曰慈幼，三曰恤孤，四曰养疾，五曰合独，六曰问疾，七曰通穷，八曰振困，九曰接绝。所谓老老者，凡国都皆有掌老。年七十已上，一子无征，三月有馈肉。八十已上，二子无征，月有馈肉。九十已上，尽家无征，日有酒肉。死，上共棺椁。劝子弟精膳食，问所欲，求所嗜，此之谓老老。"也就是说，从70岁开始享受国家的"老老"惠政，免除一子的赋役，三个月供应一次肉。80岁以上，免除两个儿子的赋役，一个月供应一次肉。90岁以上，免除全家赋役，每天都供应酒肉。国家还应设置专门负责掌管老人福利的机构和官员，"凡国都皆有掌老"。这些也基本延续着儒家

[1] 黄天华著：《中国财政制度史》第1卷，上海人民出版社、格致出版社2017年版，第225页。

中敬老养老的传统社会理念。不过，管仲也认为，养老不能完全指望政府，主要还是依靠每个家庭的参与，故而，《管子》极力主张“孝”养天下，以各种方式倡导和表彰“孝道”，其一赠币，“树表置高，乡之孝之聘之币”[1]；其二免役，“孝子兄弟众寡，不与师旅之事”[2]；其三为官，“应于父兄，事长养老”[3]，这样的人经过选拔可以为官。可以说，管仲的思想促进了中国养儿防老观念的形成。

秦代设有三老制度，《汉书·百官公卿表》载：“乡有三老、有秩、啬夫、游徼……皆秦制也。”三老不仅有“复勿徭戍”的待遇，还能经常得到额外的赏赐。汉代统治者也十分推崇孝道，先后颁布了一系列尊老、养老的政策法令，并采取切实的措施落实养老敬老政策。可以说，在中国养老史上，两汉的养老措施和养老政策处于一个承上启下的历史转折点上[4]。

汉代的养老制度源于高祖二年(公元前205年)的立三老诏：“举民年五十以上，有修行，能帅众为善，置以为三老，乡一人。择乡三老一人为县三老，与县令丞尉以事相教，复毋徭戍。以十月赐酒肉。”[5]这不是一般意义上的养老的开始，其目的是利用高年的社会号召力和智谋稳定社会秩序、咨询地方政务，其每年十月赐酒肉的面非常狭窄，人数有限，只限于这些三老，是对这些县乡三老参与政务、稳定社会的奖励，而非赈济年老贫乏。但是，这毕竟开了奖励高年的先河，对社会舆论和风俗有着不可替代的导向作用，可以视之为汉代养老制度之先河[6]。

汉文帝刘恒曾颁布了“养老令”，下诏：“老者非帛不暖，非肉不饱。今岁首，不时使人存问长老，又无布帛酒肉之赐，将何以佐天下子孙孝养其亲？今闻吏禀当受鬻者，或以陈粟，岂称养老之意哉？具为令。”于是，“有司请令县道，年八十已上，赐米人月一石，肉二十斤，酒五斗。其九十已上，又赐帛人二匹，絮三斤。赐物及当禀鬻米者，长吏阅视，丞若尉致。不满九十，啬夫、令史致。二千石遣都吏循行，不称者督之。刑者及有罪耐以上，不用此令”[7]。这段诏令中的养老内容的意思是：凡年龄在八十岁以上的老人，每人每月可以到当地官府领取米、肉等；九十岁以上的老人，每人再加赐布二匹、棉絮等；赐给不满九十岁老人的东

[1]《管子·山权数》。
[2] 同上。
[3]《管子·大匡》。
[4] 黄天华著：《中国财政制度史》第1卷，上海人民出版社、格致出版社2017年版，第331页。
[5]《汉书》卷一《高帝纪》。
[6] 臧知非：《“王杖诏书”与汉代养老制度》，《史林》2002年第2期。
[7]《汉书》卷四《文帝纪》。

西，由啬夫、令使给他们送去；郡国二千石长史要派出负责监察的都吏，循环监察所属各县，发现不按诏书办理者给以责罚。并且，该诏令还明确规定不同年龄级别的老人享受的不同福利待遇，对福利物品的发放程序也有严格要求，体现了汉代"以孝治天下"的治国理念和文帝"宾礼长老"的惠民政风[1]。

此外，汉代还有各项优待老人的措施，比如赐给老人荣誉性的爵位或官衔。据《册府元龟》记载，东汉明帝永平三年（公元60年）二月立皇太子，赐三老爵三级，十二年五月、十七年五月赐天下三老爵人三级。此后，章帝、和帝、安帝、顺帝、桓帝等各有类似措施。张家山汉简《二年律令·傅律》中记载："大夫以上年七十，不更七十一，簪袅七十二，上造七十三，公士七十四，公卒、士五（伍）七十五，皆受仗（杖）。"此律令明确规定了符合一定年龄与爵位的老年人才享有受杖的待遇，即所谓的"七十赐杖"。又据20世纪从甘肃武威磨嘴子汉墓中出土的《王杖十简》和《王杖诏令册》记载，七十岁以上的老人享有不同于常人的政治和生活待遇，如规定王杖持有者享有比六百石官员的政治待遇，其地位相当于小县的县令，享有可以行走于皇帝专用的驰道旁道和出入官府的特权；王杖持有者种田不交租赋，经商不交税赋等[2]。这可谓中国最早的老年人保护法。只不过，由于国家财力有限，并非所有的老年人都由国家供养或者提供物质帮助。总之，汉代的养老是以法律的形式强制执行的，不仅包括在经济上对那些丧失劳动能力和部分丧失劳动能力的高年群体的赡养，而且包含了政治上对高年群体的尊崇在内，赋予高年老人以一定的政治特权。其意义不仅在于一般的优抚老人，更在于建立一个政治伦理系统以巩固汉家统治[3]。

实际上，在整个中国封建保障史上，家庭养老、养儿防老的问题，在强盛的大一统的王朝，官府可以给予某种帮助，如减税、免役等措施；在孱弱的分裂的王朝，百姓养老或为道德说教，或为王朝分担忧愁[4]。到了三国以及两晋时期，基本延续了先秦两汉的养老保障制度，统治者大力倡导"以孝治天下"，养老保障的具体措施和实践极为有限。直至南北朝时期，封建统治者们开始通过设立各种养老机构的方式来巩固养老保障体系。公元521年，南朝梁武帝萧衍下诏："凡民有单老孤稚，不能自存，主者郡县咸加收养，赡给衣食，每令周足，以终其身。又于京师置孤独园，孤幼有归，华发不匮。若终年命，厚加料理。尤穷之家，

[1] 赵凯：《〈汉书·文帝纪〉"养老令"新考》，《南都学坛》2011年第6期。
[2] 孙津华：《中国古代养老制度及启示》，《河南教育学院学报》（哲学社会科学版）2017年第2期。
[3] 臧知非：《"王杖诏书"与汉代养老制度》，《史林》2002年第2期。
[4] 黄天华著：《中国财政制度史》第1卷，上海人民出版社、格致出版社2017年版，第426页。

勿收租赋。"[1]孤独园完全由政府兴办和运作，既收养无家可归的孤儿，也收养无人赡养的老年人，是纯粹的国家福利机构，可谓中国古代最早创设的官方养老机构。"由专门机构来履行国家救助职能，这既标志着封建国家在社会救助方面向制度化、组织化方面深入发展，也为后续官民合办慈善机构的出现奠定了组织基础。"[2]此外，北魏时期，政府在原有民间组织的基础上设立了政府的地方基层组织，即建立了"三长制"。在文明太后的支持下，孝文帝于太和十年（公元486年）下令设立"三长制"。"三长"（邻长、里长、党长）除了管理邻、里、党等基层单位的秩序外，还要负责赡养所管民户中的老弱病残和生活无依者，对孤独贫病者要由三长轮流负责供养，正如《魏书·食货志》所载："孤独癃老笃疾贫穷不能自存者，三长内迭养食之"，由国家负责收养，赡给衣食，以终其身。在通常情况下，"三长"一般多由当地豪绅或族长出任，他们管理族中事务的同时也担负了一些政府职责，因而从社会救助的角度看，"三长"在乡间所承担的救济行为既是履行国家救助义务，也带有宗族慈善的性质[3]。

隋唐时期基本承袭了南北朝尊老养老的习俗和机构设置。唐代的养老是以孝治为目的，以家庭养老为主体、国家养老为辅助、社会救助为补充的相对比较完善的古代养老制度。唐代统治者对养老问题的重视，也是以往任何一个王朝所无法比拟的。无论是养老礼制、养老诏令、给侍制度、惠老政策，还是对老年人的物质赏赐、精神封赏、社会救助、家族自保公助等各个方面，都充分展示了唐代养老制度的进步性和完善性，并对此后历代王朝产生了深远的影响[4]。根据史籍记载统计，唐代皇帝颁布的养老诏令总计达72次之多，尤以唐太宗、唐玄宗时期最为集中，统治者的尊老养老的行为对全社会起到了很好的表率作用[5]。如"贞观三年四月，诏高年八十以上粟二石，九十以上三石，百岁加绢二匹。""贞观三年十月，幸陇州，诏岐陇二州，八十以上赐物，百岁以上尤加优恤。""贞观五年十二月，幸温汤新丰，赐高年帛。""贞观六年五月，宴岐州父老，赐帛。""贞观十一年正月，宴长安父老于玄武门，赐以粟帛。"玄宗时除了赐帛、赐粟、赐物，还赐几杖。如玄宗开元二年九月，诏曰："九十以上宜赐几杖，八十以上宜赐鸠杖，所司准式天下诸州侍老，宜令州县遂稳便设酒食一准京城赐几杖，其

[1] 《梁书》卷三《武帝纪》。
[2] 吕洪业著：《中国古代慈善简史》，中国社会出版社2014年版，第47页。
[3] 同上书，第62页。
[4] 黄天华著：《中国财政制度史》第2卷，上海人民出版社2017年版，第989页。
[5] 同上。

妇人则送几杖于其家。”开元十一年正月，“诏太原府父老，八十以上赐物五段板授上县令赐绯，妇人板授上县君，九十以上赐物七段，板授上州长史赐绯，妇人板授郡君，百岁以上赐物十段板授上州刺史赐紫，妇人板授郡君夫人”[1]。太宗、玄宗执掌朝政时所发布的养老诏令，基本包括了物质赏赐和精神封赏的两部分内容。

唐代统治者专门为年老者设置了救济收养机构，且进一步开始普及，其中，以“悲田养病坊”的建立最为有效。唐武则天长安年间(公元701—704年)设立的“悲田养病坊”，作为唐代寺院设置的半官半民的养老机构，后由国家设官管理，由佛教寺院协办管理经营。“悲田养病坊”可谓中国养老院的雏形。据《唐会要》卷四十九记载，开元五年(公元717年)，宋璟奏：“悲田养病，从长安以来，置使专知。国家矜孤恤穷，敬老养病，至于安庇，各有司存。今骤聚无名之人，著收利之便，实恐逋逃为薮，隐没成奸。昔子路于卫，出私财为粥，以饲贫者，孔子非之，乃覆其馈。人臣私惠，犹且不可，国家小慈，殊乖善政，伏望罢之。其病患人，令河南府按此分付其家。”会昌五年(公元845年)十一月，李德裕奏云：“恤贫宽疾，著于《周典》，无告常馁，存于《王制》。国朝立悲田养病，置使专知。开元五年，宋璟奏‘悲田’乃关释教，此是僧尼职掌，不合定使专知，玄宗不许。至二十二年，断京城乞儿，悉令病坊收管，官以本钱收利给之。今缘诸道僧尼，尽已还俗，悲田坊无人主领，恐贫病无告，必大致困穷。臣等商量，‘悲田’出于释教，并望改为‘养病坊’。其两京及诸州，各于录事耆寿中，拣一人有名行谨信，为乡里所称者，专令勾当。其两京望给寺田十顷，大州镇望给田七顷，其他诸州望委观察使量贫病多少给田五顷，以充粥食。如州镇有羡余官钱，量予置本收利，最为稳便。”敕曰：“悲田养病坊，缘僧尼还俗，无人主持，恐残疾无以取给，两京量给寺田拯济，诸州府七顷至十顷。各于本置选耆寿一人勾当，以充粥料。”[2]由上可知，唐朝在佛教寺院里设立的“悲田养病坊”，本质上是一个集赈恤、收养贫病者和废疾老人于一体的慈善机构[3]。

此外，唐朝还建立了“补给侍丁”制度，即官府免费给民间老人安排护工(侍丁)的普遍性优待制度，这是唐代政府在解决养老问题上的一种开创性举措。据《唐六典》卷三《尚书户部》记载，开元七年(公元719年)户令规定的配给标准是：

[1]《册府元龟》卷五十五《帝王部·养老》。
[2]《唐会要》卷四十九《病坊》。
[3] 周秋光、曾桂林著：《中国慈善简史》，人民出版社2006年版，第93页。

"凡庶人年八十及笃疾,给侍丁一人;九十,给二人;百岁,三人。"开元二十五年(公元737年)又给百岁老人的护工增至5名,《通典》卷七《食货·丁中》载:"诸年八十及笃疾,给侍丁一人,九十二人,百岁三人,皆先尽子孙,次取近亲,皆先轻色。无近亲外取白丁者,人取家内中男者,并听。"《通典》不仅说明了享受侍丁的年龄要求及给予侍丁的人数,而且说明了侍丁人选确定的原则。也就是说,唐代规定80岁以上的老人,政府为其安排1个护工,90岁以上的安排2个,百岁以上的安排5个。这些侍奉人员或是儿女,或是近邻,也可是陌生人。天宝五年(746年),唐玄宗下令降低"给侍"的年龄界限。"(天宝)五载,诏贫不能自济者,每乡免三十丁租庸。男子七十五以上、妇人七十以上,中男一人为侍;八十以上以令式从事。"[1]其将享受侍丁政策的年龄提前到了男子七十五岁以上,女子七十岁以上。

到了宋代,由于经济高速发展,国家对于社会保障的支出和投入较唐代更大,养老保障体系随之逐渐完善。"凡鳏、寡、孤、独、癃老、疾废、贫乏不能自存应居养者,以户绝屋居之;无,则居以官屋,以户绝财产充其费,不限月。依乞丐法给米豆;不足,则给以常平息钱。崇宁初,蔡京当国,置居养院、安济坊。给常平米,厚至数倍。差官节充使令,置火头,具饮膳,给以衲衣絮被。州县奉行过当,或具帷帐,雇乳母、女使,糜费无艺,不免率敛,贫者乐而富者扰矣。"[2]这一段史料基本概括了宋代社会保障的内涵。至于宋代的养老保障方面,"其关于养老慈幼之政,自两汉以下再没有比宋代规模之更宏远,计划之更周密,设施之更详尽的了"[3]。养老慈善机构经过唐代的规模化之后,在宋代已达至高峰。除了给予老年人钱物、官爵赏赐外,宋代先后设立了福田院、广惠仓、居养院、养济院等救助机构,这也说明宋代已在养老保障实践方面表现得相当突出。北宋初期,京城开封城东和城西分别设立了两处福田院,主要是救助孤寡老人和孤儿,"以廪老疾孤穷丐者"[4]。随着人口的增长、救济人数增多,宋英宗时又在城南和城北增设了两处福田院。至此,京城开封东、西、南、北四处福田院共有房200间,可收容1 200人,救济规模显著扩大[5]。福田院所需经费由官府拨付,朝廷

---

[1] 《新唐书》卷五十一《食货志》。
[2] 《宋史》卷一七八志一三一《食货上六》。
[3] 王德毅著:《宋史研究论集》第二辑,鼎文书局1972年版,第372页。
[4] 《宋史》卷一七八志一三一《食货上六》。
[5] 同上。

每年出内藏库钱500万作为经费[1]。福田院的设置一直延续到北宋末年，在北宋的救助机构中影响甚大。

除了福田院外，北宋崇宁年间在常平仓下还设立了安济坊、漏泽园，以及赡养鳏寡老人的养济院、居养院、安济院，并从财政岁出内藏中提供八百万钱作为其费用。同时，各地方民间养老院也逐渐增多。南宋刘宰在《真州居养院记》指出："居养院以处老疾无告者，其来远矣！"而朱熹在《江西运司养院记》中提到南昌延庆、崇和二门外便有多个养济院，安置老病者。吴渊在《广惠坊记》中曾惊叹"穷州陋邑犹有所谓居安、安济之所"。又据洪迈在《夷坚支志》中记载："金国兴中，府有刘厢使者，汉儿也。与妻年俱四十余，男女二人，奴婢数辈。一日尽散其奴婢从良，竭家赀建孤老院。"[2]这则资料表明，除官办养老院外，宋代已经出现了以个人资财建立的具备民营性质的养老机构。元朝同样重视养老，元世祖忽必烈听从汉臣建议，在各路均设置一所养济院，"诸鳏寡孤独，老弱残疾，穷而无告者，于养济院收养"[3]。这些养济院等养老设施至明清时仍保留运行。

元代与前代一样提倡孝道，屡屡颁布养老诏，其养老政策不仅具备保障老人生活的功能，也富含浓郁的社会教化意味。该时期的养老政策渗透着鲜明的阶级差异、民族差异和政治区位差异[4]。在元代统治者的倡导下，这一时期的行孝风气发生了变化，愚孝行为减少，逐渐回归天性，孝养老人以物质供养、日常照料和精神敬养为主[5]。尤其是养济院的发展更为规范化、制度化。元代时期有规定，亲族亦贫不能给者，许养济院收录，并由各路养济院"正官"负责，应收养而不收养，不应收养而收养者，仰御史台按察司计点究治，确保无力谋生的老人能够得到政府的直接救助[6]。

明清时期，政府一方面提倡以家庭养老为主，并为家庭养老创造条件；另一方面，则继续发展诸如养老院等养老机构，以推进社会养老。明代基本上承袭了前代的养老保障和养老机构设置，但也进行了一定的完善。例如，明太祖朱元璋在即位之初便下令全国各地建立"养济院"和"惠民药局"，并督促制定明确的法规以加强机构管理。只不过，随着明末清初人口数量的大幅增加，养老院等官办

[1] 《宋史》卷一七八志一三一《食货上六》。
[2] 《夷坚甲志》卷一《刘厢使妻》。
[3] 《元史》卷一〇三志五一《刑法二·户婚》。
[4] 李莎：《元代的养老政策》，《齐鲁学刊》2008年第3期。
[5] 王晓玉：《元代养老研究》，暨南大学硕士学位论文，2013年。
[6] 黄天华著：《中国财政制度史》第3卷，上海人民出版社、格致出版社2017年版，第1756页。

的养老保障机构所救济的老人数量显得愈发有限，这也导致民办养老机构在这一时期得到了迅速发展。这背后的主要原因是，明清时期的养老机构绝大多数是财有余力的中产阶级捐助兴建的。这种不限于官办资金，吸纳民间资金的方式大大增加了养老院的数量，扩大了养老院的规模，使贫苦老者受益人数大大增加[1]。此外，商品经济的初步发展也使得善会善堂以及宗族义庄承担了更多的养老责任。可以说，养老保障制度至明清时期呈现了政府救济、慈善组织与民间互助多元并存、互为补充的局面。

清代基本上继承了明代的养老保障政策，清代养济院是在明代养济院的基础上建立起来的，只是规模有所扩大，组织更完善，制度更健全。清代的养济事业首次将养济院扩展到中国西部的边陲地区[2]。而且，为了使上述救助机构能够发挥实效，清朝在制度建设上做了大量的工作，通过刑律中的"收养孤老"条款以约束主管官吏依法履职。《钦定户部则例》中收有《普济堂事例》《栖流所事例》和《收养孤贫事例》等则例，具体规定了有关救助机构的设置和运营制度。清代统治者对养济院等机构的管理非常重视，对经办养济院的地方官员实行定期的检查、对失职的地方官员进行处罚。"（乾隆六年）各处额设孤贫，令该管道、府，每年遇察勘公事之时，即带原送册籍赴养济院点验。如房屋完整，孤贫在院，并无冒滥，出具印结呈报上司；如房屋坍塌，孤贫不尽在院，或年貌不符冒给者，该管官照违例支给例，降一级调用。道府不行查验，遽行加结转详，照违例支给之转详官例，罚俸一年，若纵胥役，及令为首之孤贫代领，以致侵蚀，该管官照纵役犯赃例，革职。道府不行查出，照豫先不行查出例，降一级调用。如道府徇庇容隐，及扶同出结，照徇庇例，降三级调用"[3]。清朝"收养孤老"的律例在明朝法律条文的基础上更为详尽，对养济院的管理、收养的对象、监督等都有法律条例或皇帝诏令的规定，呈现一副较为完整的社会贫困救济法律制度框架。除此之外，清代的民间社会救助较之明代有很大发展，慈善救助组织的活动更加兴盛，尤其到咸丰以后，民办福利机构掀起高潮。各种善堂、善会纷纷涌现，族田义庄的数量有显著增加，更为重要的是，这些民办救助机构的管理规则日趋完善，慈善救助组织近代化的趋势明显[4]。

除此之外，历代统治者针对老年人还制定了减徭减赋、减轻刑罚、赐杖等特

---

[1] 孙津华：《中国古代养老制度及启示》，《河南教育学院学报》2017 年第 2 期。
[2] 周秋光、曾桂林著：《中国慈善简史》，人民出版社 2006 年版，第 153—154 页。
[3]《钦定大清会典事例》卷二六九《户部・蠲恤》。
[4] 肖金明编：《老年人社会救助制度研究》，山东大学出版社 2015 年版，第 138—139 页。

定的养老保障政策。例如，历代对养老保障政策制定了专门的赋役减免制度。据《周礼・地官・乡大夫》中记载："国中自七尺以及六十，野自六尺以及六十有五，皆征之。"意思是说，国都及近郊60岁以下、郊外农村65岁以下的才承担力役、赋税。"其舍者国中贵者、贤者、能者、服公事者、老者、疾者、皆舍。"意思是国都中的老年人是免于征收徭役、赋税的。又据《礼记・祭义》载："古之道，五十不为甸徒，颁禽隆诸长者，而弟达乎獀狩矣。"古代64井为甸，按甸出军赋、出"甸徒"，而年满五十就不再充任驱兽围猎的"甸徒"役，分配猎获禽兽还要优待年长的人，以此将敬长之道贯彻到猎狩活动当中。

又如，春秋战国时期，老人还享受一定的刑事豁免权，对于老年人犯法，一般酌情给予减免刑罚。《周礼・秋官・司寇》载："凡有爵者，与七十者，与未龀者，皆不为奴。"明确规定七十岁以上的老人犯罪不能罚作奴隶。《管子・戒》载："老弱勿刑，参宥而后弊。"即年老体弱者不处刑罚，犯罪三次后再治罪，这是对老人的宽容和保护。《礼记・曲礼上》规定："悼与耄，虽有罪，不加刑焉。"八十岁以上的老人犯罪不用承担刑事责任。宋代基本法典《宋刑统》规定，年七十以上"犯流罪以下收赎"；八十以上"犯反逆、杀人应死者，上请"，"盗及伤人者，亦收赎"，"余皆勿论"；九十以上"虽有死罪，不加刑"。宋代70岁以上老人享有刑律优免权，一般罪行皆可收赎优免；80岁以上的老人即使犯重罪并可获死刑，可请求圣裁；90岁以上的老人完全免于刑罚处置。

免除老人后代的徭役负担也是古代政府针对养老保障采取的普遍措施。延兴三年(公元473年)，北魏孝文帝诏令："遣使者观风察狱，黜陟幽明，其有鳏寡孤独贫不自存者，复其杂徭。年八十已上，一子不从役。"[1]太和元年(公元477年)又诏："七十已上，一子不从役。"[2]嘉祐四年(公元1059年)，仁宗诏："民父母年八十以上，复其一丁。"[3]由此可知，历代统治者对普通老人采取的养老方式是家庭养老，国家以免除其家庭的赋役负担来给老年人提供保障待遇，基本的标准是：家有年八十岁以上老人(清朝时降低为七十岁以上)，免除一子的徭役或者赋役；家有年九十岁以上老人，可免除两子的徭役或者赋役。这种养老待遇有一定的经济意义，即一子在家耕作或者从事其他劳动，可以取得更多的收入[4]。

---

[1]《魏书》卷七《高祖纪》上。

[2] 同上。

[3]《宋史》卷十二《平帝纪》。

[4] 王文素著：《中国古代社会保障研究》，中国财政经济出版社2009年版，第197页。

## 三、中国古代官员致仕制度的发展过程

值得说明的是，在古代封建社会的养老保障中，还有针对退休官吏的“养致仕之老”“公务人员”的国家养老制度。古代官员致仕最早始于汉代。据《汉书·平帝纪》记载：“(元始元年)天下吏比二千石以上年老致仕者，参分故禄，以一与之，终其身。”意思是说，比二千石以上的官吏退休，朝廷给其原来官职俸禄的三分之一，以示尊贤。这是中国古代从制度上明确规定高级退休官员由国家供养的最早记载[1]。除了致仕官俸，汉代致仕官员还能得到政府的赏赐和加封，这有时比官俸更为丰厚。《西汉会要》载：“薛广德为御史大夫，乞骸骨，赐安车驷马，黄金六十斤，罢。”“杜延年为御史大夫，乞骸骨，天子优之，使光禄大夫持节赐延年黄金百斤，牛酒，加致医药。延年遂称病笃，赐安车驷马，罢就第。”《东汉会要》载：“刘恺为司徒，称病上书致仕，有诏优许焉，加赐钱三十万，以二千石禄归养，河南尹常以岁八月致羊酒。”官员致仕时可加官晋爵(晋阶)，这一制度始于汉代，后世逐渐扩大了适用范围。《东汉会要》载：“司马均为侍中，以老病乞身。和帝赐以大夫禄，归乡里。”“尚书郑均以病乞骸骨，拜议郎，告归，因称病笃，帝赐以衣冠。诏告庐江太守东平相曰：议郎郑均，前在机密，以病致仕。赐谷千斛，常以八月长吏存问，赐羊酒，明年，赐尚书禄以终其身。”

三国两晋时期也有致仕制度，基本沿袭了汉代，以七十岁为退休年龄，但史籍记载极少。《三国志·魏书·田豫传》载：“年过七十而以居位，譬犹钟鸣漏尽而夜行不休，是罪人也。”班固《白虎通义》记有：“臣七十悬车致仕者，臣以执事趋走为职，七十阳道极，耳目不聪明，跂踦之属，是以退去避贤者，所以长廉耻也。悬车，示不用也。”故有“七十悬车”或“悬车致仕”之流传。三国时期承袭两汉致仕制度，官吏致仕一般依据官爵高低分别予以加官晋爵或巨额赏赐，但这一待遇也只限于少数权贵官员。《三国志·魏书·刘放传》载：“齐王即位，以放、资决定大谋，增邑三百，放并前千一百，资千户；封爱子一人亭侯，次子骑都尉，余子皆郎中。正始元年，更加放左光禄大夫，资右光禄大夫，金印紫绶，仪同三司。六年，放转骠骑，资卫将军，领监、令如故。七年，复封子一人亭侯，各年老逊位，以列侯朝朔望，位特进。”《三国志·吴书·吕蒙传》载：“以(吕)蒙为南郡太守，封孱陵侯。赐钱一亿，黄金五百斤。”三国各统治者都对致仕官吏和去世官员的家属实

[1] 肖金明编：《老年人社会救助制度研究》，山东大学出版社 2015 年版，第 121 页。

行奉赐、田宅、复客等优厚待遇，主要目的还是拉拢权贵官员，加强君臣关系，强化了统治阶级的凝聚力[1]。

隋唐沿袭了前代的官员致仕制度，明确规定官员致仕的年龄、待遇等。《通典·职官十五·致仕官》有云："大唐令：诸职事官，七十听致仕。"也就是说，在正式的唐令中，明确规定了职事官七十退休。致仕的具体程序为"五品以上上表，六品以下申省奏闻"，即高级官员要向皇帝提出申请，而六品以下的官员需要向尚书省递呈申请表札。大唐令同时规定："诸职事官年七十、五品以上致仕者，各给半禄。"[2]意即对五品以上的致仕官员发放原俸禄的一半。总之，唐代政府基本保障了五品以上的高级官员的致仕待遇，有半俸，有全俸，有赏赐，有特赐。而六品以下的致仕官员，公元750年前只能享受四年半俸，公元750—827年可以享受终身半俸，公元827年后就分文没有了，这也说明了唐代致仕制度还有待成熟[3]。

宋代致仕的待遇极为丰厚，包括官阶迁转、俸禄、恩赐、荫补和封赠等方面。其中，宋代官员的俸禄主要分为正俸、加俸、职田三类以及其他变相俸禄，但致仕官员按规定只享有正俸。宋初官员致仕，要经过朝廷"特命"批准后，才能领取俸禄以备养老。但与唐代不同，宋代对所有致仕的官员均给半俸。太宗淳化元年（公元990年）五月颁布的《致仕给半俸诏》规定："应曾任文武职事官，恩许致仕者，并给半俸，以他物充，于所在州县支给。"此后，职事官经朝廷获准致仕者皆可领半俸。神宗熙宁年间，为了鼓励官员努力从政，降低了特赐全俸的官阶要求，将赐俸与为官政绩结合起来。并规定：文臣自承务郎（九品）以上，武官亦从三班使臣（九品）以上者可享受全俸而致仕，但对无功绩而被要求强迫致仕者则不给俸禄。因此，宋代官员致仕后，有的可领取全俸或半俸，有的则分文不取。至宋哲宗元祐六年（公元1091年），宋代九品以上致仕官员，只要有政绩皆给全俸，其余半俸，更高级的官员还给职钱和贴职钱等[4]。

到了明朝，官员致仕后的待遇与以往历代都不同，并没有形成长期、固定的政策，而是出自特恩，且"视唐宋则甚减矣"。明代的老年官员致仕后就不再向朝廷领取俸禄，但是明朝官府会不定期地拨给他们粮食和劳动力，以保障这些致仕官员必需的物质生活。清朝官员退休后的俸禄待遇比明朝优厚。顺治年间，清

[1] 黄天华著：《中国财政制度史》第1卷，上海人民出版社2017年版，第426页。
[2] 肖金明编：《老年人社会救助制度研究》，山东大学出版社2015年版，第128页。
[3] 黄天华著：《中国财政制度史》第2卷，上海人民出版社2017年版，第988页。
[4] 肖金明编：《老年人社会救助制度研究》，山东大学出版社2015年版，第134页。

政府规定60岁以上正常致仕八旗武官发给原俸禄之半，此后陆续对此有所增补。至康乾时期，为使在职官员实心任事，开始将致仕后的待遇与政绩战功挂钩[1]。

在官员养老方面，元代的致仕制度上承两宋，下启明清，完善的致仕制度不仅表现在其形成、发展和执行等方面，还体现在致仕官员的待遇上，包括加官晋阶、息荫亲属、致仕俸禄和赏赐等方面都有严格的制度性规定[2]。《元典章》载："至元二十八年四月二十三日，尚书吏部承奉……诸职官年及七十者，合令依例致仕。本部议得：'职官年已七旬，到部求仕，相视得老病不胜职任，拟合致仕。如精力未衰、别无疾病者，依例迁叙。若年虽未及，委有疾病，自愿致仕者，听'。呈奉都堂钧旨，准呈施行。"《元史》亦载："至元二十八年，省议：'诸职官年及七十，精力衰耗，例应致仕。今到选官员，多有年已七十或七十之上者，合令依例致仕。'"终元一代，"七十而致仕"成为定制。元代致仕官员的俸禄，按规定大多数可获在职俸禄的一半，只有少数官员在致仕后能够拿到全俸。文宗至顺元年所规定的各级官员致仕后的俸禄，"一品月给全俸，二品半之"。三品至九品的官员只是在致仕时一次性领取一匹到两匹增帛作为俸禄[3]。

明代给致仕官吏的俸禄比较优厚，规定凡是朝廷内外年老致仕的文武百官，都可享受一定俸给。其中，高级官吏可以按原俸取得俸钱和禄米，普通官员退休后，也可以按照晋级或原级享受半俸。据《明会典》记载，永乐十九年诏令："文武官七十以上、不能治事者，许明白具奏放回致仕。若无子嗣，孤独不能自存者，有司月给米二石，终其身。"成化二十二年又规定："在京文职、以礼致仕者、五品以上、年及七十，进散官一阶。其中廉贫不能自存，众所共知者，有司岁给米四石。"这种对廉贫无靠的致仕官吏给予经济补贴的做法，是明朝政府的一个德政，也是其对官吏致仕制度的贡献。

清代官吏致仕的年龄不像前代那样统一规定在七十或六十岁上，其间有一些变化，但基本趋势仍然定在"七十而致仕"。清初官员致仕的年龄标准，顺治年间，规定："满洲官员年至六十以上致仕者，照原品给与半俸银米。养年未至六十致仕者不准支给。"由此可知顺治年间官员致仕以60岁为标准。其后不久就有了变化，按《清史稿·选举志六》载："年老休致，例有明文。乾隆二十二年(1757

[1] 肖金明编：《老年人社会救助制度研究》，山东大学出版社2015年版，第134—135页。
[2] 黄天华著：《中国财政制度史》第3卷，上海人民出版社2017年版，第1754页。
[3] 同上书，第1755页。

年),定部、院属官五十五岁以上,堂官详加甄别。三十三年,改定京察二、三等留任各官,六十五岁以上引见。嘉庆三年(1798年),命京察二、三等官引见,以年逾七十为限,寻复旧例。”虽然“引见”并不一定是“致仕”,但70岁就是官员年老的一种标志,故嘉庆年间官员70岁引见的制度沿用至清亡[1]。清代致仕官的俸禄分为全俸和半俸两种。在清朝前期,一般是按官吏的原品发给全俸的。后来有的给全俸,有的给半俸。不过,那些对国家有过贡献的元勋功臣,在任何时候都是被朝廷优待的,大多都享受全俸。据《古今图书集成》等书记载,清朝初年,凡是自动请退的文武百官,朝廷均给予优厚的待遇。有的升官晋衔,有的赐给原俸。顺治十六年公元1659年规定,“有世职者,照品给俸”。两年后又规定,“无世职之官年至六十致仕者,仍给半俸,未至六十岁痼疾辞任者不准给”。到道光年间则定下了原品致仕官吏可享受全俸或半俸的制度。

## 四、传统养老保障制度的近代化

在古代封建社会,传统养老保障是依赖于家庭、宗族以及地方乡绅的基本性功能,仅在对于鳏寡孤独或贫病者的救助方面,政府及民间组织通过开设慈善事业予以救助。直至晚清,在维新思想和洋务运动的影响下,自明代的善堂文化和慈善事业得到进一步革新,社会养老开始进入人们的视野。总之,家庭和宗族一直是中国人养老的支柱,而传统的慈善,不论是政府主办还是民间组织兴办,实际上都是家庭和宗族养老的补充,并不是一种制度性的设置[2]。而纵观中国古代养老保障史,我们也可以看出古代政府和统治者对于养老的重视。有学者将近代之前传统养老保障和老年人福利制度总结为如下四个特点[3]:

(1) 从实施福利的目的来看,传统社会对老年人的福利更多的是一种道德教化。通过对老年人的定期或不定期赏赐、供给,表现国家或君主“敬老爱老”“敬耆德”“礼高年”的道德政治形象。在福利中,对老年人的福利供给占了非常大的成分,几乎一直是重头戏。其实,偶尔或定期赏赐布帛、酒肉,并不能真正解决老年人的经常生活来源问题,主要起一种精神安慰作用和政治宣传作用。

---

[1] 黄天华著:《中国财政制度史》第4卷,上海人民出版社2017年版,第2224页。
[2] 林顺利:《民国初期社会养老发端与机构养老转型》,《中国社会工作》2013年第8(下)期。
[3] 钟仁耀主编:《社会救助与社会福利》,上海财经大学出版社2005年版,第260—261页。

特别是，通过给老年人的子孙免劳役的形式解决老人赡养问题，甚至用国家选派侍丁来养老，这显然已把养老事宜当成了国家政治或官方公务。但事实上，在特重孝道且家长有绝对权威的传统社会，老人的赡养其实并没有成为社会问题。

(2) 从实施老年人福利的主体来看，其主要由政府全面包办。而政府之所以为老年人提供这些福利，常常并非出自真正的社会整体利益和关爱老年人的考虑，更多地出于要证明自己的政治合法性。只有能如此保护百姓的君主和政权，才是王道仁政，才能"得人心者得天下"。实际上，赡养老人、抚养幼弱儿童，是国家或君主作为家或家长的责任，是"以天下为一家，以中国为人"的政治哲学所要求的。

(3) 从福利的内容来看，传统社会实行的福利或援助的方式途径是多样化的。直接用于福利的手段包括：赏赐或发放生活必需品，提供栖身之所，提供生产工具或资料，提供劳动力帮助耕作，提供侍丁或保姆服务，减免赋税，减免徭役，售卖平价或低价粮食，发放药利品和医疗指导书籍，提供免费医疗，提供丧葬费或服务，免除学费，提供旅行帮助，促合鳏寡成婚，等等。这几乎包括了所有的老年福利内容。

(4) 从福利所需资金的来源看，传统社会老年人福利奉行通过特项收入以解决福利经费的原则。对于不同的项目，有着不同的资金来源，多数是特支特收。从西周到明清，政府并未在全国性年度赋税计划中专列用于老年人福利的常规性赋税项目，也没有长期稳定地执行这类税种，政府并未就此展开常规性开支预算。用于老年人福利的钱物要么来自临时动用皇室经费或国库开列专项税收，要么特设官办产业或提供放贷流通服务，要么挪用政府的专项收费，要么直接取自富民。这些特支特收的做法，与小农经济的特征紧密联系在一起，既有临时性"损有余补不足"的小农"均平"原则的体现，又有"以民养民"不减君国利益的考虑。

中国传统养老保障制度，尽管从封建社会时代起就已经存在一定的社会养老的规定和措施，但是由于这些措施不全面、不系统，因而远没有形成一种规范性。从社会养老的经济来源方式、服务人员配置以及落实这些措施的社会环境等方面来看，传统社会老年保障措施充其量仅为家庭养老的一个不可靠的补充，与社会福利还相距甚远[1]。

---

[1] 钟仁耀主编：《社会救助与社会福利》，上海财经大学出版社 2005 年版，第 261 页。

鸦片战争之后，在西学东渐的影响下，西方社会福利思想和养老福利思想被引入中国，使得养老实践开始从传统的道德义务向制度义务转变，并且救养主体从家庭和宗族向社会力量转移。在这样的背景下，政府和社会对养老的认识和实践逐渐转型，也就是说养老的社会责任逐渐被接纳。但囿于经济和社会发展条件的限制，这一时期的社会养老的发展实际上主要还是集中在对公职人员的退休养老制度安排以及现代化的养老机构设置两个方面。养老金和退休制度下的社会养老观念逐渐转变的同时，国内知识界也开始将西方的养老年金、退休制度以及社会保障和社会保险相关的经验引入本土。关于养老金的本土化内容，将在第三章详细论述。

在养老保障立法方面，第一次世界大战后，国际劳工组织于1919年召开的巴黎和会上成立，以维护世界和平、促进社会正义为宗旨，积极推行国际劳工立法，谋求劳工生活的改善，大力推动世界性社会养老保险事业的发展。1919—1944年，国际劳工组织制定了有关社会养老保险的主要公约，如1933年的《工商业工人及佣仆养老保险公约》、1933年的《残疾、养老及遗属保险》、1935年的《移民残疾、养老及死亡保险权利保障公约》以及1938年的《船员退休金公约》等。1923年，北洋政府迫于第一届国际劳工大会特别委员会和国内"二七"大罢工的压力，颁布了《暂行工厂条例》，后又制定《工人协会法草案》和《矿工待遇规则》等条例。1924年，广东军政府颁布《工会条例》，开启了这一时期劳工立法的序幕。此后，南京国民政府在国际劳工组织的帮助和推动下，逐步认识到养老保险的重要性，开始对养老保险制度进行初步探索。1931年，南京国民政府工商部扩大为实业部时，由劳工司益工科掌管"关于工人保险及养老恤金事项"，此为一种监督指导机关，并不办理保险实务。后又规定，国有财产及国营事业一律归中国保险公司保险。1936年9月还规定，各级政府机关之保险应交中央信托局办理，该局增设保险部。1940年，南京国民政府社会部成立后，由下设福利司第六科指导实施社会保险。到1941年，该科拟定了《社会保险法原则草案》《健康保险法草案》《陪都公务员役团体寿险计划纲要草案》等，但仅停留在草案阶段[1]。1943年颁布实施的《社会救济法》第一条规定，年在六十岁以上精力衰耗者得依本法予以救济。救济方法包括在安老所留养、现款或食物衣服等必需品之供给、免费医疗、住宅之廉价或免费供给、丧葬保障等。其后，国民政府又制定了《社会救济法施行细则》《救济院规程》等法规，将老年人的社会救济具体化。

[1] 肖金明编：《老年人社会救助制度研究》，山东大学出版社2015年版，第144—145页。

虽然这一系列养老保障或社会福利立法并未得到较为妥善合理的推行，但政府社会养老保障立法的相继出台也在一定程度上促进了近代养老机构的转型，主要表现为延续近千年的“养济院”等养老机构在借鉴了西方养老制度后，逐渐呈现出现代化的养老职能和特征。例如，在 1943 年颁布的《社会救济法》中，国民政府社会部在重庆设立重庆市实验救济院，下设安老所、助产所、育幼所、施医所、残疾教养所、习艺所等分部。其中，作为负责并承担老年保障部门的安老所，一直保持 100 人左右的老年人吸纳规模，占救济院总规模的四分之一。另外，在实施院内救济的同时，院外救济也是当时救济院重点考虑的问题。从服务权重来看，养老服务是实验救济院的主要工作内容[1]。总之，传统养老福利和养老保障功能的主体由家庭和宗族向国家和社会转移，国民政府通过各种政策措施和立法，在实践中将养老保障制度逐步推进。

[1] 吴玉韶、王莉莉等著:《中国养老机构发展研究报告》，华龄出版社 2015 年版，第 41 页。

# 第三章

# 近代西方养老金制度在华传播与本土化



近代世界各主要工业化国家的社会保障体系，由于其历史文化背景不同，社会经济发展状况各异，在保障的政策取向、制度设计、具体标准及实施办法等方面都存在着很大的差别。但若从社会保障制度的核心——社会保障基金的筹集方式来考察，其制度安排大致可归纳为福利国家型、社会保险型、国家保险型等三种主流模式。福利国家型模式始于英国，其基本特征是以公民权利为核心确立了福利普遍性和保障全面性原则，它以国家为直接责任主体，以国家为全体国民提供全面保障为基本内容，以充分就业、收入均等化等为目标。社会保险型模式始于德国，其基本特征是以面向劳动者建立各种由政府、社会、雇主与个人之间责任共担的社会保险机制为中心，再补充以其他救助或福利性政策，构成能够满足工业社会需要的社会安全网。国家保险型模式始于苏联，其基本特征是社会保障事务完全由国家（或通过国营企业等）包办，个人不交纳任何保险费，在保障目标上是以追求社会公平为主，在保障范围上几乎是全体国民。

因此，清末近代之际，中国社会保障模式从传统向现代转换就面临着三条可供选择的道路：一是转向福利国家型模式；二是转向社会保险型模式；三是转向国家保险型模式。就近代中国的工业化程度及社会经济发展水平来看，第一条道路显然不具有现实可行性；而国家保险型模式实行于社会主义国家，与民国政府的国家制度不相匹配，也不会成为其选择的目标。因此，社会保险型模式便成为民国政府的唯一选择及其社会保障立法的基本取向，近代中国养老保障的发展史也充分证明了这一点。

其中，作为养老保障制度的重要内容，养老金制度在近代中国的社会经济制度建设中扮演了重要角色，其在华传播也是近代西方经济制度在华传播的引人注目的范例。在近代,西方养老金制度利用多种方式进行在华传播:晚清时期外国人在华创办的企业与掌管的海关等部门中开展西式养老金制,是其区别于其他经济思想传统引入方式的一项业务实践传播;民国初期归国留学生与学者对养老金知识的引介,则是西学东渐、西制东行的典型体现;20 世纪 30 年代大量相关译作、论著的发表和出版,更促进了养老金制度的推广。与此同时,各行业、各部门中养老储蓄基金模式与现代养老金管理方式的诞生、养老金制度法治化和规范化的提升,都充分体现了近代国人结合中国实际对西方经济制度所作的调适及运用。因此,本章从西方经济思想在华传播的视角梳理了养老金制度传入的方式,并进一步考察其本土化的历程[1]。

## 一、西方养老金制度的建立与演变

### (一) 西方"福利国家"和养老金制度的先行者——英国

英国是世界上最早建立养老金制度的国家之一,起初实行的是免费性质的单一型养老模式,其后经历多次重大改革。英国养老金改革的着眼点在于分阶段适时减少国家养老责任,同时又尽可能保证国民利益最大化[2]。

在英国,退休雇员的养老金给付有悠久的历史:公元 13 世纪,国王亨利三世因仆人年老体弱,授予他每天 4 便士的养老金(Chris Lewin);1531 年,英王亨利八世颁布法令,规定地方官吏对其辖区内急待救济的老弱贫民予以调查登记,发给执照,允许其在指定区域内行乞;1536 年,英王又颁法令,建立一项由政府主办的公共救济计划,责成各教区负责供养教区内住满三年不能工作的贫民;1563 年,国会通过法律,规定每户人家应依其财产收入按周缴纳税捐以救贫民,此为救贫税的起源;英国第一个积累型职业养老金计划——查塔姆基金于 1590 年建立,它的覆盖范围是皇家海军的海员;1597 年的一项法令规定,父母子女在法律上有相互赡养的责任;1601 年,伊丽莎白女王命令将以前各项救济法令编纂补充成法典颁布,这即是闻名于世的英国《济贫法》(Poor Law),该法为当时英国济贫法律之大成,规定教区对没有亲属的贫民承担责任;17—18 世纪,退休职业年金给付又扩展到其他公共服务部门;19 世纪,养老金给付覆盖整个民事服务

[1] 在目前众多关于西方经济思想传播的文献中,研究者通常关注的是具体的传播方式和内容,忽略了对所移植的制度经过长期在华实践和融合后所演化出的创新性机制,而后者更能深刻揭示近代中国经济制度的产生发展与西方经济制度传播之间的本质联系。

[2] 陈星:《英国养老金制度发展演变及其启示》,《中国地质大学学报》(社会科学版)2007 年第 4 期。

部门，后来又扩展至新成立的铁路公司的雇员。

其中，英国正式养老金制度的建立标志，可追溯至中世纪《济贫法》的颁布和友谊社(friendly societies)的成立。济贫一直是养老金制度建立的基础。1601年，英国颁布了《济贫法》，表面上是为了保护穷人免受战争、流行病、饥荒和圈地的危害，但实质上是想通过控制人口流动和提供一定的安全保障来稳定社会。"济贫法这项带有社会福利性质的制度安排，是当时英国社会中统治阶级的政治供求结构的边际调整和下层贫民的生活供需结构的边际调整取得均衡的产物。"[1]然而，《济贫法》的颁布并没有彻底改善劳动者的基本状况，反而使他们沦为永久性的赤贫者。到了1832年，英国维多利亚女王不得不下令对《济贫法》的实施情况进行调查，提出济贫改革方案，于1834年出台《济贫法修正案》(The 1834 Poor Law Amendment Act)，即《新济贫法》。其核心内容是"劣等处置原则"：在济贫院内接受救济的贫困者，其生活水平不能高于院外从事自由劳动者的最低生活水平，以便可以通过提供更高的补贴去激励人们从事劳动。所以，这一时期英国政府对老年贫民的救济主要是严格的济贫院内救济，只有当老年、残疾等失去工作能力的老年人进入济贫院后，才能得到救济。不过，由于当时济贫院的养老措施存在许多问题，比如食品单调、住房拥挤、环境肮脏等，使得有些老年人宁愿露宿街头，也不愿进济贫院接受救济[2]。

总之，《济贫法》为之后的养老金制度提供了理论和实践准备，奠定了济贫制度和福利国家的制度和法律基础。因为它的颁布，首次明确了政府对贫民救济的责任，首次明确规定了建立专门机构负责济贫事务的监督管理，首次明确划分了教区以及对贫民进行分区管理的原则。至19世纪末期，英国政府逐步放开对院外救助的管制。1890年，英国政府宣布，对所有贫困且需要被救济的老年人提供充足的院外救济将成为一种固定不变的政策。与此同时，其他一些欧洲国家也在进行着济贫等养老措施的探索。瑞典、丹麦、普鲁士、挪威、芬兰分别于1763年、1803年、1842年、1845年、1852年颁布各自国家的《济贫法》，法国虽然一直没有颁布《济贫法》，但于1656年在巴黎建立贫民习艺所，后又于1662年在全国建立贫民习艺所。

英国的友谊社产生于18世纪，不过直到19世纪才兴盛起来。友谊社的参与者主要是当时的熟练工人和具有稳定收入的工人。友谊社是成员之间在经济

[1] 李绍光著：《养老金制度与资本市场》，中国发展出版社1998年版，第53页。
[2] 杨建海：《西方国家养老金制度的起源及影响因素》，《兰州学刊》2012年第2期。

上的一个互助性质的组织，不是专门为养老保障的目的而成立的，但在其发展过程中，年老体弱的成员也逐渐从中受益。到19世纪90年代末，英国各种友谊社已覆盖了四分之一的英国成年男子。如果说《济贫法》只是为其受益者的最基本生存需求提供了一个最为基本的保障的话，那么友谊社这种自发产生的非正式组织则开始为其成员提供一些层次略高的生活需求保障了[1]。

一般而言，现代公共养老金制度是工业化的产物。对于自19世纪60年代便开始进行工业革命的英国而言，无论是在工业化的规模还是对现代社会保障的需求方面，无疑都走在世界各国的前列。在19世纪晚期，英国已经出现了建立公共养老金的呼声。1885年，英国下议院提出"布莱克利建议"，倡导在英国建立国民公积金保险，即所有17—21岁的男性工人都向一个年金基金支付14英镑，用以向所有70岁以上的人提供每周4先令的养老金。但是，下院在将此建议搁置了三年之后，才正式表态反对这项建议。理由是：一方面，这项建议不具备可靠的精算基础；另一方面，实施这项建议所需要的基础管理设施成本太高。除了下院之外，友谊社和私人保险公司也反对这项建议，很明显，他们不愿意还存在一个政府的保障计划与之竞争[2]。1889年，英国又发布了《养老保险法》，规定了养老金的发放问题，且费用由国家、雇主及雇工三方分担[3]。1904年，全英友谊社大会宣布支持为65岁以上的老年人建立一个不缴费的养老金计划。

直至1908年，英国终于出台了由政府管理的具体公共养老金计划——《老年人养老金法案》(Old Age Pension Act)，规定任何70岁以上老人，只要符合该法所规定的条件，就可以领取养老金，而支付养老金所需的一切费用均来自议会批准的拨款。这也开启了英国现代养老金制度的建设[4]。该法案对养老金领取标准作出如下规定：(1)年满70岁；(2)作为英国公民至少已达20年，并居住在联合王国的土地上；(3)依该法令标准计算的年收入不高于31英镑10先令。同时规定，有下列情况之一者，将没有或失去领取国家养老金的资格：(1)1908年1月1日以后仍领取各种形式的济贫补贴；(2)在达到养老金领取标准前，有工作能力却未能为自己及其家人努力工作；(3)被拘禁于疯人院或同类机构的流浪

[1] 张海波、郭玲著：《中国公共养老金制度的模式选择与完善》，山西经济出版社2014年版，第50页。
[2] 同上书，第51页。
[3] Hennock, E. P., *British Social Reform and German Precedents: The Case of Social Insurance, 1880-1914*. New York: Oxford University Press, 1987, pp.114-204.
[4] 林嘉主编：《社会保障法学》，北京大学出版社2012年版，第247页。

贫民;(4)被控犯罪处以监禁者,在监禁期间及释放后10年间无权领取(或继续领取)国家养老金[1]。法案的目标是建立一个在财富审查基础上按统一受益率给付(每人每周5先令)的非缴费性养老金制度。

但是,这个非缴费的养老金计划在实施后不久就遇到了两个问题:一是受益水平太低;二是财政部的负担太重。为了限制养老金计划的成本,财政部把受益者的年龄从65岁提高到70岁,并且还增加了许多财产、种族方面的限制。尽管有缺陷,但《养老金法》仍具开创意义。它第一次明确了政府对老年人的责任,落实了由谁养老的问题。此后,英国养老金制度的发展变化只涉及如何养老,以及怎样分担养老责任问题。不论准入"门槛"有多高、补贴水平有多低,都不是关键。关键是老人自此可以走出济贫院,进入国家法制的保障序列。老年人是纯粹的被养老对象,因为他们已被确定为需要社会照顾的弱势群体[2]。

1924年,英国财政部促使国会通过了修改公共养老金计划的议案,把原先的不缴费计划改成了缴费计划。直到1925年,养老金方案合并到英国社会保险法案中之后,英国才建立缴费性养老金制度。1925年,英国颁布了一个新的综合性社会保障计划——《寡妇、孤儿及老年人缴费养老金法》,开始转向了缴费养老金,第一次在英国建立起缴费养老金制度,实现养老金问题上权利与义务相结合的原则。该法令规定:年收入不超过400英镑的妇女每周缴纳1先令3便士,年收入不超过250英镑的妇女每周缴纳6便士,超过上述收入标准者,无资格参加该项养老金计划。20世纪30年代,英国遭遇了严重的经济衰退,老年人的贫困进一步加剧,人们对现行养老金制度的不满越来越大,公共养老金计划覆盖下的受益者开始自发地形成一些利益组织。在他们的压力下,英国政府作出两点让步:一是把老年妇女的受益资格年龄从65岁降低到60岁;二是引入一个补充养老金计划以扩大覆盖面。但是,这并不能从根本上解决问题。1941年,英国政府任命一个以威廉·贝弗里奇(William Beveridge)为首的英国社会保障服务委员会,系统地设计社会保障改革方案。到了1942年,著名的《贝弗里奇报告》正式出台,主张为英国民众提供一种最低生活保障,并提出了包括公共养老金制度在内的第二次世界大战后英国社会保障计划的六项原则:(1)统一的收益替代率,即设计统一的目标替代率,以保证受益者退休后的基本生活需要;(2)统一的缴费率,即不管参加者的财富状况如何,都要按相同比例的缴费率强制性缴费,

[1] 丁建定著:《西方国家社会保障制度史》,高等教育出版社2010年版,第155—156页。
[2] 唐军:《20世纪英国养老金制度的变迁》,《经济社会史评论》2014年第1期。

雇主和雇员都是如此;(3)统一管理,即费用的收缴和发放都要由同一个社会保障基金会负责;(4)受益的适当性,即要维持受益者一个基本的受益水平,包括受益数额和受益时间的适当性;(5)综合性,即对各个保障项目要做通盘考虑,使其相互之间能进行必要的调整;(6)分门别类,即对不同地区,不同类别的受益者要区别对待。

为福利国家建设蓝图的《贝弗里奇报告》,主张建立一个统一缴费和受益比例的医疗、失业、退休养老保险制度和一个不缴费的、以低收入者为对象的家庭救济计划,以及一套由政府统一管理的、全面的、普遍的社会保障制度。而完成福利大厦建设使命的英国工党,更是将完善社会保障项目、提高社会保障水平作为执政要求,提升国家对社会保障的干预力度。这也使国家对包括养老在内的各项社会保障责任承担得越来越多。直至1946年,以《贝弗里奇报告》为基础而颁布实施的《国民保险法》将英国养老金制度纳入整个国民保险制度之中,使之成为综合性社会保险的组成部分[1]。这些法规的颁布实施使养老金的覆盖面和津贴标准都有了明显的提高和扩大,也使英国正式成为"福利国家"[2]。

到20世纪50年代时,经过不断改革后的英国养老金制度,既有缴费养老金也有免费养老金;既有强制性养老金,也有自愿性养老金;既有附带财产状况调查的养老金,也有不附带这种调查的养老金;既有面向所有民众的养老金,也有针对特殊社会群体的养老金,还有特殊的老年国民救济制度[3]。

### (二)养老金制度的兴起与发展——以德国为首的部分欧洲国家

随着工业革命在德国、法国、丹麦、瑞典等国的扩散,包括养老金制度、养老保险在内的养老保障在全世界普及,并逐步变成了世界各国普遍实行的一项基本的社会经济制度。世界上第一个由国家正式建立的强制性公共养老金制度诞生在德国。如果说英国的《济贫法》是现代公共养老金制度的萌芽的话,那么1889年德国俾斯麦政府建立的强制性公共养老金计划则标志着现代意义的公共养老金制度的形成。

19世纪后半期,德国产业工人的队伍空前壮大,社会民主运动高涨,这给当时的俾斯麦政权造成了巨大的压力。因此,俾斯麦试图通过实施强制性社会保障来缓解社会对抗和强化社会控制,而公共养老制度是其中重要的组成部分。

[1] 丁建定、杨凤娟著:《英国社会保障制度的发展》,中国劳动社会保障出版社2004年版,第68—70页。
[2] 王莉莉主编:《英国老年社会保障制度》,中国社会出版社2010年版,第89页。
[3] 丁建定:《20世纪英国养老金制度的历史演进》,《南都学坛》2002年第2期。

继1883年的《疾病保险法》、1884年的《灾害保险法》之后，俾斯麦政府于1889年正式颁布了《老残保险法》，并于1911年将其综合编纂为《社会保险法典》，使德国成为世界上第一个对老年人和丧失劳动能力者提供养老金的国家[1]。1889年颁布的《老残保险法》是世界上最早的养老保险立法，它为现代社会公共养老金制度的建立提供了一个基本的框架。该法于1891年1月1日开始施行，规定所有年龄在16周岁以上、年收入在2 000马克以下的工人都有义务参加，由雇主、雇员均等缴费，缴费满30年且年满70岁有劳动能力的人才有资格领取养老金，无劳动能力者则给予老弱病残者资格，享受更高的待遇[2]。在这项养老保险设计中，法定养老金的筹资主要来源于雇主和雇员按照相同比例缴纳的保险费，同时规定养老金会随着工资的增加而不断增长。事实上，俾斯麦最早设想的是一个不需要个人缴费的计划，但自由党人认为这样会割断劳动与市场的联系。争论的结果是德国的公共养老金制度是一个强制性缴费计划。这也导致大批无正常收入和工资较低的工人被排斥在外。

德国作为世界上第一个推行养老金制度法治化的国家，其社会保险制度使人们逐渐认识到该制度能够规避工业社会中工人们所面临的风险，使得欧美其他资本主义国家纷纷仿效，相继建立起现代养老金制度。继德国之后，丹麦于1892年建立起世界上第一个非缴费型的养老金模式，1913年瑞典建立普享型的养老金模式，奥地利于1906年、英国于1908年、法国于1910年、荷兰于1913年、意大利于1919年等也建立起了养老保险制度。此外，这期间，澳大利亚、新西兰、秘鲁、波兰等国也建立了以老年人为对象的社会保险[3]。

瑞典相对于其他几个较早进行养老金立法的国家，有着较为鲜明的特点：一是瑞典立国时间较短，几乎没有封建时期；二是瑞典工业化起步较晚，但发展很快，且有产业特别集中的特点；三是瑞典的工会组织虽然成立较晚，但发展很快，力量较欧洲其他国家更为强大；四是瑞典社会阶层的合作主义倾向明显。这些因素使得瑞典的养老金制度虽然开始探讨的时间较晚，但形成立法的时间并不算晚，只比英国晚了几年[4]。1905年，瑞典政府针对养老金问题成立了以民政大臣为首的专门委员会，在进行长达五年的调查后终于提出并制定了养老金法

[1] 杨建海：《西方国家养老金制度的起源及影响因素》，《兰州学刊》2012年第2期。
[2] 张海波、郭玲著：《中国公共养老金制度的模式选择与完善》，山西经济出版社2014年版，第51—52页。
[3] 同上书，第52页。
[4] 杨建海：《西方国家养老金制度的起源及影响因素》，《兰州学刊》2012年第2期。

案。到了 1913 年，议会正式通过了《全国养老金法案》，建立起瑞典第一个公共养老金制度，决定对 16—66 岁的工人实行普遍的强制缴费，使受益与缴费精算关联。法案既包括缴费型的养老保险，同时也附带对贫困者和有需要者进行财产调查的补充养老保险[1]。第二次世界大战后，瑞典又提出了一项津贴水平较高的养老金制度。1946 年，瑞典实施了一项新的养老金法——《全国退休金法》，规定基本养老金的给付不再与参保者退休前工资水平相关联，同时也明显提高了津贴标准。养老金费用主要来源于参加者个人和政府拨款，雇员只要缴纳个人税前收入 1%的保费，到 67 岁后就可以领取这一较高标准的全额养老金，自此建立起了全国统一的基本养老金制度[2]。在此期间，北欧的挪威和芬兰分别于 1936 年和 1937 年实施了养老金立法[3]。总之，北欧各国所实行的养老金制度，其目的主要是为受益者提供一份最低的可替代工资的收入。

第二次世界大战以后，欧洲国家公共养老金制度的发展方向深受《贝弗里奇报告》的影响，各国逐步建立起公共养老金制度。现收现付逐渐成为欧洲各国的公共养老金制度的主体。一方面，公共养老金制度的覆盖面不断扩展，荷兰、瑞士、英国和斯堪的那维亚诸国均建立起了一套养老金受益覆盖全民的公共养老金制度；另一方面，在大多数国家，这种现收现付的公共养老金制度又有一个以公司计划为辅的第二层养老金制度，这个层次的计划通常是需要计划参加者缴费的。但是，除了南斯拉夫和荷兰等少数几个国家外，大多数国家的受益者个人缴费一般只占到全部养老金计划的 1/3 上下。当然，从工业化国家的养老金制度史来看，仅由国家管理的公共养老金计划从来就没有完全满足过民众和政府的实际需要。在一个多层次的养老金制度中，国家直接管理的公共养老金计划提供的养老金收益只是养老金的一部分，具体比例因国而异。在大部分欧洲福利国家，公共养老金计划一般都要占全部养老金支出的 90%以上，而在美国、加拿大等国，该比例为 70%左右[4]。

### （三）干预经济下的私人养老金制度——美国

美国早期的救济制度是伴随着欧洲移民而来，主要遵循英国《济贫法》的传统，由地方政府和社会上的慈善机构向老无所依的老人提供救济。独立战争以后，美国联邦政府开始关注社会救济事务，1787 年美国联邦宪法规定，国会有权

[1] 丁建定著：《瑞典社会保障制度的发展》，中国劳动社会保障出版社 2004 年版，第 32 页。
[2] 成新轩编著：《国际社会保障制度概论》，经济管理出版社 2008 年版，第 107 页。
[3] 肖金萍著：《公共养老金制度研究》，中国经济出版社 2007 年版，第 38—39 页。
[4] 张海波、郭玲著：《中国公共养老金制度的模式选择与完善》，山西经济出版社 2014 年版，第 60 页。

规定和征收税金，以便为民众提供公共福利。工业革命以前，美国社会的养老功能主要也是由家庭来承担的；工业革命以后，职业养老金计划和行业养老金计划成为工人养老的主要手段。美国政府雇员的养老保险最早开始于1850年，一些大城市为教师和警察提供养老金。1911年马萨诸塞州建立了美国第一个政府雇员养老保险计划，随后发展成为一种基于雇员服务年限和退休前工资水平的待遇确定型养老保险。1920年美国公务员退休法案实施，该法案将美国联邦政府雇员纳入一个统一的养老保险计划中。根据这个计划，联邦政府雇员在服务15年并达到退休年龄后即可领取养老金，雇员每月拿出工资收入的2.5%用于养老保险缴费，退休时可以获得其最后十年平均工资的30%—60%作为养老金[1]。

20世纪的最初30年是美国职业养老金计划发展的高峰期。在1925年以前，公司养老金计划几乎不缴费，之后开始逐步向雇主和雇员共同缴费制过渡。至20世纪30年代，全球经济危机为养老保障制度在世界范围内的全面展开提供了契机。与欧洲国家的养老金制度不同，美国养老金制度从一开始便较多地承袭了私人养老金市场的基本结构和特质，主要特点是缴费制计划占较大比重。到1932年，全美共有543个职业养老金计划在运转，其中的三分之一缴费，三分之二不缴费。这些职业养老金计划和年金市场的存在已经构成了一个私人养老金市场的基本结构。但是经济危机后的大衰退严重影响到公司养老金的融资，也削弱了美国公众对个人储蓄养老的传统信心和责任观念。人们逐渐认识到，个人的困境并不完全是由个人因素造成的，传统的以自由主义为导向的理念在理论上和实践上还不够完善。在此期间，强调国家干预作用的凯恩斯经济理论在罗斯福新政时期对美国公共养老金制度的建立发挥了重要作用。

面对20世纪30年代初来自企业工人的社会压力，罗斯福于1934年组织成立了经济安全委员会开始起草《社会保障法案》。1935年，罗斯福在《美国人民未来的更大经济保障——关于社会保险致国会咨文》中指出，老年保障采取三项原则：一是对年事已高不能建立保险的人，各州和联邦政府提供资金以支付养老金；二是对于现在年事尚轻的人以及未来各代的人，采用强制性保险年金办法；三是鼓励个人主动缴纳非强制性的保险年金。1935年1月17日，《社会保障法案》获得美国国会通过，确立了雇主与工人共同缴费，养老金将基于个人退休前

---

[1] 马凯旋、侯风云：《美国养老保险制度演进及其启示》，《山东大学学报》（哲学社会科学版）2014年第3期。

累计工资收入的全国统一的养老保险制度。这部《社会保障法案》(Social Security Act)第一次提出了"社会保障"的概念,也标志着美国养老保险制度的建立。该法案规定,对年满65岁的老年人支付养老金。养老金水平与个人工资收入相对应,对收入不超过3 000美元的老年人给付工资收入的1/2,收入超过3 000美元的老年人的养老金待遇由三部分组成,包括3 000美元的1/2、3 000美元以上至45 000美元以下部分的1/12、45 000美元以上部分的1/24,每月养老金待遇不低于85美元。若给付对象在65岁之前死亡,可以获得在1936年12月31日以后就业收入的3.5%的死亡待遇[1]。该法案于1940年开始按月支付退休工人养老金,同时政府对养老金支付给予一定的补贴。具体做法是:联邦政府成立社会保障局统一管理;财政部每年对各州经社会保障局核准的养老金支付计划进行财政补贴,以保证各州养老金支付。

根据该法案,美国联邦政府建立了包括老年社会保险在内的五大保障项目,即联邦政府和州政府共管的失业保险、州政府单独管理的工伤补偿保险,以及公共扶助、社会福利事业等,构成了美国社会保障的主要支柱。就养老保险而言,该法案是一个由面向有工资收入工人的缴费型社会保险和面向产业部门之外无工资收入老年人的不缴费型政府扶助计划相结合而成的综合型公共养老金计划。"这一制度安排为美国在第二次世界大战以后以市场为基础的福利制度改革奠定了基础。"[2]由于凯恩斯理论是以维护社会再生产过程的连续性为目的,因此,在凯恩斯主义影响下建立起来的美国公共养老金制度是被当作反经济危机和需求管理的工具来利用的,其主要目的是提高居民个人的消费能力,刺激总需求,鼓励老年人口退休,以缓解失业压力。本质上,这是一项以生产为导向、以实现充分就业为目的的有限保障的公共养老金制度[3]。到了1937年,美国社会保障制度开始由全额资助转变为现收现付模式(the pay-as-you-go system),老年人的退休金由当期的缴费人口积累的基金进行给付[4]。

20世纪30年代的《社会保障法案》以及养老保险制度存在诸多问题:一是养老保险覆盖面有限;二是各州养老金水平存在差别,1936年密西西比州养老

[1] 劳动和社会保障部劳动科学研究所编:《外国劳动和社会保障法选》,中国劳动出版社1999年版,第459—466页。
[2] 张海波、郭玲著:《中国公共养老金制度的模式选择与完善》,山西经济出版社2014年版,第54页。
[3] 牛文光著:《美国社会保障制度的发展》,中国劳动社会保障出版社2004年版,第140—145页。
[4] 李超民编著:《美国社会保障制度》,上海人民出版社2009年版,第3页。

金标准为每月 3.92 美元，加利福尼亚州则达到每月 31.36 美元；三是养老金难以满足老年人需求。如 1938 年有 35%的老年人每月领取的社会援助低于 15 美元[1]。鉴于此，1939 年，美国政府对社会保障制度进行修正。《社会保障法案》的修正遵循以下原则：第一，适当性原则。社会保障覆盖面、社会保障税率、社会保障资格条件与津贴标准等必须适当。第二，"代际转移"与相互责任原则。社会保障实行下一代人承担上一代人社会保障责任，享受社会保障权利的条件是履行社会保障义务。第三，国家扮演最后角色原则。当社会保障基金难以满足社会保障支付需求时，联邦财政补足差额，以体现联邦政府的责任。在修正原则的指导下，美国养老保险制度的适用范围逐渐扩大到海员、银行职员和雇员，养老津贴开始以平均工资计算[2]。与此同时，1939 年，老年与遗属保险开始出现。1936—1940 年，领取老年补助的人数增加一倍。1940—1945 年，养老保险津贴支出从 5.347 亿美元增加到 5.749 亿美元。1940 年，养老保险参加人数达到 4 000 万。1940—1949 年，老年社会保障计划参加人数占劳动力的比例由 43.5%增加到 49%[3]。此后，养老保险覆盖面不断扩大。

美国建立养老金制度的过程大致经历了三个不同的发展阶段：第一，公司养老金。在 19 世纪末和 20 世纪初期，美国的大型企业主导着经济发展，控制着国家的政治和意识形态，强有力地对抗着工会制度，导致工会组织发挥作用的余地很小，因此在美国的养老保险建立过程中，工会力量不像其他国家那样发挥着重要的作用，因为，工人如果违反公司的指令，就会面临失去养老金的危险。第二，州养老金。20 世纪初期，美国地方政府成为推动现代社会保障制度的主要动力，根据美国联邦体制，各州在行政事务上有较大的自主权。1915 年，阿拉斯加州建立养老保险制度。1923 年，蒙大拿州、内华达州和宾夕法尼亚州也陆续建立了养老保险制度。有关养老保障制度的立法在各州相继展开。1923—1931 年，美国有 18 个州实施了养老金制度。第三，联邦养老金制度。20 世纪 20 年代末的经济大萧条给美国养老保险制度的建立带来了大转机。它动摇了一些信奉自由主义价值观的固有理念，以前他们总是认为，依靠个人平时节俭的生活习惯和储蓄，即可以在年老和失业时养活自己，真正不能养活自己的人可以寻求济贫院、教会、慈善团体的帮助，但是大萧条带来的结构性失业和老年贫困，促使他

---

[1] 丁建定著：《西方国家社会保障制度史》，高等教育出版社 2010 年，第 212 页。
[2] 杨斌、丁建定：《美国养老保险制度的嬗变、特点及启示》，《中州学刊》2015 年第 5 期。
[3] 李超民编著：《美国社会保障制度》，上海人民出版社 2009 年版，第 3 页。

们不得不重新思考固有的价值观念，并寻求其他途径来解决老年贫困问题。除此之外，经济大萧条不仅导致许多大企业无法满足工人的社会福利需求，而且许多行业联合会制定的养老金计划无法及时支付，这些实际情况促使零散的养老金计划不得不寻求改革，寻找一种有更大风险分摊和预防功能的、更普遍、更制度化的替代方案。尽管以社会保险为原则的养老金制度的制定依然遭到多方面的反对（如南方各州的农业场主），但《社会保障法案》最终还是在国会得以通过[1]。

因此，美国的养老金制度和英国、德国等欧洲国家不同，在很大程度上受到了众多大垄断企业的影响。如前所述，美国在建立公共养老金制度之前，大量的公司养老金计划、行业养老金计划以及年金市场的存在已经构成了一个私人养老金市场的基本结构。这些市场基本上是由那些大垄断企业所控制的。这些垄断企业比一般的小企业更加希望有一个稳定的宏观经济。20 世纪 20 年代末期的经济大萧条使美国人的自我保障的信念幻灭以后，那些有远见的商业领袖便开始意识到政府的干预是必不可少的了：他们担心那些中小企业会破坏经济的稳定，便希望通过政府干预来解决他们的养老金问题。于是，公共养老金制度的建立，表面上就成为一个从自由市场化向增加政府干预的方向变迁的过程，并承袭了私人养老金市场的特质。在这种情况下，一方面，社会保险机构竭力呼吁扩大养老金计划的覆盖面，要求把原计划中的受益者的配偶或遗孀也包括进去；另一方面，商业领袖们则担心，如果养老金基金积累过多，可能会对资本市场产生不良的影响，因而要求政府进行干预。在上述诸多因素的诱导下，从 20 世纪 30 年代开始，美国的公共养老金制度正式转向国家干预方向[2]。

### （四）日本、苏联的养老金制度变迁

日本的养老金制度起源于 1875 年针对军人的“恩给制度”，功能相当于无缴费退休金制[3]。直至 20 世纪上半叶，日本逐步建立起养老金制度，此时，日本的养老保险制度处于初步建立阶段。20 世纪 20 年代初期，日本尝试建立公务员和船员的公共年金，但一度受阻。到了 1939 年，以海上劳工为对象且包含了养老年金、残疾年金等项目的《船员保险制度》正式施行，这是日本首次建立公共年金制度。1941 年制定的《劳动者年金保险法》又以陆地体力劳动者为保障对

---

[1] 杨建海：《西方国家养老金制度的起源及影响因素》，《兰州学刊》2012 年第 2 期。

[2] 张海波、郭玲著：《中国公共养老金制度的模式选择与完善》，山西经济出版社 2014 年版，第 54—55 页。

[3] 宋健敏编著：《日本社会保障制度》，上海人民出版社 2012 年版，第 120 页。

象，规定他们在年老或受到伤害或死亡时可由本人或其家属领取养老金。1944年，《劳动者年金保险法》更名为《厚生年金保险法》，把养老保险制度扩展到普通工薪人员，建立的养老保险制度主要覆盖5—10人的小企业，一方面养老保险基金来源于雇主和雇员，另一方面政府对养老保险津贴给予财政支持。第二次世界大战结束前，除了农民、自营业者和小企业的从业人员外，其他日本人都可以享受"恩给"或养老金保险[1]。总之，在建立现代型养老金体系前，日本的养老金主要是在企业职业年金基础上的传统养老保险制度，且具有明显的战时体制色彩[2]。

与资本主义国家养老金制度相对应的是，苏联在20世纪初建立了社会主义国家的现代养老保障制度——国家保险制度。十月革命胜利后，从1917年11月至1922年，列宁亲自审批和签署了100多项关于劳动者社会保险和福利方面的法令[3]。1918年，《苏俄劳动法典》出台，同年《劳动者社会保障条例》被批准。1921年重新规定了从事雇佣劳动的工人和职员的社会保险。从1924年起，开始逐步实行依据劳动贡献和残疾的轻重及原因按个人的实得工资计算领取残疾金的办法。1928年1月5日，苏联劳动人民委员会下属的联盟社会保险理事会通过了领养老金待遇的第一个国家法令，决定对纺织工人首先实行养老金制度：男子从60岁起，妇女从55岁起。1929年9月28日，联共中央《关于社会保险》的决议指出，必须改进残疾人的物质保障，扩大享受养老金者的范围，并限制不劳动分子享受社会保障的权利。这样，从1929年2月15日开始，范围扩大至冶金、矿山开采、铁路、水路运输业工人，第二年又对印刷、化学、烟草、玻璃陶瓷业及其他许多工业部门的工人实行养老金待遇。同时还规定了在有害条件下工作的人（如井下和矿山开采等），只要有20年工龄即可从50岁起领取养老金[4]。苏联全体工人和职员实行的是国家养老保障制度，保险费由企业和国家负担，各种保险由统一的保险组织办理。

综上所述，全世界各国养老保障制度的建立具有历史性、阶段性和国别性，不仅表现为演进过程的漫长和复杂，也体现了国家内部不同时期的阶段性特征和国家之间因社会经济、历史文化差异而衍生出来的国别属性。至20世纪中

[1] 王伟著：《日本社会保障制度》，世界知识出版社2014年版，第28页。
[2] 杨斌、王三秀：《日本养老保险制度的变迁及其对我国的启示》，《西安财经学院学报》2016年第5期。
[3] 陈冬红、王敏著：《社会保障学》，西南财经大学出版社1996年版，第43页。
[4] 赵立人编著：《各国社会保险与福利》，四川人民出版社1992年版，第420—421页。

叶,全世界养老责任的主体已发生制度性的变化:政府、社会、个人相继成为责任的共担者,养老金制度终成体系。可以说,制度的发展空间承载了责任的转移和养老金的压力。

## 二、近代西方养老金制度在华传播

在中国古代封建社会,虽然政府在尊老、敬老、养老的国家治理理念下会给予老年人一定的物质补助,政府也会采取设置养老院和发放养老金等保障救济措施,但家庭养老仍为主要的传统养老保障方式。在养老金方面,古代养老金主要指的是对高龄老者赐银、赐米、赐帛[1],与近现代所谓的养老金含义截然不同。从19世纪末开始,随着中国对外开放程度的扩大、民族工业的兴起以及工人阶级队伍的壮大,西方养老金制度的传入与实践获得了绝佳的环境与土壤。近代西方养老金制度在中国的传播形式主要有三种途径。

### (一) 业务实践

近代西方养老金制度最早出现于业务实践之中。“中国机关之有养老金制度,创始于海关。”[2]清末的中国海关是隶属于中国政府却又由外国人长期把持的特殊机构。西方帝国主义控制的近代海关等部门,采用欧美的人事管理制度和薪金制度。海关总税务司英国人赫德在建立海关制度时,移植了西方的行政管理制度、税收制度以及薪金制度。在清末海关最初实行的公务员薪金制中,规定职员在退休时可以一次性领取相当于十年工薪的养老退休金[3]。不久后,海关又对养老金作了系统的改革并制定了较为详细的规章:“凡在中国海关工作满30年可以申请退休(自动退休),凡工作满35年或年满60岁的职员必须退休(强制退休)……退休金系一笔整款,一次发给;领取此项退休金的人,只限于参加退休基金储蓄的人;凡参加退休基金储蓄的关员,每月扣存本人薪水的6%。”[4]清末海关推行的人事、薪资制度是外籍税务司专门设计的一套管理模式,并由总税务司属的统计科负责审查各关会计事务、管理养老金账目[5]。

---

[1] 张祖平著:《明清时期政府社会保障体系研究》,北京大学出版社2012年版,第159页。

[2] 海关总税务司署统计科编:《中国海关人事管理制度》,海关总税务司署统计科1949年版,第15页。

[3] 陈鲁民:《晚清海关为何清廉》,《学习月刊》2011年第21期。

[4] 中国第二历史档案馆、中国社会科学院近代史研究所合编:《中国海关密档——赫德、金登干函电汇编(1874—1907)》第7卷,中华书局1995年版,第549—550页。

[5] 杨德森编:《中国海关制度沿革》,商务印书馆1925年版,第76页。

在清末外国人投资开办的工厂、洋行甚至租界统治区域内都随处可见养老金的影子。据史料记载,郑观应在1882年和太古洋行(英国人办)的买办合约期满后,放弃了太古提供的极为丰厚的养老金,于次年接受李鸿章的邀请加入了轮船招商局担任总办[1]。在宁波外国租界内,多年来有一支有效的警察部队维护当地人和洋人的利益。警察部队中既包括洋人总监、洋人巡长,也有担任警长、警士、翻译和文案的当地中国人。19世纪80年代,警察部队除了依靠每月的办公费津贴、罚款和各种人士付给的特别保护月费维持,他们还积累了两个储备基金:每年的年终奖和退休养老金津贴[2]。

清末西方养老金制度在中国的传播始于实务,这给当时的国人提供了丰富的经验教训和学习机会,为日后养老金在中国的改造运用奠定基础。例如,自1922年起,太古公司实行了一项"长期服务储蓄制度",其内容是:职员在公司服务每满五年,按其最后一月薪额,记入该员名下6个月的薪金数;服务满16年起,改为每年按其最后一月薪额,记入一年薪金的十分之一,直至该员离职或死亡为止;此薪给之外所增加之数,由太古代为存入汇丰或麦加利(又称渣打)银行,到期利息,每年计入账内[3]。这种"长期服务储蓄制度"虽然只适用于职员,工人不能享受,且最初只是太古公司为缓解工人反抗和罢工而设计的对策,但若详细分析该规定内容,它有着类似于现代养老储蓄基金的模式设定。

### (二)归国留学生与学者的引介

在近代西方经济思想传播史上,留学生扮演了极为重要的角色。"在对西学的吸收和引进上,留学生是承受和集成者;在对中学的改造和构建上,他们又是前驱和开路人,他们是中西学融会的主要载体。"[4]辛亥革命后,一大批海外留学生与学者回到国内,在政府机要部门任职、制定决策,显著提升了国人的经济学素养和认识。例如,作为中国最早引介西方养老金制度的政治家,陆征祥曾随晚清钦差大臣许景澄在驻俄使馆担任翻译多年,后以外交总长的立场向袁世凯提议移植西方养老金制度[5]。

---

[1] 王远明、胡波、林有能主编:《被误读的群体:香山买办与近代中国》,广东人民出版社2010年版,第358页。

[2] 中华人民共和国杭州海关译编:《近代浙江通商口岸经济社会概况:浙海关、瓯海关、杭州关贸易报告集成》,浙江人民出版社2002年版,第25页。

[3] 包俊文:《英商宁波太古公司始末》,转见宁波市政协文史资料委员会、宁波港务局合编:《宁波文史资料》第9辑,浙江人民出版社1991年版,第93页。

[4] 赵晓雷主编:《中国经济思想史》,东北财经大学出版社2007年版,第221页。

[5] 王兆成主编:《历史学家茶座》第23辑,山东人民出版社2011年版,第131页。

孙中山在民国初期就注意到养老金的重要作用。1921年4月,孙中山在粤军第一、二师的恳亲会上发言称,英法各国对于有功的军人有优待条例,比如过了六十岁便有养老金,待中国统一后也得要仿行这些方法[1]。孙中山还考察了英国社会的各种制度,认为中国可以借鉴英国社会发展的各种经验和教训并注重引进。显然,对养老金制的推崇也符合孙中山一以贯之的"大同"理念和追求[2]。在20世纪20年代初的"社会主义论战"中,从日本东京帝国大学哲学系毕业归国的张东荪与旅欧回国的梁启超共同发表了一系列激进的改革观点,其中一条便是主张对工厂采取"温情主义"的改良手段,如在工厂设补习学校、实行分红制度、发放养老金等,以调和工人与资本家之间的矛盾[3]。

近代著名经济学者陈振鹭是西方养老金制度的最早引介者之一。20世纪30年代初于法国巴黎大学高等经济学博士班研究生毕业的陈振鹭,在他1934年出版的著作《劳动问题大纲》中首次从经济理论高度阐述了西方直接年金制(straight pension)。据陈统计,至1920年为止,世界各国采取直接年金制度的已有丹麦、新西兰、比利时、法国、澳大利亚、英国、乌拉圭及美国的阿拉斯加与亚利桑那州,而且"各国对于受领直接年金者,皆规定有法律上、经济上及道德上之限制"[4]。然而,这种企业年金制在发放责任方面表现出一定的局限和差异。"直接年金之发给,各国中有由国家发给者,亦有由雇主发给者。在美国,救火人员、教授、警察等直接年金,由州政府或地方政府发给,其服役于海陆军者,则由中央政府发给。其他工业发达之国家,除政府发给年金外,各雇主私人亦多有发给之者。"[5]可惜的是,陈振鹭仅大致介绍了西方各国的情况,并没有提及将该养老金制引入近代中国的任何相关问题。至全面抗日战争前,类似的知识引介已相当普遍。

**(三) 相关译作、论著的发表和出版**

清末知识分子的当务之急是社会政治制度变革,加之时势的需要,这时编撰的书籍大都翻译模仿西方国家或日本各书而来,其中自然不乏介绍西方养老金知识和规制的内容。1892年,《万国公报》提及西方资本主义国家的兄弟会有类似会馆救助老年工匠的功能:"中国各省俱有会馆,凡其乡人,苟有疾病死亡,即

---

[1] 《孙总统演说辞的概略》,《民国日报》1921年5月1日。

[2] 中山大学历史系孙中山研究室等编:《孙中山全集》第6卷,中华书局1985年版,第36页。

[3] 张东荪:《现在与将来》,《改造》1920年12月25日;梁启超:《复张东荪书论社会主义运动》,《改造》1921年1月19日。

[4] 陈振鹭著:《劳动问题大纲》,上海大学书店1934年版,第601页。

[5] 同上。

可由会董出为经理。西国则有兄弟会,所有工匠等农月必捐资若干存于会中,其人或有疾病不能佣力,则会中出资以养济之死亡者,并为瞻其家人,真良策也。兹闻该会及国家又设法以养此老年工匠人至六十五岁,给以口食,德廷近已议有章程矣,英国近亦筹办此事。"[1]1903 年第 12 期的《大陆报》刊登了一则法国俳优(古代演滑稽戏杂耍的艺人)领取养老金的文章:"法国巴黎一戏园,定例:凡在该园演剧逾 20 年者,则给予 2 000 元以内的养老年金。"[2]《万国公报》第 170 期刊登的《欧美译闻:公司养老》一文是目前掌握的近代报刊中最早翻译关于西方养老金的文献,介绍了西方国家给退伍军人发放养老金的情况[3]。此外,关于美国教习养老会中养老金规定的译文也于 1908 年见诸报端[4]。

辛亥革命后,一批海外归国人员(主要是留学生)除了通过言论片断地向国人介绍西方养老金知识外,还通过著书发文的形式予以扩大其传播的广度和深度。1920 年,杨端六于《东方杂志》上发表了《养老年金议》一文,该文作为首篇向国人介绍西方养老金制度的文献[5],后因影响深远而被转录于 1923 年出版的《社会政策》一书中[6]。杨氏认为,中国早在昔三代之世,便有养老制度,"然其范围仅限于一种阶级而不能及于全体国民。后世亦有孤老院之设而其精神全在慈善的救济,既无大效亦不普遍"[7]。

早年留学日本的杨端六深受日本在明治维新后所走的资本主义发展道路的影响。19 世纪末,日本等诸国深受英国工业革命成功的触动,不仅引进英国的工业和资本,还在社会保障建构上刻意移植其国家福利体制[8]。因此,杨氏在文章中首先概述了英国养老金制度的发展过程:"是以德国政府首创强制国民保险法案,英国近亦仿行之 1911 年至 1912 年之一会计年度间,支出国币1 200余万镑,意本至善,但执行既非常繁难,而民间以其为强制政策,至今犹反对甚烈。然此两重缺点,若在小小团体行之,而又小于自由劝导,则似可以免。惟吾人所当注意者,不仅在加惠于个人且在下列各点:(1)计划宜规久远;(2)立法宜尚公

[1] 《大德国:工会养老》,《万国公报》1892 年第 47 期,第 60 页。
[2] 《法国俳优之养老年金》,《大陆报》1905 年第 3 卷第 12 期,第 82 页。
[3] 《欧美译闻:公司养老》,《万国公报》1903 年第 170 卷,第 60 页。
[4] 《教习之养老会》,《大同报》1908 年第 8 卷第 22 期,第 13—14 页。
[5] 杨端六译述:《养老年金议》,《东方杂志》1920 年第 17 卷第 18 期,第 9—18 页。
[6] 君实、杨端六译述:《社会政策》,商务印书馆 1923 年版,第 79—98 页。
[7] 杨端六译述:《养老年金议》,《东方杂志》1920 年第 17 卷第 18 期,第 9—18 页。
[8] 郑功成、[日]武川正吾、[韩]金渊明主编:《东亚地区社会保障论》,人民出版社 2014 年版,第 160 页。

允;(3)不可引诱奢侈心;(4)宜图个人之方便。"[1]随后,他翻译了加得别里(Edward Cadbury)的《工业组织之经验》一书中关于英国伯明翰加得别里兄弟公司(Cadbury Brother)的养老金的实施办法、缴纳比例、年龄限制、息金管理等概念和细则,其主要目的在于对中国仓促移植西方养老金制度提出忠告,即"是以实行仿办之时,决非易事",须充分考虑国情实际。"原案各种计算均照英国情形作成,于我国自不相合,就中息率一项,尤相差过远。欧战前,英之息率极低,如邮局存款只百分之二点五,银行一周通知存款不过百分之三左右,今前者虽如旧而后者则升至百分之五矣。至于我国现情,尤为特别,最近之将来,恐亦不见有低率之息金。"[2]

南京国民政府初期,介绍和研究西方养老金制度的书籍、文章逐年增多。1927 年,马超俊在《中国劳工问题》提及解决劳工问题的办法时,建议推行包括健康保险、失业保险、养老及废疾保险、寡妇孤儿保险在内的工人保险,保障劳工社会福利[3]。1927 年,郑行巽编写出版了《劳工问题研究》一书,其中第一章对西方各国的养老金制度作了较全面的介绍,包括德国强迫年老和无力保险制度、丹麦无偿养老金制度、英国养老金等内容[4]。《民鸣月刊》1929 年第 2 期刊登了一篇介绍美国养老金的译文。该文不仅梳理了美国养老金制度和立法的整个历程,而且通过分析 1920 年代左右养老金制在全美各州县的不均衡、低覆盖发展模式,以期提议国民政府当局尽快推出全国范围的养老金制[5]。此外,全面抗日战争前十年时期,各报纸杂志还涌现出了关于介绍英国伦敦印刷工人、美国的公务员、军人等各方面养老金的文章[6],皆带有督促各行业和部门自发模仿实行西式养老金的意味,这在企业层面也推动了养老金制的中西融合。如天津市政传习所专门撰写了讲义用以介绍西方公务员的养老金制度,以供政府职员学习[7]。

在所有译著中,属许炳汉翻译的《财政学新论》的影响最为深远,理论价值最

---

[1] 杨端六译述:《养老年金议》,《东方杂志》1920 年第 17 卷第 18 期,第 9—18 页。
[2] 同上。
[3] 马超俊著:《中国劳工问题》,民智书局 1927 年版。
[4] 郑行巽编:《劳工问题研究》,世界书局 1927 年版,第 95—98 页。
[5] 《美国养老金的最近概况》,《民鸣月刊》1929 年第 2 期,第 46—62 页。
[6] 《伦敦印刷工人养老会》,《中国印刷月报》1929 年第 1 卷第 1 期,第 20—21 页;祝世康:《美国各州公务人员养老保险之研究》,《建国月刊》1934 年第 11 卷第 4 期,第 1—4 页;《美财政实行紧缩:公务员减薪、减低退职军人养老金》,《聚星》1933 年第 4 期,第 87—88 页。
[7] 《养老金制度(天津市政传习所讲义)》,《天津市政府公报》1933 年第 51 期,第 180—183 页。

高。书中以“公共经费论”为核心观点，主要详述了各国养老金的支付方式。“养老金支付方法，各国殊不划一。不列颠、澳洲、纽西兰与丹麦，采无偿领受主义，至德法则采有偿领受主义。若采无偿领受主义，则贫乏阶级之无力纳款者亦可享受年金之利益。查尔·部斯(Charles Booth)著有养老年金论(old age pension)一书，盛唱此说，可谓主张此说之代表。张柏雷(Chamberlain)则竭力反对此说，并主张年金之发给采有偿主义，至个人愿否纳款，则系随意，政府应勿干涉。1899 年 5 月，张氏称部斯的计划系‘一种大规模的户外救贫制度，不问良莠，不问俭奢，不问勤惰，不问醉汉与浪费者而救济之’。”[1]从中我们也可以看出，西方养老金制度在初步拟定阶段是饱受争议的。关于领取养老金年龄的规定，“某几国会定七十岁以上为领受年金之年龄，如不列颠规定七十岁以上始得领受年金，惟盲者则年达五十即可领受云。至澳洲、纽西兰、法国则定六十五岁始可领受”；关于养老金的具体支给数额，“视各人收入之增加而减少，此亦一良法也。不列颠规定凡每年收入不过二十六镑五先令者，则每周给以十先令；每年收入四十七镑五先命或四十九镑十七先令六便士者，则每周给以一先令；其每年收入超过四十九镑十七先令者，则不给年金；若收入每多五镑五先令，则每周年金减少二先令”[2]。

从近代中外思想交流的角度看，这些译文或论著标志着 20 世纪上半叶中西交流的基本格局已逐渐发生改变，西学输入中国的途径已呈现多元化。近代外国人在华的业务实践传播无法从制度层面满足国人对于建立自身养老金模式的需求，留学归国人员对养老金知识的引介和学者的研究论著，展现了近代中国学界前所未知的新领域和新知识，以及与之相联系的新思想、新制度。

这些思想的根本出发点并不限于纯粹的知识普及或政策建议，而是为实际解决社会中复杂的劳工问题和提高工人福利。无论是中国共产党，还是当时中国国民党，都将劳工社会保障作为解决劳工问题的一种重要手段。各劳工团体也将争取劳工社会保障权利作为主要奋斗目标之一，并以举办会员的劳工福利作为本团体的主要职能。此时期风起云涌的罢工斗争，也显示了在社会保障方面的强烈诉求。可以说，民国时期劳工养老金制度的推进是西学输入和实际政治需求联合作用的结果。

[1] [印度]薛赉时著，许炳汉译：《财政学新论》，商务印书馆 1934 年版，第 71 页。
[2] 同上。

## 三、近代养老金制度本土化进程及运用

西方经济思想在20世纪上半叶的传播方向基本上是单向的,“中国学人几乎是全盘接受了西方经济理论的内容”,且由于学识背景和实践程度的局限,“中国学者尚未能对西方经济理论作重要的修改或补充”[1]。而且,近代学者的努力集中体现在利用西方国家的例子以开启民智,至于如何嫁接制度,既无史料,又缺参考,不知如何下手。因此,在经历了翻天覆地的变化之后,如何能够摆脱历史背景与文化环境差异所导致的移植制度的扭曲或偏向,真正借鉴其内涵并将其融入中国的社会经济体制之中,无疑是相当严峻的考验。

经历了从晚清个人的、业余的、片断的引介到民国年间群体性、专业性和系统性的传播和宣扬,近代国人开始有意识地从实践运用方面考察西式养老金制的本土化趋势,并对其进行改造,使其相对自觉地适应渐具雏形的国家社会保障体系,做到以制度为历史的中心加以展现。而国人创新养老金制度的努力,与其说是近代国人的眼光敏锐,毋宁说是时代的潮流和趋势。

### (一) 养老储蓄基金模式的出现

国民政府时期,工潮高涨,劳资关系紧张。政府开始提倡员工储蓄,鼓励建立养老储蓄计划,以缓和劳资关系。“民以储蓄为节俭之本,欧美诸国社会生活较为安定,况在吾国,一般职业变化无常,收入又极微薄……收入既如是之少,苟不略事储积,则一旦遭遇天灾人祸,即致一筹莫展,无法应付。不仅动摇个人家庭生活之安定,而社会之秩序亦间接受其影响。故储蓄事业在吾国更有积极提倡之必要。”[2]“今之储蓄,俾若干时之后,养老教育不至完全无着,以安其心而使工作效能亦可增进。”[3]全国各省市机关部门、公立学校、大公司、行号、矿场、工厂、官商金融机构,纷纷出台员工储蓄办法和标准,鼓励员工进行包括养老储蓄在内的各项储蓄计划[4]。

20世纪30年代初,邮政部门本欲打算取消养老金形式而以邮工储蓄银行

---

[1] 赵晓雷主编:《中国经济思想史》,东北财经大学出版社2007年版,第212页。
[2] 《本公司举办员工储蓄之意义与办法》,《福建运输》1939年第1期,第24—26页。
[3] 宇:《职工储蓄与工业银公司之职工保寿部》,《钱业月报》1929年第9卷第4期,第18页。
[4] 《各业员工储蓄标准》,《财政评论》1944年第12卷第6期,第134页。

来取代[1],引来学界的强烈反对,也由此引出了一项全新的养老储蓄金计划。该计划规定:"在'保障'方面,应该设立养老储蓄金基本保管委员会,该委员会内,必须有职工的代表加入,基金的账目每年公布一次;在'利益'方面,加入的职工,每月仍储月薪百分之十,一切计算利息的方法,仍照保证及防后金的旧例办理。不过年终派分红利的办法,改为加给等于一个月薪水之养老金仍转入账内提取,以后逐年滚存,按复计利算。"[2]对当时的各机构而言,养老储蓄的理念和养老储蓄基金制的出现有着非凡的意义。

铁道部颁布国有铁路员工的储蓄通则,"为策励员工工作、安定员工生活举办储蓄"[3]。这种策励也从原来的养老储蓄扩展至员工个人储蓄。"如能依照(铁路员工储蓄通则)办理,则工人中途失业,亦能得有余资,以资救济。倘或届退休之年,或不幸遭遇伤害、死亡,亦能于养老金或抚恤以外,多涨一项收入,足补助赡养之需。其利益劳工,实非浅鲜,是亟宜及早施行,以增进劳工之福利者。"[4]

在对养老储蓄金计划的推广过程中,各业逐渐形成了比较规则的文字章程,字里行间极为支持员工能参与进来。如《胶济铁路员工养老储金章程》开篇就指出:"本章程以提倡同人储蓄预备养老为宗旨。"[5]同时,路局也对养老储蓄金计划抱有极大的期望,希冀通过政府的协助改善底层劳工的养老和失业保障问题。"举办劳工保险,胥赖政府之提倡与协助。举凡颁布法规,补助津贴,调查各项统计,组织监督机关,皆须以政府为重心,作长期之筹备。就目前国内情形测之,在最近期间,政府恐无举办此种保险之决心,兹为安定铁路员工生活计,亟须另筹善法以救济之;其办法维何?即'养老储金'是也……如办养老储金之后,纵有因过失而失业者,其储金范围之内,尚有准许提取之款,亦可聊作失业时期之补助,故养老储金,不惟可以解决老迈时之生活问题,即临时移作失业时之补助,诚一举两得之策也。"[6]

综合上述分析,我们可以将近代社会对养老金概念的认识理解大致分为两类:一类是仍将养老金视为传统社会中的一项慈善事业,另一类是将其视作服务

[1] 梁绍栋:《征求创办邮工储蓄银行的意见书》,《全国邮务职工总会半月刊》1933年第2卷第5—6期,第1—2页。

[2] 静观:《关于创办邮工储蓄银行的意见》,《全国邮务职工总会半月刊》1934年第2卷第13期,第1—4页。

[3] 《铁道部直辖国有铁路员工储蓄通则》,《铁道公报》1932年第236期,第4—7页。

[4] 《退休养老金与员工储蓄》,《工训周刊》1935年第167期,第1页。

[5] 《胶济铁路员工养老储金章程》,《胶济日刊》1931年第223期,第5—7页。

[6] 胶济路局:《倡办养老储金刍议》,《铁道公报》1930年第115期,第24—27页。

的报酬和储蓄的一种方法。诚然，随着西方养老金知识的逐步引入和业务实践的深入人心，政府和各机构有意推动养老储蓄金计划，推动封建社会以救济和补助的养老保障理念向现代养老储蓄基金制过渡。

### （二）养老金制度在近代中国的运用

养老金作为新事物，在学者们的催促和建议之下，政府以强制手段和力度推崇养老储蓄，以尽快实现西式养老金制度的本土化。国民政府成立初期，张金鉴等人建议应同时参照英美等国的养老金制度，各取一部分加以运用，年龄规定采纳美国的惯例，“一般采用 60 岁到 65 岁作为退休年龄，开始领取养老金”[1]，养老金的担负则采用欧洲制度，即“欧洲各市之市职员，与市政府各任半数之办法也”[2]。

西方养老金制度在近代中国运用的内容繁多且较为零碎，为便于有章可循，本书将其总结为如下三个方面。

第一，各行业结合自身特点制定员工养老金制度。每当企业到了危机之时，一批民族资本家开始学习西方的企业管理思想，探寻改革之道。近代著名的民族资本实业家荣宗敬在制定和贯彻各项管理制度时就强调“以新为表，旧为里，互相转抄，新旧并存”[3]。在实践中，从 1934 年下半年至 1935 年上半年的短短十个月间，申新四厂管理当局建立了类似无锡申新三厂的福利设施，并推出全新的招工方式。申新四厂的福利设施包括：可供 1 200 名工人居住的宿舍（全厂工人总数 1 770 名）、补贴膳食费的食堂、利息高于当地银行的储蓄所、所售的面粉纱布较市面便宜的“消费合作社”、免费医院以及养老储蓄金[4]。

通过对各国养老金制度的比较，各行业往往采纳最适合自身行业特点的制度和规则加以发挥运用，在实践中随时准备对其进行改革创新。清末的铁路部门订有粗略的退休办法，但为顾念旧属，并未严格执行。民国初期，道清、京汉、京奉等路曾在短期内发放退休养老金，也仅限于员司[5]。到了 1922 年，《铁路协会会报》先后两期发文呼吁，欧美各国铁路公司都对员工实行强制养老储金制度[6]，而中国应该正式着手研究“养老储金制”[7]。交通部也电饬各路局仿照

[1] 张金鉴编著：《人事行政学》，商务印书馆 1939 年版，第 285 页。
[2] 董修甲著：《市宪议》，新月书店 1928 年版，第 44 页。
[3] 上海社会科学院经济研究所编：《荣家企业史料》，上海人民出版社 1980 年版，第 292 页。
[4] 同上书，第 583—584 页。
[5] 徐协华著：《铁路劳工问题》，东方书局 1931 年版，第 141 页。
[6] 《通令试办铁路人员之养老储金》，《铁路协会会报》1922 年第 114 期，第 124 页。
[7] 《征集各路养老储金之情形》，《铁路协会会报》1922 年第 117 期，第 120—121 页。

欧美各国铁路政策强制储金暨养老金的规定，颁布《各路养老金章程及强制储金章程》[1]，令其从京奉铁路局开始试办[2]。

1923年，交通部参事、《交通丛报》社长袁德宣发表《铁路养老储金刍议》一文，详细介绍了西方各国铁路职工的养老储金制度，认为应该“按照西方各国铁路的通例，实行养老储金保障员工”[3]。一方面，他认识到中西方养老金制度的差距；另一方面，他又提出了养老储金改革的两个方案：“以员役的储金作为养老金，由政府补助一定比例（参考英国伦敦铁路公司扣2.5%，法国北方铁路局3%—4%，俄国普通铁路公司6%）”“养老基金全由政府提拨”[4]。虽然袁的意见仍十分初步，但铁路养老储金的改革通过报纸杂志等渠道的宣扬，一时间得到社会各界尤其是铁路员工的支持。1923年5月，交通部职工保育研究会拟定《国有铁路职工储蓄规则草案》和《国有铁路职工养老金规则草案》。前者规定，职工每月按薪金高低缴纳不同比例的储蓄金，路局应每月比照储蓄金数额提出同数金额作为补助金，职工退职时，储蓄金和补助金本息一次发放；后者补充说明，凡职工工作20年、缴纳储蓄金且年龄在55岁以上由路局强制退职或身体衰弱不胜职务者，由路局发放养老金，养老金数量比照职工历年储蓄金本息额数，所有储蓄金本息仍照储蓄规则发放[5]。

第二，实行养老金管理模式。对养老金的管理一般由两个部分组成：一是对养老金的组织管理；其次是对养老金的投资管理。在近代西方，养老金管理委员会对养老金具有决定权并负有最终责任，即所谓的养老金“受托人”职责。如果从组织形式的角度来讲，养老金管理委员会一般既承担受托也承担委托的双重责任。杨端六在1920年发表的《养老年金议》中翻译了英国加得别里公司的养老年金办法，其中，在“男子养老年金之计划的养老基金”部分提到了其管理模式：“此养老基金系采捐纳办法，公司与佣人各任其半。基金之管理属于一法人财团，此财团由委员七名组织而成，公司委其四工人选其二，其他一名为事务员所公推。佣人所选之委员，至少须在公司任事十年以上而又为担任基金之一人者。此外又组织一公制委员会以处理争端，委员二名，一为公司所举之本地有名绅士，一为本地工会书记而经佣人全体认可者。财团委任状并声明每五年须行

[1] 《各路养老金章程及强制储金章程》，《铁路协会会报》1922年第114期，第59—60页。
[2] 《京奉铁路员役养老储金试办章程》，《铁路协会会报》1922年第114期，第61—62页。
[3] 袁德宣：《铁路养老储金刍议》，《交通丛报》1923年第92—93期，第1—9页。
[4] 同上。
[5] 交通部、铁道部交通史编纂委员会编：《交通史路政编》第1册，1935年版，第622—624页。

会计的调查,每年终结算账目须请会计师核对,本基金须用以购买最确实可靠之证券,不可混入公司营业账内。"[1]

在美国,教师退休金有专设的"退隐金管理机关",由各地方政府统一管理[2]。在法国,扣留的养老储金存在何处,大都由工人自行选择政府指定的若干处,例如大体有下列六处:"国立养老金储蓄处;相互教济会或各会联合会;省立养老金储蓄处;雇主或其工会所立之养老金储蓄处;保险公会特立养老金储蓄处;工人联合会所立之养老金储蓄处。"[3]

南京国民政府时期,孙澄芳在提出设立国家公务员的养老金制度、且与薛伯康合力主张"由政府与公务员共同负担为宜"之后[4],特意强调了"公务员及政府机关均得派员或选举代表参加养老金的管理事务"[5]。这种由雇主代表和雇员组成的养老金管理委员会的模式,可谓近现代养老金制度的一大创造。这在铁路和邮政部门中最能得到体现。《胶济铁路员工养老储金章程》第 9 条规定:"储金及补助金之保管及支付等项,另设养老储金保管委员会。"[6]1935 年,胶济铁路员工养老储金保管委员会又先后发布《本路养老储金员工借贷办法》和《运用养老储金办法》[7],进一步规范了养老储金的使用。交通部也另外颁布了铁路职工养老储金管理委员会的章程,规定了养老储金管理委员会的具体职责[8]。

在邮政部门,设立养老抚恤金管理委员会的决定最早见于 1929 年下半年的《邮政养老抚恤金支给章程》和《邮政养老抚恤金管理章程》(详见附录 2 和附录 3)。《邮政养老抚恤金管理章程》中除了规定管理委员会委员的组成外,还指出委员会的主要职责和任务,"管理委员会投资营运,应以最稳妥之方法行之"(第 10 条)。另外,管理委员会每年还要将当年度管理情形,详细呈报交通部查核(第 11 条)。对于交通部而言,管理委员会的委员中必须有二人由交通部员及局员中遴选派充作为监督委员,"监查委员对于养老抚恤金之支配及投资营运方

---

[1] 杨端六译述:《养老年金议》,《东方杂志》1920 年第 17 卷第 18 期,第 9—18 页。
[2] 夏承枫著:《现代教育行政》,中华书局 1933 年版,第 135 页。
[3] 周纬编:《工厂管理法》,商务印书馆 1939 年版,第 119 页。
[4] 薛伯康著:《中美人事行政比较》,商务印书馆 1934 年版,第 126 页。
[5] 孙澄芳:《退休与养老金》,《行政效率》1935 年第 2 卷 7 期,第 1061—1065 页。
[6] 《胶济铁路员工养老储金章程》,《胶济日刊》1931 年第 223 期,第 5—7 页。
[7] 《本路养老储金员工借贷办法》,《胶济日刊》1935 年第 1443 期,第 6—7 页;《运用养老储金办法》,《胶济日刊》1935 年第 1443 期,第 7 页。
[8] 《胶济铁路员工养老储金保管委员会章程》,《胶济日刊》1931 年第 223 期,第 7—9 页。

法，应随时视查情形，稽查账目表册及第十一条之报告，并列席各项会议，但不得参与表决。监查委员遇必要时，得请派部员随同助理查账”（第 14 条）[1]。

1930 年公布的《邮政养老抚恤金管理章程及支给章程施行细则》对养老抚恤金管理委员会的具体职能进行了详细说明。关于养老金的征收和核发，“员工退休、休致、残废或裁退时应由邮政总局将其姓名履历及应得之养老金或抚恤金数目负责核算，按时送交邮政养老抚恤金管理委员会（以下简称管理委员会）。常务委以设核后分别饬发，未经核准饬发以前，各区管理局不得擅发”（第 5 条），“养老抚恤金各项账目概用国文复式簿记法登记，于每年六月及十二月底各结算一次，但每月仍须编造资产负债对照表，存案以备咨查各项账目于每会计年度结算后，应送邮政总局稽核处审核并延聘会计师再事稽核后送由管理委员会通过，移送邮政养老抚恤金监察委员复核后再行呈部备案，并以通饬公布俾各员工得明真像”（第 7 条）[2]（详见附录 4）。

此外，养老金管理委员会还负责对养老金在市场上的投资进行增值。通常情形下，养老金基金进入市场的渠道有两种：一是通过委托现有的非银行金融中介（如保险公司、基金公司、信托机构）进行经营；二是经营者或组织者在金融市场上进行自行投资操作[3]。对抗日战争前的邮政部门而言，养老抚恤金管理委员会作为养老金制度的组织者和管理者，除了通过委托各类金融中介机构外（多为资本殷实的外资银行），自身还参与资本市场上的投资，两种渠道并行不悖[4]。

第三，养老金的法治化、规范化。20 世纪初，欧洲各国先后颁行了养老金法令。如英国在 1906 年颁行《养老金法》，明确规定给予 70 岁以上的老人提供免费养老金[5]。从 19 世纪末开始，美国各州开始了数十年的养老金立法进程，终在 1915 年于阿拉斯加实行[6]。

中国退休养老金的法治化进程受到西方养老金立法的影响。国民政府时期，从政府立法的高度引进西方养老金制度可谓一剂猛药，表达了学习西方养老金制度的坚定信念，同时也显示出其“移植性变迁”的特色。“依欧美各大国法律

---

[1]《邮政养老抚恤金管理章程》，《交通公报》1929 年第 87 期，第 18—22 页。

[2]《邮政养老抚恤金管理章程及支给章程施行细则》（1930 年 8 月 9 日公布），《交通公报》1930 年第 169 期，第 29—32 页。

[3] 张俊山：《现代资本主义国家年金制度研究》，南开大学出版社 2001 年版，第 171—172 页。

[4]《邮政养老抚恤金投资种类数目表》，《中华邮工》1935 年第 1 卷第 5—6 期，第 219 页。

[5] 丁建定：《英国在西欧现代社会保障制度建立过程中的历史地位》，《欧洲》2000 年第 1 期。

[6]《美国养老金的最近概况》，《民鸣月刊》1929 年第 2 期，第 46—62 页。

所有之农、工、商，与各种自由职业（指医生、律师、教员等职业而言）及仆人夫役，以及由中央政府或地方政府给予薪俸之一切男女职员工人等，于继续工作若干年后，年老不能任职之时，苟非已领国家恩俸者，概得依照法定条件，在家按月领取养老金。等于原来薪俸之若干成，至死而止。此项养老金，系由各人自愿或由法律强迫随时储蓄之款，并由雇主帮助储蓄之款，及国家助给之养老金，凑合而成。各项储金之数目，各国不同，大都不过每年数十元。惟须按期缴储，虽童工亦不能免也。”[1]

以上几个方面都显示了西方养老金制度在华传播过程中的本土化进程及后续影响。

## 四、近代养老金制度本土化的历史借鉴

从对西方制度进行移植改造的视角来看，经国人有效吸收外部冲击而产生的养老金制度有着巨大的社会影响和历史意义，是近代经济制度变动中引人注目的范例。与其他西方经济制度纯粹依靠思想在华传播的模式不同，近代国人最早是通过海关等部门中的业务实践方式对养老金规则进行探索，进而逐步对该制度进行理念上的普及与本土化运用。此外，在华开办的近代洋行、工厂也普遍实行了养老金这种西方福利制度。同处于西学东渐的浪潮下，养老金制度本土化的顺利实现很大程度上在于它比其他任何经济思想和制度都更早利用了晚清以降各机构中业务实践的成果，以适应近代社会保障体系日益“现代化”的实际需求。到了民国时期，大批留学生与学者将西方养老金的丰富知识带回国内并翻译引介，大量相关的译作和研究成果、著作也相继发表出版。在此基础上，近代国人又对这些外来理论进行理性吸收、融合以及改造，发展出具有近代行业特色的养老储蓄基金模式与现代养老金管理方式。

通过本章的分析，我们对西学东渐、西制东行也产生了新的思考：首先，中西之间的交流其实是异质经济制度间优势互补规律的表现，它将导致更新融合而非彼此取代；其次，在近代特殊的社会环境下，如果一味地模仿、移植西方经济制度和政策，忽略了历史背景的差异和实际操作中的适用性，反而使其变为一纸空文。近代养老金本土化的意义，并不在于国人成功地找到了实践变革该制度的方案，而是在此背景之下实现本位经济的全面开放以及与外部经济的全面接触，

---

[1] 周纬编：《工厂管理法》，商务印书馆 1939 年版，第 118 页。

并能够正确运用外来先进制度的模式重新认识本位经济，为促进民族经济的更新重建奠定坚实的基础。

此外，近代养老金制度的发展轨迹对当前中国养老金的改革也具有重要的历史借鉴意义。由于中西文化传统、历史背景、政治体制等诸多方面的差异，中国社会经济发展中面临的种种制度变迁问题不能一概参考西方的经验，西方养老金在近代中国的实践运用为这一理论认识提供了范例。首先，在将西方的经济制度纳入中国市场体制的尝试中，务必做到“去粗取精，去伪存真”，相互耦合。在当前的经济环境下，如果盲目信仰西方主流经济理论，只会割裂其与现实的联络，反而很难实现真正有效的制度创新。“西学东渐”或“西制东行”并不限于制度内容上的“去粗取精”，更重要的是如何做到“取精用宏”。其次，政府在养老金制度推进过程中的作用值得重视。20 世纪 90 年代初，西方经济学界针对老年保障的研究开始将国家干预主义与经济自由主义熔于一炉，形成一个新融合的现代老年保障理论，不再遵循市场至上的原则。这对于我国当前逐步建立统一的覆盖全体国民的公共养老金制度，显得尤为关键。

# 第四章

# 民国时期养老金制度的演进

1976年,美国学者彼得·德鲁克(Peter Drucker)出版了《看不见的革命:养老基金社会主义化是如何进入美国的》一书,这是一部关于养老金前瞻性研究的力作[1]。在这本书中,德鲁克以20世纪70年代美国养老金"生产资料的社会化"和人口老龄化为研究背景,深入讨论了美国的企业养老金以及企业年金制度。德鲁克得出以下结论:从20世纪70年代看,美国经济的真相并非"富裕",而是需要提高生产力来赡养已过工作年龄的老者;美国人寿命的延长还将引发严重的医疗保健压力;养老金和社会保险将成为美国经济和社会的核心问题;美国劳动者的退休年龄必然会推迟。德鲁克仅在书中提出了老年人的赡养问题,但并未给出解决之道。

相较之下,随着西方福利制度和福利国家理念的传入,近代中国的养老金制度在民国时期已逐步推广和迅速发展,并在变迁过程中逐步完成法治化和规范化的调整与变迁。一方面,养老保障作为雇佣工人的一项长期需求,并不是社会保障制度所最先加以解决的;另一方面,养老保障制度的发展又是一个适应性的调整过程。这个过程首先从养老保障功能自家庭走向社会开始,随着其社会性的逐步增强,政府作为一个制度实施组织的作用也逐步地增强。当政府干预到制度发育的过程中时,养老保障制度就作为一项公共物品产生了[2]。

近代养老金制度的建立与发展反映了近代社会历史演进的轨迹,对于近现代社会保障体系的逐步完善起着至关重要的作用。近代养老金制度变迁的过程

[1] [美]彼得·德鲁克著,刘伟译:《养老金革命》,东方出版社2009年版。
[2] 李绍光著:《养老金制度与资本市场》,中国发展出版社1998年版,第52页。

也投射出近代经济嬗变的图景，体现了政府与企业对养老制度的推进作用。伴随着近代大规模农村人口向城市转移和城市化水平的提高，以家庭为传统社会基本生产单位的自给自足经济逐步解体。家庭结构的分化和家庭功能的弱化使得养老保障逐渐被政府主持的养老制度所取代[1]。同时，随着西方养老金知识的大规模引介，近代个别部门或企业开始主动变革旧式福利规则，推行新式福利制度，在形式上效仿西式养老金的做法，以缓解近代工人群体的窘迫。在近代个别行业中有养老金的相关规定，例如，《中国近代海关史》和《中国海关通志》都曾简要介绍了北洋政府时期海关退休关员领受养老金的制度规则[2]；又如，民国初期各铁路局都为工人特设了养老储蓄金[3]。邮政部门作为近代最早推行养老金制度的机构，其养老金制度经历了从20世纪20年代的"七年养老金""保证及防后金""资助金"等补助形式逐渐演变为30年代的"养老储金式"和"养老金基金制"的沿革过程。据以往研究记载，民国时期的养老金制度主要在四个行业或针对四类人员得到了应用：教育界教职人员、公共事业从业人员、公务员、企业工人[4]。

## 一、民国初期劳工养老金立法的尝试

劳工社会保障制度的初步创建始于民国初期。北洋政府统治时期，含有养老保障内容的劳工立法尝试陆续提出，虽然都没有得到实施，但仍为之后劳工养老金制度的建立奠定了基础。

劳工保障尤其是工人养老保障的内容在主管路政、电政、邮政、航政四业各事项的交通部门最为典型和具体。民国初期，道清、京汉、京奉等铁路局曾发放退休养老金，但仅限于员司[5]。1915年4月18日，交通部令公布《电话局雇用工匠暂行章程》，内容涉及工伤死亡抚恤、工伤残废抚恤、病故抚恤及退休养老金办法，且首次扩大了养老金的发放对象范围。1920年3月20日修正后，1923年

[1] 刘燕生著：《社会保障的起源、发展和道路选择》，法律出版社2001年版，第40页。
[2] 陈诗启著：《中国近代海关史》，人民出版社2002年版，第506页；《中国海关通志》编纂委员会编：《中国海关通志》第2分册，方志出版社2012年版，第961—962页。
[3] 孙自俭著：《民国时期铁路工人群体研究——以国有铁路工人为中心(1912—1937)》，郑州大学出版社2013年版，第156页。
[4] 林顺利：《民国初期社会养老发端与机构养老转型》，《中国社会工作》2013年第8期。
[5] 徐协华著：《铁路劳工问题》，东方书局1931年版，第141页。

9月12日,《修正电话局工匠雇用规则》重新公布[1]。其中,关于养老保障部分的内容规定:"工匠服务满10年以上,年龄过50岁,确因精力衰弱不堪服务而令退职者……得按其服务年数,给予每3年应得现支工食1月之恤金。"[2]

1920年2月14日,交通部公布《一等电报线路工人雇用规则》,规定了工人(包括工头)的工伤、疾病、养老保障等事项[3]。1923年6月8日,《一等电报线路工人雇用规则》在修正后更为明确了养老保障及养老金的各项规定。首先是退休条件:"工匠服务在10年以上,年龄过50岁确因精力衰弱不堪服务而令退职者,得由本管工务长照左列区别呈部核给一次劳金。"其次是退休待遇:"服务10年以上15年以下者2个月,服务16年以上20年以下者3个月,服务20年以上者4个月。"[4]

1923年3月29日,农商部公布《暂行工厂通则》(共28条)。该法规虽然内容极其简单,标准很低,而且没有实施的切实保证,但开创了近代中国劳动立法之先河,也是中国第一部关于劳工社会保障的立法。该法规内容涉及童工与女工保护、工作时间、工资、工人储蓄、工人教育、工人伤病、工厂安全卫生等。其中,关于抚恤与养老方面规定:"厂主应按照所办工厂情形,拟订抚恤规则、奖励金及养老金办法,呈请行政官署核准。"(第17条)[5]然而,因交通部所统辖路、电、邮、航四政所属职工具有特殊情形,故劳工法案的编制不得不于《暂行工厂通则》以外,另有特殊的附加规定。"惟四政工人人数以铁路工人为最多,一切管理及组织亦均较有统系,业务情形尤关重要,特先就铁路职工拟订通则。"因此,到了1925年,交通部拟定《国有铁路职工通则草案》,即所谓的"铁路工厂法"。虽然对于铁路职工养老金的规定仅规定了"职工于具备法定条件时,得受领养老金,其规则另定之",但在年内后续的养老金法规制定中,交通部即出台关于劳工养老保障的单项法规——《国有铁路职工养老规则草案》[6]。例如,"服务满20年曾缴纳储金,年满55岁,由路局强制退职或身体衰弱,不胜职务,经医员证明者";至于养老金额度和退休待遇,"比照职工历年储金之数额给予之。可一次性发给,可自愿分期领取"[7]。

[1] 交通部铁道部交通史编纂委员会编:《交通史电政编》,交通部总务司1936年版,第392—398页。
[2] 同上书,第400—401页。
[3] 同上书,第255—260页。
[4] 同上书,第275页。
[5] 《暂行工厂通则》,《农商公报》1923年第9卷第9期,第69—71页。
[6] 交通部编:《中国政府关于交通四政劳工事务设施之状况》其二,祁世宝印书局1925年版,第1—2页。
[7] 同上书,第2页。

在南京国民政府建立前夕，铁路部门的养老金开始以养老储蓄金的形式在法规中出现。1923 年 5 月，在交通部职工保育研究会拟定的《国有铁路职工储蓄规则草案》和《国有铁路职工养老金规则草案》中都将职工的退休养老金和薪资储蓄金结合在一起，首次提出"养老储金"的概念。前者规定，职工每月按薪金高低缴纳不同比例的储蓄金，路局应每月比照储蓄金数额提出同数金额作为补助金，职工退职时，储蓄金和补助金本息一次发放；后者规定，凡职工工作 20 年、缴纳储蓄金且年龄在 55 岁以上由路局强制退职或身体衰弱不胜职务者，由路局发放养老金，养老金数量比照职工历年储蓄金本息额数，所有储蓄金本息仍照储蓄规则发放[1]。

## 二、民国时期养老金制度规范化的推进——以铁路交通劳工为例

虽然因北洋政府时局的动荡以及政治法律体系的破碎，交通部门的养老规则草案并没有在 20 世纪 30 年代前得到推行，但其立法原则却为南京国民政府时期所仿效，从内容上也得以延续和拓展。1927 年 8 月，南京国民政府成立未久即重组交通部，随即组织成立电政职工改良待遇委员会。10 月，交通部指派周继亮、林实、孙承宗等人为审核电政职工待遇章程草案委员，委员们根据电政管理局长陈伯阳等人在全国交通会议上的提案稍加修改，11 月份修订完毕。交通部进一步扩大养老金制度覆盖群体，于 1927 年 12 月 31 日颁布《技工章程》，专门针对电政中的技术职工试行养老金[2]。"技工恤金分养老金、慰恤金、慰偿金和抚恤金四种……技工年满 50 岁以上，精力衰弱者，得给予养老金，令其退工；如认为身体健全，尚可工作者，得延长其服务年期，至 60 岁为止；技工年满至 50 岁以上退工时，按其服务年数所支薪给，每满 1 年给予半个月薪给之养老金，至多以 15 个月为度，于退工后分期发给；技工因公受伤者，由公家给费医治，其受重伤致成残废确系不能另谋生计者，除给予养老金外，另给 4 个月至 12 个月薪额之慰恤金。"[3]

南京国民政府成立后，因铁路劳工人数众多，罢工频发，所以，国民政府对铁路部门尤为关注。1928 年 10 月初，南京国民政府决议专设铁路专署机关，将铁

[1] 交通、铁道部交通史编纂委员会编：《交通史电政编》，交通部总务司 1936 年版，第 622—624 页。
[2] 《交通部改良电政职工待遇委员会简章》，《电政周刊》1927 年第 2 期，第 13—14 页。
[3] 《技工章程》，《交通公报》1929 年第 5 期，第 5—19 页；刑必信等编：《第二次中国劳动年鉴》，北平社会调查所 1932 年版，第 21—22 页。

路部门从交通部独立出来。"交(通)部统筹全国铁路、邮电,殊觉过劳,决于最近期间,将铁路一事另行署理,名称尚未定。"[1]10月20日,南京国民政府即令设置铁道部,并拟以孙中山之子孙科为铁道部长[2]。23日,南京国民政府正式发布文告:"文明国家对于铁道事业类多设专部,为贯彻总理铁道政策,着手设置铁道部,以期计划之实现与发展。除特任部长,组织成立外,着交通部即将关于铁道行政一切事宜,移交铁道部办理,以专责成,而明系统。"[3]

铁道部成立初期,各路便开始逐渐推行强迫退休法,照章给予养老金[4]。1930年3月公布的《铁路员工服务条例》第25条规定:"路局或路公司为员工利益起见,应办储蓄保险";第26条规定:"员工继续服务至25年以上,而年龄已达60岁者,准予退休,每月照最后之月薪资,发给半数,至身故日止。"[5]换言之,铁路员工退休的条件是,年满60岁且连续服务25年以上。退休养老金则以最后一个月月薪的半数为基数,按月发放,直至去世。

据此,铁道部又在交通部的配合下于1931年12月制定并颁布了《国有铁路员工储蓄通则》,强制员工根据薪额的高低按月存入不同比例的工资:月薪在20—100元者扣除储蓄的2%,101—200元者扣除储蓄的3%,201—300元者扣除储蓄的4%,300元以上者扣除储蓄的5%;路局方面按照储蓄的员工月薪数目,拿出一项资金,作为补助金,每月不到20元或20—50元者补助5%,51—100元者补助4%,101—200元者补助3%,200元以上者补助2%,员工退休、离职或死亡时可领取储蓄金、补助金[6]。薪资低者,储蓄量少,路局补助得多,以保障低收入者退休后的生活;而薪资高者,储蓄量多,路局补助得少,以平衡员工间的收入。

《铁路员工服务条例》有关员工养老的条文并未被各铁路局完全遵行。不同铁路局的养老金发放方式以及对于不同服务年限工人的发放金额,差别较大。北宁、平汉、京沪沪杭甬、胶济、广九等铁路局在条例的基础上,结合各路的实际情况,制定了员工养老制度。平汉路是员工退休时一次性发放养老金,北宁、京沪沪杭甬、广九三路按月发放,胶济路是一次性发放和按月发放相结

[1] 《中央决定铁路将另任专员管理》,《申报》1928年10月7日,第4版。
[2] 《昨日之国务会议》,《申报》1928年10月20日,第2版。
[3] 中国第二历史档案馆编:《中华民国史档案资料汇编》第5辑第1编,财政经济(九),江苏古籍出版社1994年版,第62页。
[4] 金士宣编著:《铁路运输经验谭》,正中书局1943年版,第27页。
[5] 《铁路员工服务条例》,《立法院公报》1930年第16期,第7页。
[6] 《国有铁路员工储蓄通则》,《铁道公报》1932年第236期,第1—4页。

合。有关员工退休年龄方面，北宁路规定高级职员 65 岁，平汉路工人 55 岁，其他三路规定员司和工人退休年龄都是 60 岁。有关服务年限和退休金额方面，北宁路规定，服务 20 年以下没有资格享受养老金，服务 20—25 年者给予退休时月薪的十六分之一作为养老金，25—30 年者为八分之一，30—35 年者四分之一，35 年以上者则为二分之一[1]。平汉路规定，凡服务满 10 年者，发给 5 个月薪资的养老金，服务年限每递加 1 年，增加 1 个月的养老金；广九路规定，服务满 15 年者，每月发原月薪的 30%，每增加 1 年增发 2%，至服务 25 年发给 70%；胶济路则规定，服务在 5—15 年者拿一次性养老金，服务 15—20 年者按月领取原月薪的四分之一，20—25 年者则为三分之一，25 年以上者为二分之一[2]。

由于各路的退休养老制度差异较大，铁道部为避免在实践中出现诸多问题，决定统一各路的退休养老制度，于 1935 年 4 月 13 日颁布《国营铁道员工退休养老金规则》。该规则实际上是在《铁路员工服务条例》的基础上更加明确了国有铁路员工养老金的规定[3]。该规则规定，退休条件共分四种情况：(1)服务满 25 年，年龄达到 60 周岁，自申请退休或由局令其退休；(2)服务年限为 15 年以上，年满 60 周岁，自申请退休或由局令其退休；(3)服务满 25 年，年龄满 55 周岁，自申请退休或由局令其退休；(4)服务满 15 年以上年龄满 55 岁，因身体衰弱，经派医师检验证明，确系不胜职务，经呈铁道部核准。后三种可予退休，但退休金按具体条件减发。铁道部吸收了平汉、胶济等 5 路退休养老制度的成功经验，扩大了享受退休养老金的范围，使大多数铁路工人退休后都能领取到养老金，并且数量不菲[4]。

至于养老金的数额，《国营铁道员工退休养老金规则》进一步规定，符合第一项退休条件者，即服务满 25 年，年龄满 60 岁者，养老金照最后之月薪给予，发至身故日止。符合第二项退休条件者，即服务满 15 年，年满 60 周岁者，按其服务年数计算发给养老金，计算方法如表 4-1 所示。

---

[1] 《铁路员工服务条例》，《立法院公报》1930 年第 16 期，第 7 页。
[2] 马廷燮：《铁路员工退休养老制度之研究》，《交通杂志》1934 年第 2 卷第 9 期，第 59—72 页。
[3] 《国营铁道员工退休养老金规则》，《铁道公报》1935 年第 1141 期，第 1—14 页。
[4] 孙自俭著：《民国时期铁路工人群体研究——以国有铁路工人为中心(1912—1937)》，郑州大学出版社 2013 年版，第 157 页。

表 4-1　按服务年限核算的铁道员工养老金发给方法

| 服务年限(年) | 15 | 16 | 17 | 18 | 19 | 20 | 21 | 22 | 23 | 24 | 25 |
|---|---|---|---|---|---|---|---|---|---|---|---|
| 养老金占最后月薪的比例(%) | 30 | 32 | 34 | 36 | 38 | 40 | 42 | 44 | 46 | 48 | 50 |

符合第三项条件的退休者,即服务年限满 25 年,年满 55 周岁者,按其年龄计算退休金,计算方法如表 4-2 所示。

表 4-2　按年龄核算的铁道员工养老金发给方法

| 年龄(岁) | 55 | 56 | 57 | 58 | 59 | 60 |
|---|---|---|---|---|---|---|
| 养老金占最后月薪的比例(%) | 40 | 42 | 44 | 46 | 48 | 50 |

符合第四项退休条件者,即服务满 15 年以上年龄满 55 岁,因身体衰弱,经派医师检验证明,确系不胜职务,经呈铁道部核准退休者,其养老金的比例按服务年限计算,为第二种退休条件所计算金额的三分之二。

规则所称薪资系指正额薪资,按日给薪者以日薪的 20 倍为其 1 个月的薪资。退休养老金自退休次月起算,于每年 3 月、6 月、9 月、12 月分 4 期发给,其日期由路局定之。

至于养老金的申请程序,申请者应于退休后 3 个月内备具申请书,并备 4 寸半身相片、印鉴及签名或右手大指印纹各 5 张,连同在职履历书暨各种证明文件及原籍或现住地之户籍册抄本,并取具保证书,呈经主管人员负责证明,转呈局长核准。路局查核退休养老金申请书及一切附件,认为合于《国营铁道员工退休养老金规则》的规定,核对无误后,发给退休养老金受领证书,以凭按期领款。受领证书每 5 年换发一次。换发时准备材料同前次。退休养老金的领款办法分为三种:亲自领取、托人代领、请准汇寄,各项又需准备相应材料。

相较工业、矿业劳工养老保障制度的严重缺失,交通部门劳工的养老保障制度独具特色,其对铁路劳工退休养老保障的规定极为详尽,其他各业都无法与之相比。由上文铁路劳工养老金的具体规定可知,铁路劳工退休条件规定非常灵活:在年龄方面,正常年龄为 60 岁,但在一定条件下 55 岁也可以退休;在服务年限方面,正常是满 25 年,也可以在一定条件下服务 15 年以上;特别是在待遇方面,它是根据退休年龄和服务年限两方面的条件计算养老金,使年龄大、服务年限长的职工在老年可以享受较好的待遇,但也可以使身体衰弱不胜职务的人及时拿到退休金，晚年生活得到保障，计算方面显得相对公平。尤其养老金是按期发放，直到职工亡故止，寿命较长的职工也不用担心晚年的生活。

铁路劳工养老保障制度的逐步完善过程受到如下几个因素的影响。一是传统的影响。在南京国民政府铁道部出台这些法规之前，铁路劳工的养老保障已经备受当局的重视。1925 年，北洋政府农商部出台《国有铁路职工养老规则草案》，较为详细地规定了国有铁路职工退休养老金的领取条件和待遇。1928 年 7 月，广州政治分会公布《广东省铁路员工服务条例》，适用于国营及民营铁路。条例规定，在退休方面，员工在铁路连续服务至 25 年以上而年龄达到 60 岁者，准予退休，每月仍照最后月薪发给半数，至身故日止[1]。这些立法为南京国民政府铁道部制度的出台提供了借鉴。二是现实的需要。中国铁路从 19 世纪末开始修筑至南京国民政府建立，已有 30 余年，“各路员工，不下十数万人，其中年龄达五六十岁，在差服役满二三十年者，虽无精确统计，要皆所在多有”。“各路员工，当无不渴望早日公布（养老金规则草案），俾退职之后，有所保障。”[2]铁路员工的职业稳定性使其对养老保障有所预期，同时，铁路为职工提供保障也是为留住人才、鼓励员工尽职服务的一种手段。三是具有物质基础。各路职工的养老金由路局发放，“依照铁路会计则例规定，列入铁路营业用款分款则例第 1 项第 15 目第 4 节养老金项下”，[3]所以，各铁路的营业状况决定制度的可实施性。铁路尤其是国有铁路在经济实力方面比普通的工厂要强大，具备实施养老保障制度的能力，这也是铁道部较快建立制度的一个前提。

特别值得注意的是，进入 20 世纪 30 年代后，大多数企业都对职工的养老退休事宜作了明确规定，且在实际操作中全面推行由企业和个人共同缴纳的现代养老储金模式。例如，上海电力公司针对外籍职工的养老金除了薪资的 5%由公司代为扣储外，另由公司贴补相同的数额[4]。又如，福建省运输公司为奖励员工储蓄，根据“员工原有储蓄额进行补助，以作为日后的退休养老金”[5]，只不过补助金仅为扣储部分的十分之一，如表 4-3 所示。于是，由企业和个人共同缴纳养老金的模式就这样启动运行了。

---

[1] 《广东省铁路员工服务条例》，《广东省政府年报》1928 年，第 372 页。

[2] 马廷燮：《铁路员工退休养老制度之研究》，《交通杂志》1934 年第 2 卷第 9 期，第 59—72 页。

[3] 《核定京沪沪杭甬路养老金退职金补助赡养金等列账办法》，《铁路杂志》1936 年第 2 卷第 2 期，第 82 页。

[4] 朱邦兴、胡林阁、徐声合编：《上海产业与上海职工》，上海人民出版社 1984 年版，第 220 页。

[5] 《本公司举办员工储蓄之意义与办法》，《福建运输》1939 年第 1 期，第 24—26 页。

表 4-3　福建省运输公司员工储蓄与补助金

单位:元(银元)

| 薪工额 | 储金额 | 公司补助金 | 每月储金额 |
| --- | --- | --- | --- |
| 201 元及以上 | 10 | 1 | 11 |
| 101—200 | 5 | 0.5 | 5.5 |
| 51—100 | 3 | 0.3 | 3.3 |
| 21—50 | 2 | 0.2 | 2.2 |
| 20 及以下 | 不扣 | 无 | 无 |

资料来源:《本公司举办员工储蓄之意义与办法》,《福建运输》1939 年第 1 期,第 24—26 页。

## 三、民国时期教职员养老金制度的演变

民国时期的教职员群体包括学校教师、职员、教学辅助人员和工勤人员,既包含了民国时期中小学教师、大学教师,也涵盖职业教育教师和教育行政人员,在该时期属于一群数量较大且待遇较好的人群。

1919 年 4 月,李继桢发表《百忙中之教育谈》,首次提及建议设立教职员养老金制度等福利问题,提出"优待中小学教员条例",其中:"凡年满六十岁之中小学校教员在职满二十年以上者,经教育部或主管官厅证明,得依另定规则支给退职养老金",且养老金经费由国库负担[1]。1926 年 5 月,在金陵道属教育行政会议上,优待小学教员、给予养老金的建议再次提出[2]。对于大学教职员的养老金问题,1926 年 6 月发布的《厦门大学优待教职员规则》是最早的高校教职工待遇和养老金规定,其中规定:(1)教职员享受养老年金权利的资格(条件)两种,(甲)年满 65 岁以上且在本校服务满 20 年以上者,(乙)年满 55 岁以上因病不能服务且在本校服务已满 20 年以上者;(2)教职员应享受养老金时由校长转呈董事会决定之;(3)教职员具有第一条乙款之资格已受养老金之优待者,如欲转在中小学或其他机关服务者,得领其应得养老金之半数,倘该教职员再在其他大学服务,则应即失其应享养老年金之权利;(4)教职员具有第一条乙款之资格已受养老年金之优待者,如欲再在本校服务,其前在本校服务之期限行继续有效,倘本校不欲再聘请该教职员,该教职员转任其他大学服务时,得领其应受养老年金之半数,但只以 3 年为限;(5)教职员应得的养老年金根据其服务年限支配:(甲)

[1]《百忙中之教育谈》,《申报》1919 年 4 月 9 日,第 6 版。
[2]《金陵道属教育行政会议纪》,《申报》1926 年 5 月 23 日,第 11 版。

服务满20年者得享受其停止服务时薪俸25%,(乙)服务满21年至25年者每年得增1%,(丙)服务满30年以上者得受养老金薪俸35%;(6)教职员已受养老年金如尚未满3年而身故者其至亲得继续享其应得之养老年金以满足3年之额为止;(7)本规则自民国十五年八月一日起实行。其经费乃校主陈嘉庚之私资[1]。

1926年7月,广东省教育厅随后颁布了《职教员养老恤金之规定》,较厦门大学的教职员养老年金规则更为详细,其中规定了教职员具备领取养老金的条件的几种情况:"(1)连续服务15年以上并且超过60周岁,自请退职者或由学校请其退养者;(2)年龄未达到60周岁,但因身体虚弱而不能够继续胜任,并且不担任其他职务者亦得领养老金;(3)因公受伤导致残疾不能履职且不担任其他职务时,无论是否达到规定服务年限,也可以得到领取养老金资格",既确定了领取养老金的对象;又规定了教职员养老金发放标准,兼任教员之养老金照最后3年内年俸平均数之20%;还规定了"养老金之支给自退职之翌日起至死亡日止"[2]。总之,北洋政府时期,针对学校教职员的养老保障与养老金制度,均未制定正式的法律法规,即便在民国初期颁布的《小学校令》《中学校令》和《大学校令》及相关施行细则或规程中,也未提及任何关于教职员的养老与退休事宜。

1926年11月,广州国民政府正式颁布了详细的《学校职教员养老金及恤金条例》(以下称《条例》,详见附录5)。这是中国历史上首次制定并确立了教职员养老的相关制度,也标志着近代教师退休养老金制度的形成。《条例》的具体内容包括:(1)受益对象:退职教职员本人。(2)受益条件:教职员必须连续服务15年以上且符合下列情形之一者方可请领养老金,一是年逾60岁自愿申请退职者或由学校请其退职者,二是未满60岁因身体衰弱不胜任务者,这种情况必须经医生证明属实方能有效。为了吸引技术人才,有些地区将连续服务年限缩短到10年,如山东省青岛市规定,职业教育教师只要在本市从事教学时间超过10年,60岁以后即可领取10年养老金。三是虽然服务未满15年,但因公受伤以致残废不胜工作,也可申请领养老金。四是连续服务15年以上,因公受伤以致残废不胜任务。此外,专任教员养老年金给予之标准详见表4-4。可知,教师的最后月俸越高,工作时间越长,其领取的养老金就越多。最多的每年可以领取

[1] 习君:《民国时期教职员养老与社会保障制度研究》,华中师范大学硕士学位论文,2019年,第24页。
[2] 《粤职教员养老金恤金之规定》,《申报》1926年7月7日,第11版。

1 200元，最少的则每年只能领到180元。在中学任职的中学教员，其月薪多在60元以上、200元以下，因而其退职后领取的养老金大致为462—945元。对于兼职教员，《条例》规定，养老金按其最后3年内年薪的平均数给予20%。对于连续服务15年以上因公受伤导致残疾，以致不能胜任职务的教职员，《条例》规定，退职时专任教职员除依照表4-4之相应标准领取养老年金外，并按其最后年薪加给10%；兼职教员则按其最后3年内年薪的平均数给予30%[1]。

**表4-4 专任教员养老年金给予之标准**

单位：元（银元）

| 最后月俸 | 在职年数 | | |
|---|---|---|---|
| | 小于20年 | 20—25年 | 25年以上 |
| 小于20 | 180 | 192 | 204 |
| 20—30 | 210 | 225 | 245 |
| 30—45 | 261 | 319 | 342 |
| 45—60 | 296 | 413 | 445 |
| 60—80 | 462 | 546 | 546 |
| 80—100 | 540 | 594 | 648 |
| 100—120 | 594 | 660 | 726 |
| 120—150 | 648 | 729 | 810 |
| 150—200 | 735 | 840 | 945 |
| 200以上 | 900 | 1 050 | 1 200 |

此外，关于教职员服务年限的计算，《条例》第9条规定，“服务年数之计算，以连续在一校者为限；但当转任他校时，系经主管教育行政机关调用或经原校长许可，并专案呈准者，不在此例”。根据此项规定，教职员服务年数的计算必须在同一所学校连续任教，不能中断，中途也不能转校。除非经主管教育机关调用至他校，或经原所在学校校长同意，并专案呈请主管机关批准，其在他校任教的年数才可以合并连续计算。从民国时期教职员服务的实际情况来看，这一规定过于苛刻。民国时期学校教职员主要由校长聘任，而校长则由教育厅或教育局任命，一旦教育厅长或局长变更，各学校校长往往随之变动，由此导致学校教职员经常会发生变动。因此，很少有教职员在一校连续服务10年以上，达到15年的更是少之又少，更遑论达到25年。对于支付养老金的经费来源，《条例》第11条

[1] 陈光春著：《生成与失范——民国时期中学教师管理制度研究（1912—1949）》，华中科技大学出版社2016年版，第205页。

和 12 条规定：对于乡镇保立学校则没有作出明确的规定。此外，学校教职员年退休金的发给，均以受领人现住址的县(市、局)政府为经发机关。

在 1926 年 12 月 21 日出台的《学校职教员养老金及恤金条例施行细则》(下称《施行细则》，详见附录 6)中，广州国民政府又对大学教师领取养老金进行了详细规定，具体为：第一，应领养老金者，须开具“姓名、年龄、籍贯及现住所；在职中之履历；在职之合计年数；退职之事由；退职之年月日；依《学校职教员养老金及恤金条例》某条某项，请求养老金年金若干”呈由最后所在校校长，转呈主管教育行政机关；第二，养老金和恤金发放时手续核定备案后，证书由本人或承领恤金合法人领取，以便于领款时以证明其领取权；第三，大学教师有褫夺公权者、丧失中华民国国籍者、退职后再任他项职务、死亡四种情形时，其养老金终止[1]。

南京国民政府成立后，《条例》和《施行细则》都继续沿用。1937 年 1 月，针对几年来《条例》施行过程中出现的问题，南京国民政府对其进行了第一次修正，此次修正主要修改了《条例》中对于教职员服务年限的计算方法。放宽了此前《条例》中严格限定“服务年数之计算以连续在一校者为限”的近乎苛刻的规定，不再强调必须连续在一校任职，也不再限定转校须经主管机关调用或核准，而是规定“服务年数之计算，以连续在国立或省立或市县区立学校者为限”。

南京国民政府教育部于 1940 年 4 月 8 日公布了《社会教育机关服务人员养老金及恤金条例》。该条例将养老退休金的享受人群扩展至社会教育机关服务人员，即在民族教育馆、图书馆、体育场、博物馆、美术馆、科学馆、专设民族学校、民众教育实验区与其他实验区所属社会教育组织、各级教育行政机关或社会教育机关所属有关社会教育组织等单位的服务人员都能享受此《条例》的权益。如连续服务 15 年以上，并有以下情况之一者，应请领养老金：年逾 60 岁，自请退职；年逾 60 岁，由服务机关请其退职；未满 60 岁，但身体虚弱不胜职务，经医生证明属实。如因公受伤以致残废不胜职务时，虽服务未满 15 年，也可请领养老金。符合请领养老金的人员，其养老金的支给自退职的次日起至死亡日止。[2]养老金支给的标准则是根据年龄和服务年数发放(具体参见表 4-4)。

1940 年 7 月 13 日，为保障战时专任教师的权益，南京国民政府重新修订了《条例》，从修订的内容来看更加明确了专任教师和非专任教师的待遇差异，增加了私立学校职教员养老金及恤金给予办法，修订后的《条例》对保障教师的权益

[1] 教育部参事处编：《教育法令汇编》(第一辑)，商务印书馆 1936 年版，第 51—53 页。
[2] 《社会教育机关服务人员养老金及恤金条例》，《浙江省政府公报》1940 年第 3222 期，第 9—12 页。

更加明确和完整。[1]

虽然修正后的《条例》在学校职教员养老金标准，以及养老金的领取程序等方面完全沿用了《施行细则》。但比较而言，在对退休金额的规定上，在以下一些方面却发生了较为明显的变化[2]。

（1）降低了服务年限的计算。在领受退休金的条件的规定上，二者的基本精神是相同的，只是在对15年服务年限的计算上，有较明显的区别。修正后的《条例》规定为："服务年限的计算，以连续在国立省立或市县区乡保立学校服务者为限。"而《条例》对此规定为："服务年数之计算，以连续在一校者为限，但常转任他校时经主管教育行政机关调用或经原校校长许可并专案呈准者不在此例。"比较这两项规定，不难发现，修正条例不再强调在一校连续工作15年，而只要是在任何级别的公立学校不间断地服务，其工作年限就可连续计算，达15年即可。这规定的颁布使符合修正后规定的退休条件的教员较前项规定要多得多，使养老及抚恤的范围扩大。这一规定的修订，是制度的制定者鉴于符合前项规定的人实在是少之又少，凤毛麟角，使该项政策形同虚设，因而放宽限制有关。但同时也应看到，"以连续在国立省立或市县区乡保立学校服务者为限"的规定，完全把在私立学校工作以及私立学校教职员排除在外，有欠妥当。

（2）建立了三级经费支给制。《施行细则》规定：国立学校教职员之退休金由国库支给，省立学校教职员之退休金由省库支给，市县区立学校，由市县区经费支给，对于乡镇保立学校则没有明确。修正后的《条例》除了这些方面没有变化外，对于乡镇保立学校则有了相应的规定，其第13条规定：教职员之养老金或恤金，在国立学校由国库支给，在省立学校由省库支给，在市县区乡镇保立学校由市县经费支给。首次将区乡镇保立学校的退休金纳入保障范围。另外，对私立学校的表述上略有不同，但实质精神则没有差异，都是由各校察度经费情形酌量支给。政府不承担经费责任，因而未作强制性的规定。

（3）增加了停发规定条款。在对养老金停发的规定上，修正后的《条例》较前条例有一些变化，与之前的规定相比，在应即停止发放养老金情事中，除了照搬原条例中的三项条款之外，还增加了"背叛中华民国经通缉有案者"一条，并置于四条之首。这一修订，包含了国民政府加强国民党一党专制和加强对教师的

---

[1]《学校职教员养老金及恤金条例》，《中央日报(重庆)》1940年7月14日，第2版。

[2] 陈光春著：《生成与失范——民国时期中学教师管理制度研究(1912—1949)》，华中科技大学出版社2016年版，第207—210页。

控制以及弹压教师的祸心。另外，修正后的《学校职教员养老金及恤金条例》第7条明文规定：养老金之支给，自退职之翌日起，至死亡日止。对领受时间的规定较原条例更为明确。此项条例一直沿用到1944年。

总之，《条例》及《施行细则》的颁布是近代教师退休制度发展史的重要事件，标志着教师退休养老金制度开始在中国实施。更为重要的是，《条例》及《施行细则》所规定的退休制度的内容，奠定了以后退休制度法律条文的基本框架，对教师退休养老金制度建设具有重要意义。

然而，针对学校教职员的养老金规定及实施细则仍存在较大问题：(1)保障的标准不高。其体现之一为教职员的养老金标准低，从表4-4可以看到，教职员最高可拿到的养老年金为1 200元，这还是要求工作满25年的，其平均每月只得100元，而最低的年金为180元，平均每月只得15元而已。这还是专任教员的养老金标准，兼任教员所得就更低了。据估计，20世纪30年代初中国五口之家的贫农每年所需的最低生活费为187元[1]。由此可知，养老金的保障水平还是很低的。(2)实际受益人数不多。虽然《条例》是在全国范围内颁布的，但是许多省份由于经费不足，都推迟实施或根本没有实行。而在实行了的省份，实际受益的人数依然不多。(3)专项管理缺乏。学校教职员的养老金和恤金缺乏资金专项管理和监督管理。首先，按照《条例》所规定的，国立学校、省立学校和市县学校职教员养老金分别由各级政府负担，虽然提及将符合申领资格的人员进行备案并将养老金计入教育经费预算，但是没有设立专项资金，在教育经费本就缺乏的情况下，养老金就更难以保障了。其次，《条例》及《施行细则》以及后来颁布的规定，都未涉及教职员养老金及恤金的专项管理委员会，养老金和恤金的申领发放未得到有效监督[2]。

## 四、从补助金到养老储金：以邮政部门养老金为例

制度在不同行业间的实施状况往往会表现出较大的差异。据史料所载，对于劳工保障制度较为完善的交通部而言，其中的邮政部门所建立的养老保障制度是其间最为完善的，且得到了相对较好的实践。因此，这部分以交通部管辖的邮政部门为例来考察养老金制度的具体演变过程。

---

[1] 张钟元：《小学教师生活调查》，《教育杂志》1935年第25卷第7号，第177—197页。

[2] 刁君：《民国时期教职员养老与社会保障制度研究》，华中师范大学硕士学位论文，2019年，第39—40页。

辛亥革命后，邮政始与海关分立，养老金办法也逐步转变为规范的制度化实践。1912 年，邮政总局规定："高级邮员包括邮务长、副邮务长、邮务官等，每七年增发一年工资作为养老金；中级邮员即邮务员每十二年增发一年工资；下级邮员包括拣信、邮差等，每年年终多拿一个月的工资。"[1]从 1917 年起，中级邮员开始采用"每七年增发一年工资"的方式发放养老金。"邮务人员以上人员给养老金，凡服务满七年者可按最后月薪额，享有一年薪给之养老金。"[2]只有工龄不及七年者被排除在外[3]。这项"七年养老金"(retiring allowances)制度一直沿用至 1928 年。从实际操作来看，"七年养老金"并非严格意义上的退休养老金，因为它完全由员工自行保管使用，尚属工资之余的奖金或补贴。

除了"七年养老金"外，"保证及防后金"(guarantee and provident funds)是这段时期最主要的养老金形式。其具体办法可理解为，邮务生以上人员每人每月扣出月薪的十分之一列入各员账户；然后根据邮局当年的盈利状况(少则按 75%，多则按 100%)在年终时发给员工一笔贴补，存入该账户中[4]；最后，账户资金再按年利八厘起息，作为"防后养老的基金"，即所谓的"保证及防后金"[5]。显然，邮局盈余少则员工贴补少，没有盈余则无贴补。到了员工年满 60 岁强迫退休或服务满 25 年自动退休时，存储款数和利息才一次性发还[6]。

"保证及防后金"主要是针对邮政职员(邮务生以上)，而邮务生及以下职工(包括拣信生、信差、邮差及杂项役工)则为"资助金"(subvention funds)，两者共同构成了邮政部门养老金的前身[7]。"资助金"又称"年赏"，其数额大小是按

[1] 霍锡祥:《关于邮政员工养老金的问题》，中国人民政治协商会议全国委员会文史资料研究委员会编:《文史资料选辑》第 65 辑，文史资料出版社 1979 年版，第 192—193 页。

[2] 台州市地方志编纂委员会办公室编:《〈台州地区志〉志余辑要》，浙江人民出版社 1996 年版，第 111 页。

[3] 对于处在特殊情况下的离职人员邮局制定了不同方案："(1)因病告退而离局者，如未满七年服务年限，邮局不给予养老金；(2)因病故或因病休致或裁退而离局者，无论是否已满七年，得发给养老金的一部，以作抚恤；(3)因辞退而离局者，得由总局局长根据情况，酌发养老金；(4)因退休而离局者，得发给养老金部分；(5)因撤退或离局未经通知或未经邮局奉准离局者，无论其服务时间的长短，均不得发给此项养老金。"引自过秉堃:《邮政人事管理制度二十五年见闻》，中国人民政治协商会议江苏省暨南京市委员会文史资料研究委员会编:《江苏文史资料选辑》第 18 辑，江苏人民出版社 1986 年版，第 118 页。

[4] 前提是补贴数额不能超过员工全年扣储的总数。假如，员工每月工资为 100 元，至年终总数 120 元，邮局不论盈余如何，其贴补数额都不超过 120 元。

[5] 李雄:《旧"中华邮政"人事管理制度》，国家劳动总局政策研究室资料组编:《劳动问题研究资料》，劳动出版社 1981 年版，第 288 页。

[6] 霍锡祥:《关于邮政员工养老金的问题》，中国人民政治协商会议全国委员会文史资料研究委员会编:《文史资料选辑》第 65 辑，文史资料出版社 1979 年版，第 193 页。

[7] 邮电史编辑室编:《中国近代邮电史》，人民邮电出版社 1984 年版，第 107 页。

服务年资及最末一月薪给的多寡而定:“服务不满一年者无年赏,服务一年以上三年以下者,发十二月份薪给之一半,服务满三年者,发十二月份一个月的薪给,十二月份薪金为一百二十元,其年赏即为一百二十元。”[1]如表4-5所示,拣信生及以下人员则按照服务年数而予以不同的资助金。

**表4-5 拣信生及以下人员的资助金**

单位:元(银元)

| 在职年数 | 拣信生每月所得资助金 | 信差每月所得资助金 | 邮差及杂项役工每月所得资助金 |
| --- | --- | --- | --- |
| 5—10年 | 1.5 | 1 | 0.75 |
| 10—15年 | 2.5 | 2 | 1.25 |
| 15年以上 | 4 | 3 | 2 |

资料来源:张梁任著,《中国邮政》上册,商务印书馆1935年版,第155页。

邮政总局主持试办的这套养老金办法彻底改变了20世纪20年代以前的补贴和奖励形式,具有现代养老储蓄和养老保险的特征,其开创性在如下三个方面得到充分体现。首先,1923—1929年正值邮政经济运行的“黄金时代”,即邮政独立经营且基本不受政局变迁的影响,所以按月储款的职工可得到较为稳固的保障。其次,按照“保证及防后金”的办法,假如第一年每月储款10元全年共120元,则第二年转账时可得230元以上,这是其他普通储金难以达到的收益。最后,在“保证及防后金”试办初期,邮政总局规定员工加入以后便不能中途退出,也确保了这项办法不致因此而提前归于失败[2]。

尽管如此,“保证及防后金”制度在存续的七年时间里,还是受到制度设计层面和客观社会环境的牵制,存在致命的缺陷。其一,设立“保证及防后金”的初衷决定其无法长期维持。“保证及防后金”起初是邮政部门为预防职工失职而强制他们缴纳的押金。邮政人员任用时,应提供相当金额作为保证,担保在服务期间的损害赔偿责任。为此,邮政当局责令人员(不包括洋员和那些高级职员)在入职时必须出具至少二百元的保证额,若无法缴纳保证额则从月薪中分期扣缴,为名副其实的“保证及防后金”。例如,邮务员保证金额1 000元,邮务佐500元,信差、邮差及其他差役200元,邮政代办人200元,信柜经理人200元。[3] 换言

[1] 过秉堃:《邮政人事管理制度二十五年见闻》,中国人民政治协商会议江苏省暨南京市委员会文史资料研究委员会编:《江苏文史资料选辑》第18辑,第119页。

[2] 静观:《关于创办邮工储蓄银行的意见》,《全国邮务职工总会半月刊》1934年第2卷第13期,第1—4页。

[3] 过秉堃:《邮政人事管理制度二十五年见闻》,中国人民政治协商会议江苏省暨南京市委员会文史资料研究委员会编:《江苏文史资料选辑》第18辑,第95页。

之，这笔保证金从实质上而言是一笔押金或押款，而邮政当局拥有随时没收押金的最终解释权："如有过失被开除者，或离局未经通知或未经奉准者，应按过犯轻重将其押金并邮政补助金（以及所有利息）一部或全部充公。"[1]信差、邮差等工人有时还被发给押款牌，登记每月扣存的押金数额。在贵州省安顺邮政分局邮差的押款牌上，印有"此牌如有遗失，押款难望缴还"的警告[2]。

其二，清末民初时的邮政要职一直为外籍人员把持，导致邮政系统的管理制度和工资制度在一定程度上受西方管理制度的左右。从清朝海关兼办邮政起一直到北洋政府时期的中华邮政，赫德、帛黎、铁士蓝等外人先后担任邮政总办把持邮政，并沿用英法的邮政管理制度。因此，在工资制度中，明文规定洋员享有特殊待遇，甚至在假期工资方面都须比华员优异[3]。同一等级的职员，洋员的工资比华员的高出一倍或更多[4]。国民政府在成立邮政总局并于 1928 年收回邮权后，仍承袭了外国人遗留的部分管理体系和工资制度[5]，这也使得"保证及防后金制"无法从根本上保障全体员工的福利问题。

其三，邮政部门的正常经营和制度推行是以稳定的政治环境为基础，如若发生战乱，这些制度也就很难切实执行。直奉战争结束不久，张作霖带奉军进关，得知邮政系统有一笔为数庞大的"保证及防后金"，便欲占用以充军饷。消息传出后，邮政上下受到极大震动，"风声所播，恐慌随之"，邮政总局甚至不惜把所有储款提早发还[6]。"凡是愿意即时领取这款项者，不必等到七年期满，可以马上领取。"[7]"保证及防后金"制度也自此寿终正寝。从 1929 年起，"保证及防后金"制度和年赏制度被养老储蓄金制度取代，后者开始普遍适用于全体邮政人员。

南京国民政府设立之初，交通部重新完善劳工养老保障制度。1929 年 10 月 25 日，邮政部门公布《邮政养老抚恤金支给章程》（以下简称《章程》），这也是

---

[1] 郑游：《中国的邮驿与邮政》，人民出版社 1988 年版，第 158 页。
[2] 同上。
[3] 邮政系统内部通常称外国职员为洋员，称中国职员为华员。
[4] 傅金昌：《贵阳邮政概况》，中国人民政治协商会议贵阳市云岩区委员会文史资料研究委员会编：《云岩文史资料选辑》第 3 辑，内部资料 1985 年版，第 125 页。
[5] 陆仰渊、方庆秋主编：《民国社会经济史》，中国经济出版社 1991 年版，第 472 页。
[6] 静观：《关于创办邮工储蓄银行的意见》，《全国邮务职工总会半月刊》1934 年第 2 卷第 13 期，第 1—4 页。
[7] 霍锡祥：《关于邮政员工养老金的问题》，中国人民政治协商会议全国委员会、文史资料委员会编：《文史资料选辑》第 65 辑，文史资料出版社 1979 年版，第 194 页。

近代较早出台的养老金成文法令规定[1]。它较"保证及防后金"和资助金的规则更为规范明确,从对领取养老金的条件即可看出:邮政员工工作满 25 年的准许退休;工作满 15 年且年龄超过 50 岁的也可以退休;工作满 40 年或者年龄达到 60 岁的,必须强令退休(详见附录 2)。

养老金按照服务年限为准发放,主要标准如下:退休时每月工资超过 500 元的,每工作一年则支付每月工资的 90%作为养老金;退休时每月工资在 270—500 元的,每工作一年则支付每月工资的 95%作为养老金;退休时每月工资在 270 元以下的,每工作一年则支付每月工资作为养老金。

《章程》是近代以来养老金及养老保障制度的首次规范化与法治化尝试,其具体特征有如下四个:

第一,领取养老金的年龄、工龄等基本规定主要包括三类:"服务满二十五年以上呈准退休者;服务满十五年以上、年龄满五十岁以上(邮差满四十五岁以上)呈准退休者;服务满四十年或年龄满六十岁(邮差五十五岁以上)强令退休者。"也包括一些特殊情况,如"因过失被辞退者,得由邮政总办依其情节轻重,酌量减额给予养老金","被革退者;弃职潜逃者"不得请求支给养老金,以及"对于邮局有损害赔偿之责任者,应由其养老金或抚恤金内扣除之"[2]。

第二,养老金的数额。1929 年前的邮政部门"保证及防后金"是根据"服务年资及最末一月薪给的多寡而定",1929 年后的养老金制度基本沿袭了这一形式,只是占月薪的比例不再固定。从服务年数来划分,凡人员服务不满 25 年的,不予发给养老金;服务满 25 年者,每年得按退休或退职时最末月的月薪给发给 25 个月[3],具体金额依表 4-6 所列比例支给。

**表 4-6　工龄超过 25 年的不同月薪者养老金的发给比例情况**

单位:元(银元)

| 退休或退职时最末月的薪给 | 支给的养老金 |
| --- | --- |
| 超过 500 元者 | 月薪的 90% |
| 270—500 元者 | 月薪的 95% |
| 270 元以下者 | 月薪的全额 |

资料来源:《邮政养老抚恤金支给章程》(1929 年 10 月 25 日公布),《交通公报》1929 年第 87 期,第 18—22 页。

[1] 《邮政养老抚恤金支给章程》(1929 年 10 月 25 日公布),《交通公报》1929 年第 87 期,第 18—22 页。
[2] 同上。
[3] 张梁任著:《中国邮政》上册,商务印书馆 1935 年版,第 155 页。

在邮政依照年龄和服务年数制定养老金发给的办法后,其他各部门相继仿照进行改革。1935 年 4 月 13 日,铁道部规定,(1)国营铁道员工服务满 25 年、年龄满 60 岁,可以自请退休领取养老金,金额照最后一个月的薪资给予 50%,至死为止;(2)服务年满 15 年、年满 60 岁者,按照服务年数计算养老金:服务满 15 年,为最后一个月薪资的 30%,此后服务年份每增加一年,养老金比例占最后一个月薪资的比例就增加 2%,若是 25 年则为 50%;(3)服务 25 年以上、年满 55 岁者,养老金也是按照服务年数计算:年满 55 岁,为最后一个月月薪的 40%,此后服务年份每增加一年,养老金比例占最后一月薪资的比例就增加 2%,直到年满 60 年者的比例为 50%;(4)服务年满 15 年,年满 55 岁,提前退休,养老金按照服务年数,按照第 2 条规定的三分之二计算发放。[1]

第三,养老金与补助金相结合的养老储金模式。“储金养老为各国铁路员司通例。清光绪三十三年(1907),邮传部特饬各路征求路员养者意见,三十四年(1908)四月,由铁路总局订定路员养老章程十一条,凡满十五年而离差者给以年薪,二百四十分之六十为养老费,以后每满一年加二百四十分之一,然各路以未甚适宜遵行者绝少。至民国十一年(1922)正月,部又拟储金救济条例令各路局签注。二月十四日,据京奉路局呈报该路暂定员役养老储金试辩章程,颇称详适,乃训令各路局一律筹办焉。”[2]从 1929 年起,邮政、铁路等部门都实行了养老储蓄金制,即依照员工薪资数目,按月扣取百分之几作为储金,另由各机关依照员工提存数目拨付补助金。邮政部门养老金彻底改为员工养老储蓄金后,金额由三部分共同构成:(1)原有“保证及防后金”和资助金的余款及所生利息的 3/5;(2)每月由邮局公款收入项下提出,相当于全体员工薪水总数 7%的款项;(3)每年由邮政盈余项下提拨十分之一[3]。在铁路部门,“扣取员工薪资百分之五者,再由路局拨予同数之补助金,共计存款额为其月薪数目百分之十,即以此款按月存储生息;将来遇有员工离开服务机关或死亡时,除将储金部分本息发还外,再以员工在职之久暂,酌拨予补助金本息之全部或一部,惟因过失离职者,则仅发还其储金部分而将补助金扣留”[4]。

[1] 《国营铁道员工退休养老金规则》,《铁道公报》1935 年第 1141 期,第 1—2 页。
[2] 曾鲲化著:《中国铁路史》,商务印书馆 1924 年版,第 166—167 页。
[3] 李雄:《旧“中华邮政”人事管理制度》,国家劳动总局政策研究室资料组编:《劳动问题研究资料》,劳动出版社 1981 年版,第 288 页。
[4] 《倡办养老储蓄金刍议》,《铁道公报》1930 年第 115 期,第 24—27 页。

第四，养老储蓄金的管理方式[1]。“邮政养老抚恤金，由邮政养老抚恤金管理委员会管理之……管理委员会设委员七人至九人，以邮政司长、邮政总办、会办为当然委员，其余由交通部就邮局处长中遴选二人，部员及局员中遴选二人至四人派充之……管理委员会以邮政总办为委员长，并由委员互推三人为常务委员，常务委员长处理常务及基金之营运事项。”[2]

综上所述，养老金领取的比例制定、发放方式等细则体现了从保证及防后金延续下来的“补助式”养老金的属性；养老金与企业补助金相结合，意在鼓励员工较大限度地储蓄，体现了养老金“储蓄式”的一面；而养老储蓄金管理方式的革新，也标志着养老金逐步转型为“基金式”的现代模式。与同时期其他劳工的养老社会保障相比，邮政劳工养老保障制度最大的一个特点，是建立了较为完善的基金管理制度。基金是通过各种渠道所建立起来的、法定的、专款专用的经费，是制度得以正常运转的基本保证。《邮政养老抚恤金管理章程》规定了基金的来源为四个渠道，保障了制度所需要的资金供给，并严格规定，基金除非遇特殊情形不得运用，每年所需要的养老金抚恤金仅用基金利息支付，保障了资金的专款专用。同时基金的管理者与监察者分开，既保障对基金运营管理，又保障对基金运营与使用情况的监督(详见附录3)。《邮政养老抚恤金管理章程及支给章程施行细则》详细规定了邮政养老抚恤金的管理及支给的具体方法，有利于操作。其中的九种账目分类采取了较为完善的会计制度，在当时社会保障资金管理方面是绝无仅有的创新(详见附录4)。

## 五、完全储蓄方式的养老金计划——工人储蓄制度的建立

北洋政府时期，由内务部拟订的《警察储金试办办法》(以下简称《办法》)是近代中国最早颁布的一项强制储蓄法规，此《办法》明确规定了储蓄的保障对象、储蓄年限、程序及取用储金的条件。该《办法》规定：“凡在职警察官吏依本办法试办储蓄，但月给在十元以下者得自由储蓄；储金以月给二十分之一为率，但不满一角者依四舍五入法算定之。”储金的支取必须符合规定的条件：“凡实行储蓄已满三年者，经该管长官之许可，得取用储金三分之一，但有婚丧事故，经该管长

[1] 本书将在第五章详细讨论邮政部门养老金的管理模式。

[2] 《邮政养老抚恤金管理章程》(1929年10月25日公布)，《交通公报》1929年第87期，第22—24页。

官查明,不在此限”;储金人死亡、告退、被开除时,储金得随时交还之[1]。这些规定既体现了储蓄的强制性,也体现了其生活保障功能。该《办法》于1917年10月23日刊登于《政府公报》,并确定自1918年1月起在全国一律试办。但是此法规仅仅是针对警察行业的职工所实施的包括养老在内的各种社会保险。

1918年3月6日,北洋政府交通部指令道清铁路局遵照执行《道清铁路员司储金章程》,这也是民国时期较早出现的一项职工储蓄规章。该章程规定,储蓄是强制性的,“路局应于发薪之日预将储款扣存汇送银行列帐”;储金标准根据职员的工资确定:“本路员司应遵左列规定按月储金:月薪二十元以上五十元以下者每百元储金七元五角;月薪五十元以上一百元以下每百元储金十元;月薪一百元以上者每百元储金十二元五角;月薪不满二十元者如自愿存储时每百元储金五元。予以上各项所列数目外愿增储者听。”同时,储金的支取必须符合规定的条件,“路员储金满五年后准其提取三分之一以内;路员辞职或免职时储金本利全数退还”[2]。此外,无故不得提取。1925年交通部还拟订有《国有铁路职工储蓄规则草案》规定,凡国有铁路服务之职工,应按法定比例缴纳储金:工资在30元以下者,月储1%;工资在40元以下者,月储2%;工资在50元以下者,月储3%;工资在60元以下者,月储4%;工资在60元以上者,月储5%[3]。但该草案未能公布施行。

1920年拟订的《海关人员强制退职养老金以及强制储金办法》首次明确使用了“强制储金”的概念,规定储金适用人员为1920年以后入关的华洋各员,1920年以前进关人员则自由参加;储金方式由月薪内按月提存6%,自1920年4月1日实行至1948年8月1日停止;储金之目的为关员退职时将本利全数一并付还,原以年满退职时本利合算约可购得同额之终身年金,加以由海关发给养老金,以备退职后赡养之用。显然,这已经成为比较完备的海关人员的养老保障制度。上述办法和章程适用范围仅限于个别行业,直至1923年中央政府劳工立法中才首次出现了有关职工储蓄的条款,并将法规的适用范围延展至“平时使用工人在100人以上”的工厂;随后的《矿工待遇规则》则成就了矿工储蓄的一般规则:“矿业权者如经矿工同意,得设置储金处,以矿工所得每月工资百分之三以下为矿工储金,但其利息须较普遍储金为优”[4]。

---

[1] 蔡鸿源主编:《民国法规集成》(第29册),黄山书社1999年版,第303—304页。
[2] 岳宗福著:《近代中国社会保障立法研究(1912—1949)》,齐鲁书社2006年版,第313页。
[3] 王清彬等编:《第一次中国劳动年鉴》(第3编),北平社会调查部1928年版,第72页。
[4] 蔡鸿源主编:《民国法规集成》(第29册),黄山书社1999年版,第303—304页。

南京国民政府在成立之初，力图拟订专门的社会保险立法以代替社会救济立法，保障劳工福利。其中，与老年人社会保险最为相关的是涉及强制储蓄的劳工法规。强制储蓄即国家通过立法强制职工定期向储蓄管理机构缴纳储金，管理机构将储金连同其定期的利息收入记入个人账户，当职工遭遇年老、病残或死亡、失业等特定事故时，管理机构则将个人账户中的存款支付给职工或其遗属[1]。

最早的强制员工储蓄发生在1928年，上海市农商局要求"各工厂附设工友储蓄部"，职工可以"将每月所得工资扣出小部分，使其储存生息，日储零星，持之以恒，日久不难汇成巨数，可备疾病、失业之预防，可作养老息之绸缪"[2]。1929年12月30日，国民政府正式公布《工厂法》，该法第38条对工人储蓄事项作出了明确规定："工厂应在可能范围内协助工人举办储蓄及合作事业。"同期公布的《工会法》第15条也作出了相应规定。

1932年4月1日，在《工厂法》和《工会法》的基础上，实业部经南京国民政府行政院批准，颁布《工人储蓄暂行办法》（详见附录7），并于同年6月9日和1934年12月29日对该办法进行了两次修正，自此开始了工人储蓄在全国范围内的强制施行。各地工厂工会陆续依法设立储蓄会，逾30处。该《办法》第1条开宗明义地规定："在工厂工人储蓄法规未公布以前，《工厂法》第38条及《工会法》第15条之储蓄事项依本办法之规定。"该《办法》针对员工储蓄主要规定了如下内容[3]：

第一，储蓄组织。工人储蓄事项由工厂或工会附设工人储蓄会办理，凡工厂之工人均应加入工人储蓄会；工人储蓄会之设立，应由发起之工厂或工会连同发起之工人10人以上拟具章程呈请主管官署核准并转呈实业部备案，主管官署在市为市政府、在县为县政府，但在军用工厂以军政部所管辖各署为主管官署并应转呈军政部备案；工人储蓄会设管理委员及监察委员，所需经费应由工厂负担。

第二，储蓄分两种。(1)强制储蓄：分工资为若干等级，依其等级在不妨害最低生活之范围内酌定储金数额，凡入会之工人均应如数储蓄；(2)自由储蓄：由工人自动储蓄，凡满1元者，均得存储并得自行指定用途。

第三，储金的缴纳与保存。强制储蓄之储金由工厂于每月发给工资时会同

[1] 汪地彻著：《中国老龄法治研究》，华龄出版社2017年版，第25页。
[2] 汪华：《近代上海社会保障事业初探（1927—1937）》，《史林》2003年第6期。
[3] 岳宗福著：《近代中国社会保障立法研究（1912—1949）》，齐鲁书社2006年版，第316—317页。

管理委员核扣之;工厂依《工厂法》应给予工人之津贴及抚恤,不得从工人储金内扣除,工人亦不得借口储蓄要求工厂增加工资。储金存储工厂者应由该工厂取具确实之担保品,工厂破产时应将工人储金本利先行发还,不受破产之拘束;储金不存工厂者,由管理委员选择殷实银行存储。

第四,强制储金的支取。非遇下列情形之一不得支取:(1)本人婚嫁或子女婚嫁;(2)直系亲属之丧葬费;(3)家遭重大之灾变;(4)本人之妻室生产;(5)本人伤病甚重;(6)本人失业或身故;(7)本人年老不能工作。

与此同时,部分行业根据自身需要制定了本行业的储蓄规则。1931 年 12 月 28 日,铁道部公布《铁道部直辖国有铁路员工储蓄通则》(详见附录 8),规定:"路局为策励员工工作,安定员工生活,举办储蓄,应依本通则之规定。"该《通则》规定储蓄金由两部分组成,一部分是按月依照法定比例扣留的各员工薪资,一部分是路局依据薪资数目按照法定比例按月为各员工存储的补助金。但《通则》中因有路局补助金的原因,除京沪沪杭甬、胶济、正太路在制定规则之前已经实施外,其余各路因经济不甚充裕,所以都未照办。至 1935 年京沪沪杭甬铁路也停办了员工储蓄[1]。这种储蓄办法比较接近于国际劳工组织所说的"国家储蓄保险基金"(State Provident Funds),具有更强的社会保障功能[2]。综上可知,从理论和实践角度而言,工人储蓄制度实际上是南京国民政府针对企业劳工而制定的一项储蓄型的私人养老保险项目,本质上属于劳工养老保险的自养模式。

1936 年,行政院公布了《工人储蓄暂行规程》,以对工人储蓄制度作进一步的规范。有了立法的保障,工人储蓄制度呈现出快速发展的势头。到 1934 年,除上海外,山东、江苏、浙江、河北、河南、广西、云南以及北平市和汉口市都开始办理工人储蓄业务。是年,全国共有工人储蓄会 55 家,会员 15 973 人,储蓄金 933 615 元。1937 年全面抗战爆发,全国工商业罹患战火,遭到沉重打击,工人储蓄制度也受到波及,停止实施[3]。

全面抗日战争后期,国民政府行政院在对《工人储蓄暂行规程》进行重新修正的基础上,于 1944 年 4 月 26 日正式颁布了《工厂工人储蓄办法》,《工人储蓄暂行规程》同时废止。该办法共 28 条,保留了《工人储蓄暂行办法》的基本内容,只是对个别条款作了较大修正,例如,关于强制储金的支取条件规定为:(1)本人

[1] 马廷燮:《铁路员工福利事业之研讨》,《铁路杂志》1936 年第 1 卷 12 期,第 7 页。
[2] 岳宗福著:《近代中国社会保障立法研究(1912—1949)》,齐鲁书社 2006 年版,第 317 页。
[3] 关博:《民国时期工人储蓄制度分析及检讨——基于社会保障学视角》,《广西大学学报》(哲学社会科学版)2011 年第 3 期。

婚嫁或子女婚嫁;(2)直系亲属之丧葬费;(3)家遭重大之灾变;(4)本人或妻生产;(5)本人伤病甚重;(6)本人年老不能工作;(7)本人工作契约终止或死[1]。

然而,由于抗日战争的影响,物价不断上涨,币值跌落无止境,通货膨胀严重,工人对于储蓄事业早已不感兴趣。因此,《工厂工人储蓄办法》正式颁布实施后,储蓄事业不但未见兴旺发达之景象,反而呈现日渐式微颓败之趋势。战后的南京国民政府虽然在1947年出台了《社会保险法原则》,试图重建工人储蓄制度,但因整个宏观经济形势恶劣,通货膨胀严重,社会内忧外患,工人们对储蓄事业早已失去兴趣,也无力进行储蓄,工人储蓄制度的规模无法恢复到抗日战争前的水平,劳工的养老保险也无法继续实施。

## 六、孰优孰劣的争论:养老金还是完全工人储蓄?

根据新制度经济学理论,由于人们的有限理性和市场的不确定性,包括养老金制度在内的任何制度,其规则在刚出台时都不是天衣无缝的[2]。“任何市场共识或市场习惯都是在摩擦、碰撞、争论中形成的,形成以后仍会留有缺口,仍会继续产生争论。”[3]

南京国民政府在1928年收回邮权后,交通部一度出于“财力有限”“解决工资不平等”的考虑取消了“保证及防后金”,而全部改为年赏办法[4],即邮政职员全部改发“奖励金”。这在表面上比以前公平了,事实上不仅薪额差异大,而且按年资给奖,年资深的不管工作成绩怎样,最多的可以拿到三个月薪水,于是有人不劳而获,有人多劳少得,既不公平也不合理。同时,《邮声》杂志首次刊登了关于取消邮政员工养老金的建议,该文章称:“邮局职工之待遇,期以平等为原则,惟待遇之不平等,所以上下间易生误会而起纠纷。今欲消除此误会与纠纷,自非待遇力求其平等不可。当局者以前邮务员、邮务官、邮务长等,享有七年一次之养老金,而前邮务生以下之人员,只有年终领一月薪制年赏为不平等。故将养老金取消,而皆领年赏,以符平等之原则。我侪虽有切肤之痛,然亦以其力求

[1] 《工厂工人储蓄办法》,《行政院公报》1944年第7卷第5期,第73—75页。

[2] [德]埃瑞克·菲吕博顿、[德]鲁道夫·瑞切特著,孙经纬译:《新制度经济学》,上海财经大学出版社1998年版,第21页。

[3] 杜恂诚:《近代上海钱业习惯法初探》,《历史研究》2006年第1期。

[4] 事实上是,邮局每年都有赢余,而除了早年被北洋政府掠夺部分外,一部分还被用来买外商银行发行的债券,如上海、天津租界内工部局的债票。参见独寒:《从当局取消人员养老金说到邮政经济公开》,《邮声》1929年第3卷第6期,第13—16页。

平等，亦不反对。我侪为遇平等而牺牲，可谓大矣。”[1]

这一颇具争议性的建议即刻引起了全体邮政人员的不满，他们甚至以罢工和停工的方式给交通部施压，要求国民政府“设法把养老金制度普惠及于整个邮工阶级”。“从今年起当局更把人员养老金制度取消，固然在过去时期，因此制尚未能为全体邮工所享受，故其为当局取消……当局未能顾到大部分邮工的生活的艰苦，竟于今年起把养老金制度取消了！他说：局方取消此制，乃因限于财力。这是事实吗？还是搪塞之辞呢？据历年邮局业务的发展情形看来，年来国内虽战乱频仍，可是邮局确仍年年获到巨额赢余的。即此可以证明当局所谓‘限于财力’是没有什么根据的了！”[2]此后，关于邮政部门中养老金制度改革方向的争论一时甚嚣尘上，其中以部分学者提议的以员工储蓄银行来取代养老储蓄金的方案，更使得双方之间产生了孰优孰劣的比较。

双方观点最激烈的一次交锋发生在中华邮社内部，即在第一任研究股股长梁绍栋与文书股股长高维周、调查股股长张光枢三人之间展开[3]。梁绍栋最早提出建立员工储蓄银行，梁认为，1927年前，“邮政当局本办有养老抚恤金制度，凡旧制邮务生以上人员，均须参加，每月由当局扣除月薪百分之十，作为储金，酌给利息。此外又视邮政营业状况，派给红利；所有利息以及红利，每年转入存款项内，依复利计算，非至退休时概不发还。如此则参与人员，服务年岁既深，斯存款之本息亦厚，一旦退息，扫数领取，足资养老”。邮政旧有的“保证及防后金”制度“本极良善，因遭旧军阀的破坏，以致沦于废弃”，既然旧制难复，便提议“纠合全体智力财力，组织邮工储蓄银行，为婚丧之救济，备衰老之赡养”[4]。他还初拟了《邮工储蓄银行组织大纲》，笔者顺着该大纲的次序将内容列举如下：

(1) 定名：中华邮工储蓄银行。

(2) 宗旨：提倡节俭，养成国民储蓄美德。

(3) 董事会：由全国邮务职工两总会推选董事若干人，组织中华邮工储蓄银行董事会进行监督。

(4) 股东：全国邮务职工均为本行(邮工储蓄银行)股东。

---

[1] 懵：《取消养老金与药费》，《邮声》1929年第3卷第7期，第4—5页。

[2] 独寒：《从当局取消人员养老金说到邮政经济公开》，《邮声》1929年第3卷第6期，第13—16页。

[3] 梁绍栋：《旧中国邮政系统的派系活动》，全国政协文史资料委员会编：《文史资料存稿选编》第22卷下册，中国文史出版社2002年版，第904页。

[4] 梁绍栋：《征求创办邮工储蓄银行的意见书》，《全国邮务职工总会半月刊》1933年第2卷第5—6期，第1—2页。

(5) 资本:由全国邮务职工薪水项下按月扣存10%,作为本行资本。根据当时全国职工人数和薪水的调查统计,融资1年可凑齐250万元,10年后即能超过3 000万元。随着员工薪水逐年增加,则所存数目也必定会递增。

(6) 股东义务:凡在中华邮政服务之员工都是股东,按月将所得薪水10%存入本行作为资本;非至退休或谢世时不得随便退股。

(7) 股东权利:除视营业状况由本行按股派给红利外,其股本也作为储金,按待遇储户方法,由本行给以利息,是以本行股东同时享受储户权利,此与从前邮政养老抚恤金制度颇相类似,而为银行界别开一途径,惟派给之红利与利息,应与所投之股本一样,非至邮政退休之年,或本人谢世之日,一概不得提取。凡每年应得之红利与利息,均随时分别转入股本及储款账内,按复利计算。设股东遇有婚丧等事,非提用存款小足以应付之时,得备具借款说明书,呈请董事会议认可后,始能照发。

(8) 外来储户:非邮政员工亦可在本行储蓄现金,但须按普通银行存款章程享受应得权利,不能如邮政员工之兼享股东与储户权利。

从上述这八条内容可以看出,梁认为的邮工储蓄银行不仅能替代已被废弃的保证及防后金制度办理养老储蓄金,而且可以兼顾并扩展邮政在金融方面的服务。梁的这种观念在当时具有一定的代表性。

在众多笃定的反对意见中,时任中华邮社文书股股长的高维周的分析较为客观全面。他认为,创办邮工储蓄银行只是空谈,尚无相应制度与之配套,且有两项巨大的阻碍。首先,“会员生活之负担,重轻不等,按月扣除各会员薪水10%,恐难卜一致赞同……强迫储蓄,固为情理所不容,而又乏有力之制裁,若动之以位来利益,则短视者亦难获效果,若诱之以厚息,则更无把握。设欲变更其订定利率,事实上极其困难”;其次,“银行是专门事业,需专家管理,本会会员中虽不乏此种人才,需恐有力不逮”。而且,这种养老储蓄金一般被银行称为“特别零存整取存款”,利率均有规定,无论由邮务职工总会还是委托银行办理,利率必须“较大于各银行规定者,方能使各会员乐于储蓄,否则恐无人问津”[1]。

在另一份反对意见中,张光枢提到:“创立银行绝非一椿易事……无相当的资本和缜密的组织不能开办银行”,而邮工储蓄银行只是强弩之末。他觉得应该重新实行养老存储办法,“交通银行均有养老金储蓄办法,邮局不知前进,殊深腕

[1] 高维周:《对于创办储蓄银行意见书的意见》,《全国邮务职工总会半月刊》1933年第2卷第5—6期,第3—4页。

(惋)惜”。此外,张还比较了上海几大主要银行的存款利率(如表 4-7 所示),认为“倘养老金存款办法得以复活,同时邮局员工存款利率增加,亦足以满足尔晚年得多一重保障”[1]。

**表 4-7　邮局及上海各主要银行的利率**

| 行名 | 定期年息(同人) | 定期年息(公众) | 活期年息(同人) | 活期年息(公众) |
| --- | --- | --- | --- | --- |
| 上海银行 | 1 分 | 7 厘 | 8 厘 | 4 厘半 |
| 中国银行 | 1 分 | 7 厘 | 7 厘 | 4 厘 |
| 交通银行 | 1 分 | 复杂不载 | 6 厘 | 复杂不载 |
| 中国实业银行 | 1 分 | 7 厘 | 7 厘 | 2 厘 |
| 中南银行 | 1 分 | 8 厘 | 8 厘 | 4 厘 |
| 邮局 | 7 厘 | 6 厘 | 4 厘半 | 4 厘半 |

实际上,如果将邮工储蓄银行与养老储蓄金制度(“保证及防后金制度”)作比,根本的争论点在员工收益方面。梁氏《邮工储蓄银行组织大纲》第 7 条规定,股东权利“除视经营状况由本行按股派给红利外,其股本亦作为储金,按待遇储户方法,由本行给以利息……每年应得之红利与利息,均随时分别转入股本及储款账内,按复利计算之”。这里所谓的“红利”与“储金利息”,实际上分别相当于普通银行股东所得的红利与股息,但每年由这两项所得的利益,在当时最多也不过储款总数的 20%,这与“保证及防后金”的利益相比“相差甚远”[2]。

邮工储蓄银行在“保障稳固”“强迫储蓄”两个方面也都存在遗漏和考虑不足之处。其一,在表面上,全国邮务职工集股组织银行之后,由邮务职工两总会代表各股东推选董事若干人组织董事会,以负责监督。但是,邮务职工各人都有职务,而实际经营储蓄银行的责任不得不另托“内行”的银行专家来担负。“万一营业方面有了破绽,风声传播出去,这几万小股东,立刻可以把这家银行自己挤倒了。”[3]其二,假如某股东在认股以后,因为个人经济的困难或对于银行前景发生疑虑,中途不再续缴股款,这在银行方面看来,除扣留已缴的股款以外,似乎没有别的办法可以应付该股东。而如果这样中途停缴股款的股东日渐增多,邮工银行的经营自然受到影响。相较之下,无论是“保证及防后金”还是养老金储款,

[1] 张光枢:《创立邮工储蓄银行意见书之意见》,《全国邮务职工总会半月刊》1933 年第 2 卷第 5—6 期,第 2—3 页。

[2] 静观:《关于创办邮工储蓄银行的意见》,《全国邮务职工总会半月刊》1934 年第 2 卷第 13 期,第 1—4 页。

[3] 同上。

因为每月由邮政在薪水内先行扣除，所以不至于发生员工中途停止付款的问题。

在争议过程中，交通部和邮政总局被迫调整了原有的养老金制度。同时，养老金管理委员会在养老金的管理中也特意强化了保值和增值的功能，使养老金逐渐走上"养老金基金制"的轨道。

## 七、抗日战争结束后养老金制度的调适及成效

全面抗日战争爆发后，养老金制度一度停滞，直至战后才逐步恢复。1945年后的养老金制度较1937年前具有临时性和多变性，规则也因时因事而异。在1937年前，个人年均养老金虽然只有3万—5万，"足以买汽车置洋房，余额还能存入银行生息"，但到了1945年后，"一老职员养老金币值80万，只能买8石米，或买20担柴。发养老金手续上延迟三个月，伪币已经200作1，不够一个月生活费"[1]。由于严重的通货膨胀，虽然养老金根据生活费指数进行了调整，但即使服务年满30年老邮工的养老金总额还不足其最后一个月的薪资[2]。

由于全面抗战前（或1937年前）的薪水是包括一切生活费用的，抗战以来生活费用的比例增加，所以，邮政、电信、铁路等业都采用米代金的薪金发放形式。例如，1940年6月，邮政和电信两局均按物价指数加发生活补贴，嗣后又实行米代金的办法，每月按中等食米零售价，由各地所在局提供上报省局，按各地差价补付。员工年龄在31岁者发10市斗米代金，26—30岁者发8市斗米代金，25岁以下者发6市斗米代金[3]。

以1946年铁路职工的养老金规则为例，由于数年来物价激涨，除了按照旧制正常发放的养老金之外，还增加了一次额外的养老金。额外的养老金每三个月调整一次，并按照上一季度该项一次额外养老金数额增加40%[4]。到了1947年1月，铁路职工的养老金规定也进一步修订，"附属事业机关退休员工（包括技工、普通工警）额外养老金又改照生活补助费基本数支给，原规定的2斗米代金的方式废止"，"给予退休金外，并按照现任公务员待遇的一定比例增给，

[1] 退庐：《养老金》，《海风》1945年第4期，第6页。
[2] 《关于养老金》，《邮话》1946年第6期，第13—15页。
[3] 广西壮族自治区地方志编纂委员会编：《广西通志・邮电志》，广西人民出版社1994年版，第281页。
[4] 《局令修正一次额外退休金数额及改定退休养老金分期支付日期》（1946年10月17日），《运务周报》1946年第27期，第13页。

但一次养老金的增给额不得超过其待遇一年总额的40%”。“现在物价高涨，生活困难，退休员工如照本部现行规定，实不足以维持生活，自应予以调整，兹规定自1947年8月起，比照《公务员退休法》第9条的规定，所有退休员工养老金增给额，以额定养老金数额，按照薪工加倍数比例增给，仍各照给生活补助费基本数，惟技工及普通工警，应照本部核定各级生活补助费基本数支给，但核给一次退休金者，其增给额不得超过其待遇一年总额40%，各机关仍得自视财力情形调整。”[1]

我们可以举一个上海邮政员工的例子来比较全面抗战前后的养老金数目差异[2]。兹将这则例子的核心信息简化如下，以供参考。

1937年前员工养老金的估计，假定上海局员工以服务30年为标准，退休年份内一部分年终奖金不计。

情况1：一等一级甲等邮务员退休时可得养老金总数为13 062.5元，加上长期假薪水6个月(以退休前6年内未曾请告长假者为限)3 000元，共计16 062.5元，计算公式如下：

养老金=500×27.5(个月)×95%=13 062.5，长期假薪水500×6=3 000，共计16 062.5元；

情况2：信差支领最高薪给退休时可得养老金2 337.5元(因差工无长期假待遇)，计算公式如下：

养老金总额=85×27.5(个月)=2 337.5，约为甲的14.5%；

情况3：邮役支领最高薪给退休时可得养老金为1 168.75元，计算公式如下：

养老金总额=42.5×27.5(个月)=1 168.75，约为甲的7.2%。

根据1946年员工养老金的估计，假定上海局员工以服务30年为标准，1946年第二季度养老金辅助成数为122倍，6月分指数为715 300：

情况A：一等一级甲等邮务员退休时可得养老金总数为7 447 146元(为便于比较起见，因工无长假期，故假定该员工与30年服务期内未曾请告长假者为限)，共计养老金计算公式如下：

养老金=500×30(个月)×95%=15 000，辅助=500×30×122=1 830 000，长期假薪水=500×6=3 000，长期假薪水辅助=329 038×6=1 974 228，加发长

[1]《奉令调整退休养老金增给额》，《运务周报》1947年第51期，第20页。
[2]《关于养老金》，《邮话》1946年第6期，第13—15页。

期假薪水=500×11=5 500(以30年减去1937—1945年约略计算为22年应得,加发长期假薪水11个月),加发长期假薪水辅助=329 038×11=3 619 418,共计养老金=7 447 146元;

情况B:信差支领最高薪给退休时可得养老金308 550元,计算公式如下:

养老金=85×30(个月)=2 550,辅助=85×30×122=306 000,共计308 550元,约为甲的4.2%;

情况C:邮役支领最高薪给退休时可得养老金为156 825元,计算公式如下:

养老金总额=42.5×30(个月)=1 275,辅助=42.5×30×122=155 550,共计156 825元,约为甲的2.1%,不足该邮役同月份薪资数。

虽然养老金经过调整,但是调整的标准并不合理,尤其是年老的信差和邮役,假设以战前的比例而论,信差的养老金约合甲员所得的14.5%,邮役约合7.2%,而战后这两个比例分别仅为4.2%和2.1%。这不是甲员的待遇太好,而是说明过去当局忽视了养老金制度的调整,尤其是差工们的养老金。1946年的物价假定平均为1937年前的5 000倍,甲员的养老金和长期假薪水总数应有8千万元才能领到和1937年前比值相等的数目。

因此,邮政员工集体建议按照1937年前退休前1个月的薪水,并辅助参考膳宿辅助费和米代金的数目。"现行养老金的调整全赖养老金辅助一项,而养老金辅助成数的规定,是根据前两个季全国各邮区指数平均规定,由总局通令各区办理,以现在物价动荡的情形看,单就上海局而论,去年12月份指数为389 600,本年6月份支出为715 300,相差甚大,假定在职员工本年6月份仅支领去年12月份的薪金是显然不能维持生活的(笔者注:源于养老金辅助金成数制定的滞后)",而且"在职员工本年6月份仅支领去年12月份的薪金也是不合理的,因为养老金的计算是以每服务一年发给等于薪水1个月的数目为原则的"[1]。可以说,战后的"养老抚恤,有名无实;资深员工,晚年受厄"[2]。

[1]《关于养老金》,《邮话》1946年第6期,第13—15页。
[2]《养老抚恤金今昔观》,《邮话》1946年第2期,第3页。

# 第五章
# 近代养老金的管理模式与资本市场

从20世纪30年代开始，部分行业和部门专设了养老金管理委员会，主要职能为负责养老储蓄金或养老基金的保管、审核和投资，包括对退休、裁退等职工的养老金和数目的审核、对养老储蓄金的投资和清算、建立资产负债对照账目[1]。作为独立于企业和政府的第三方监管组织，养老金管理委员会的出现避免了养老基金会与企业、中介机构之间可能存在的诸多信息不对称问题，是近代养老金基金制的集中体现，担负着类似于现代养老基金会和投资托管人的职责。此外，通过本章对养老金管理模式的进一步分析发现，无论是部门中的养老金抑或是企业养老金，其创立与发展主要依赖于政府的行政强制与法律法规，以及部门或企业的内部治理结构改造的联合作用。

传统社会的养老功能主是由家庭来承担的，因其缺乏政府和市场的干预而视为一项非正式的制度安排。在这种制度安排中，依照生命周期理论，个人从工作期的储蓄到退休期的反储蓄的过渡，实际上严格依赖于一个外生的完全资本市场的前提假定[2]。第二次世界大战以后，西方国家的养老制度开始从单一化向多元化过渡，政府开始设法通过投资资本市场和运用市场机制解决养老金的长期增值困境[3]。在现代，比较成功的养老金制度都与资本市场有着较为

[1] 如胶济铁路局曾颁布了详细的养老储金保管委员会章程(《胶济铁路员工养老储金保管委员会章程》,《胶济日刊》1931年第223期，第7—9页)。这里的委员会除了保管、审核、投资等职责外，因铁路员工的待遇微薄还特别为他们设立了"借贷办法"一项(《本路养老储金员工借贷办法》,《胶济日刊》1935年第1443期，第6—7页;《养老储金员工借贷细则》,《胶济日刊》1935年第1449期，第4—5页)。

[2] 李绍光著:《养老金制度与资本市场》,中国发展出版社1998年版，第47—48页。

[3] 郭琳著:《中国养老保障体系变迁中的企业年金制度研究》,中国金融出版社2008年版，第38页。

紧密的联系,甚至养老金本身就已经是资本市场中的一个重要参与者。而在近代中国的资本市场中,养老金是以养老基金的形式独立出来,其循环作用可以概括为两个方面:一方面,养老基金通过金融市场得以保值和增值,增强了养老金的养老保障能力;另一方面,逐年积累起来的巨额养老基金又注入各类金融中介机构,使这些机构拥有雄厚的资金实力参与和推动近代的资本市场。20 世纪 30 年代后,投资于债券和股票进行保值和增值逐渐成为养老金管理委员会最重要的职责和手段。这为当前中国的养老金入市改革与社保基金投资提供了一定的借鉴和启示。

## 一、近代养老金管理模式的初步建立与养老金管理委员会

近代以来,最早出台的养老金管理办法来自邮政部门。1929 年年底,南京国民政府交通部先后公布《邮政养老抚恤金支给章程》和《邮政养老抚恤金管理章程》(详见附录 2 和 3),开始建立邮政养老抚恤金制度,拟定了详细的养老金管理办法。交通部拟定的《邮政养老抚恤金管理章程》(下称《管理章程》)主要内容包括:(1)应由原有保证防后金及资助金余款项拨入 200 万元,作为开办基金;(2)每月由邮政收入项下拨出,等于全体员工薪水百分之七之款并入;(3)员工退休时间,须于 3 个月前呈送到局,由管理局长核准始得提出发给[1]。

邮政养老抚恤金建立后,每年支付的金额"为数甚巨",国民政府财力本就不充裕,需要由邮政部门自行设法充实养老金,不致有"匮乏支绌之虞"。因此,在此项管理章程中,最为重要的是首次提出利用管理委员会对养老金进行管理和投资,使后者拥有绝对的养老金支配权。委员会的组织架构类似企业的高层管理者,其中的委员由邮政司长、邮政总办等组成。国民政府交通部任命双清、沈叔玉、任嗣达、世德麟、余翔麟、张恩庆等六人为该会管理委员,并派窦觉仓、胡泰年二人为该会监察委员[2]。委员会的主要职责和任务被设定为"投资营运,应以最稳妥之方法行之"(《管理章程》第 10 条)。另外,"管理委员会每年应将本年年度管理情形,详细报部查核"(第 11 条)。为了加强交通部对地方当局委员会的监管,委员会的委员中必须有 2—4 人由交通部员及局员中遴选派充作为监督委员(第 7 条、第 14 条),而监查委员"对于养老抚恤金之

[1] 《交部公布邮政养老金管理章程》,《申报》1930 年 8 月 13 日,第 13 版。
[2] 《邮局养老抚恤金管理委员会已成立》,《上海邮工》1930 年第 3 卷第 4—6 期,第 188 页。

支配及投资营运方法，应随时视察情形，稽查账目表册及第十一条之报告，应列席各项会议，但不得参与表决”，“遇必要时，得请派部员随同助理查账”（第14条）[1]。

为了维持养老金的管理运行，邮政部门的养老金已逐渐演变为一种养老储金，管理模式也演变为养老储金管理制度，这也是民国时期邮政部门所特有的。基金是通过各种渠道所建立起来的、法定的、专款专用的经费，是制度得以正常运转的基本保证。《邮政养老抚恤金管理章程》规定了基金的来源为四个渠道，保障了制度所需要的资金供给，并严格规定，基金除非遇特殊情形不得运用，每年所需要的养老金抚恤金仅用基金利息支付，保障了资金的专款专用。同时，基金的管理者与监察者分开，既保障对基金运营管理，又保障对基金运营与使用情况的监督。

1930年8月9日，交通部又出台了《邮政养老抚恤金管理章程及支给章程施行细则》，增补了包括养老金账目管理的内容及具体施行流程，将其作为针对邮政劳工工伤与养老保障制度的补充。该细则规定，邮政养老抚恤金账目分为基金账、基金利息账、养老抚恤金流动账、养老抚恤金基金投资账、投资损益账、汇兑盈亏账、银行来往账、邮局往来账、特别金账九种，并规定了各种账目记载的内容，入账资金各项来源及具体计算方法，养老抚恤金的转账程序和支付程序，总局对分区管理局款项的管理，等等（详见附录4）。《邮政养老抚恤金管理章程及支给章程施行细则》详细规定了邮政养老抚恤金的管理及支给的具体方法、利于操作的九种账目，显示出较为完善的会计制度，在民国时期社会保障资金管理方面是绝无仅有的创新。另一个特点是制度规定比较详细，各种待遇数额较为具体。在病假期限与薪水等方面与服务期限挂钩，全薪期限从周到个月不等。养老金、工伤残疾与死亡抚恤金、病故抚恤金、退职金都与服务年限和薪水相关，各有自己的计算方法或具体数据，各项待遇都很清晰。

此后，各区邮政管理局提拨的养老金在经过邮政总局稽核后被逐渐移交至养老抚恤金管理委员会，邮政储金汇业局养老抚恤金的管理也交由邮政养老抚恤金管理委员会另立账目代为保管[2]。如在养老金的征收与核发方面，“员工退休、休致、残废或裁退时应由邮政总局将其姓名履历及应得之养老金或抚恤金数目负责核算，按时送交邮政养老抚恤金管理委员会”，“常务委员复核后分别饬

[1] 《邮政养老抚恤金管理章程》，《交通公报》1929年第87期，第22—24页。
[2] 徐琳著：《近代中国邮政储蓄研究1919—1949》，上海交通大学出版社2013年版，第152页。

发，未经核准饬发以前，各区管理局不得擅发”[1]。“养老抚恤金各项账目概用国文复式簿记法登记，于每年六月及十二月底各结算一次，但每月仍须编造资产负债对照表，存案以备咨查各项账目于每会计年度结算后，应送邮政总局稽核处审核并延聘会计师再事稽核后送由管理委员会通过，移送邮政养老抚恤金监察委员复核后再行呈部备案，并以通饬公布俾各员工得明真像。”[2]

除了邮政部门，其他部门和行业也陆续提出相应的养老金管理办法，试图设立养老金管理委员会，职能方面基本上与邮政部门的大同小异。例如，针对公务员养老金的管理，有“中国行政学之父”之称的民国学者张金鉴最先提出，“应特别组织基金管理委员或董事会主持之”。张金鉴给出的理由是：“养老基金若完全由政府筹措者，则此管理机关全由政府方面派员组织。若此基金内有公务员所缴付的捐款或年金，则应由公务员选举代表参加此项组织。其所选举的代表名额应视其所捐付款项的多寡而定之，不过在公务员中于代表分配时尚应以其人数多寡为标准，务使薪额较低的公务员亦有平等参加之机会。”“基金管理委员会或董事会，应为立法机关即大政方针之决定者。至于实际之执行事务及技术工作，应雇用有专门知识及技术者担任之。基金管理上之最重工作在于决定投资之事项。对现时之基金额值须随时估计之，以便决定年金的储入额，此等事务应由管理委员会或董事会决定之。至于现款之保管，应交由有管辖权者之财政机关或金库担任之。基金之管理费或行政费虽亦有采政府与雇员分担之办法，然究以由政府全数担任为较合适，因为数无几若由雇员担负徒增惹其反感耳。”“基金管理委员会或董事会之组织及地位极为重要。基金之投资是否得当，及能否获得较高之利率，全视此管理机关之判断是否得当以为转移。”[3]

铁路部门也有养老储金管理委员会和相应的养老储金管理办法。1931 年 9 月，胶济铁路管理局先后公布《胶济铁路员工养老储金章程》和《胶济铁路员工养老储金保管委员会章程》(详见附录 9 和 10)。《胶济铁路员工养老储金章程》[4]规定，凡该路员工按照薪金(津贴公费房金一概不计)，由路局扣提百分之五，作为储金。此储金为计算便利，以一元为最低数，薪金在二十元以下者按

---

[1] 《邮政养老抚恤金管理章程及支给章程施行细则》(1930 年 8 月 9 日公布)，《交通公报》1930 年第 169 期，第 29—32 页。

[2] 同上。

[3] 张金鉴著：《人事行政学》，商务印书馆 1938 年版，第 287 页。

[4] 《胶济铁路员工养老储金章程》，《胶济日刊》1931 年第 223 期，第 5—7 页；《胶济铁路员工养老储金保管委员会章程》，《胶济日刊》1931 年第 223 期，第 7—9 页。

二十元扣算，二十元以上者，每增五元为一扣算额，其薪金零数不满一扣算额者，亦按一扣算额计算。此外，路局另提同数金额，按月存储，作为辅助金。此项储金及补助金均由路局存入妥实银行，按月起息。根据《胶济铁路员工养老储金保管委员会章程》，在养老储金管理方面，胶济铁路管理设立员工养老储金保管委员会，赋予后者保管、审核、投资等职责第5条规定："一、关于储金及补助金之审核事项；二、关于储金及补助金之存放事项；三、关于储金及补助金之提取事项；四、关于储款之保管安全事项；五、关于储款银行之审定事项；六、关于公积金之保管及退还事项；七、关于收支储金及补助金之报告事项。"该养老储金保管委员会的常务委员的职权根据第8条规定："一、每月储金及补助金之存储；二、储金及补助金之提取支付(仅限退职或离差员工)；三、储金及补助金之统计；四、储金及补助金账目之稽核；五、其他关于储金及补助金之一切事项。"在养老储金的运用方面，胶济铁路局除了明确规定养老储金管理委员会的职责之外，还对储金的运用作了特别的规定，明确"为养老储金安全起见，得将养老储金由养老储金保管委员会运用"，其只得用于两种途径：投资本路(如建筑员工宿舍、收买轻便铁路、延长本路路线等)，投资其他稳定事业[1]。

此外，为了应对员工急需，胶济铁路管理局还特别针对员工养老金设立了"借贷办法"一项。"凡服务满一年以上之员工，如确有急需，准借用本路养老储金，但最多不得超过个人储金二分之一。""借款利息应与路局拨给员工储金之息额相同。"[2]这也是民国时期铁路部门的首创。

## 二、近代养老金与资本市场的关系

资本市场本是一个与产品市场、劳动力市场相对应的概念，指的是与经济"实体面"相对应的"货币面"，有时与货币市场、金融市场不加区分。本章所指的资本市场主要是指近代的股票市场和债券市场。在近代养老金制度向基金积累制变迁的过程中，资本市场的发展程度及其对养老金的直接影响是最为重要的条件。一方面，资本市场的完善可以促进经济的发展，为养老金制度变迁创造良好的外部环境，能够促进养老金制度的社会属性得以更好地实现；另一方面，资

[1] 《运用养老储金办法》，《胶济日刊》1935年第1443期，第7页。
[2] 《本路养老储金员工借贷办法》，《胶济日刊》1935年第1443期，第6—7页；《养老储金员工借贷细则》，《胶济日刊》1935年第1449期，第4—5页。

本市场作为养老金制度金融属性的实现载体,为养老基金的保值增值提供了渠道和手段[1]。而在现代,比较成功的养老金制度都与资本市场有着紧密的联系,甚至它们本身就是资本市场中的一个重要参与者[2]。一般认为,养老基金的负债和投资管理是一个典型的委托-代理问题。当养老金在近代资本市场的操作以养老基金的形式独立出来,现代养老基金会的雏形也就由此蕴生。一方面,养老基金通过金融市场得以保值和增值,增强了养老金的养老保障能力;如果没有较发达的金融市场,养老金制度就不可能充分发展。另一方面,逐年积累起来的巨额养老基金又可以注入各类金融中介机构,使这些机构拥有雄厚的资金实力参与和推动资本市场。

在近代,最早提到养老金投资这一问题的是马寅初。1924 年 5 月 14 日,马寅初于北京交通大学演讲时,曾对该时期的公债市价狂涨的原因进行分析,针对"入春以来,整理案内各种公债,市价狂涨"之现象,列出十二条因由:(1)保险费之投资:(2)保证准备金;(3)邮政储金之投资;(4)养老金之投资;(5)学校基金之投资;(6)投机之发展;(7)个人买卖;(8)置产要品;(9)公债易于脱手;(10)以公债当押金;(11)作交易所证据金之代用品;(12)公债汇兑。马寅初认为:"除因关余富旺,抽签可靠及政治变化等各种理由外,就经济变化考察,有十二条之多。其大端者有四:一是保险费之投资,以人寿保险公司为例,每年收取保费为数甚巨,除死亡赔偿外,估计备有大宗余额,投资途窄,只有购买公债缴纳,故公债需要骤增,其价自然大涨;二是可充兑换券之保证准备金。普通银行、银号、钱庄要能代发兑换券,即'领券',须向有发行权的银行缴纳现金五六成,保证准备四五成,其四成准备中,除一成自备外,其余三成可以公债抵缴,故公债用途大,其价大涨;三是邮政储金的投资出处,存户有万,大宗存款可买人公债,获利为优;四是养老金的投资对象,凡海关邮政所提存之养老金不下五万金,皆借公债以生息。"[3]马寅初在这里指出了养老金的投资对象,"凡海关邮政所提存之养老金不下五万金,皆借公债以生息",虽然他没有列举相应的史料,但至少可以明确 20 世纪 20 年代初公债市场的活跃程度以及养老金对公债市场的深远影响[4]。

通常情形下,养老基金进入市场的渠道有两种:一是通过委托现有的非银行金融中介(如保险公司、基金公司、信托机构)进行经营,二是经营者或组织者在

[1] 张健:《养老金制度改革与资本市场的完善》,《上海金融》2006 年第 9 期。
[2] 李绍光著:《养老金制度与资本市场》,中国发展出版社 1998 年版,第 3 页。
[3] 马寅初:《马寅初演讲集》(二),商务印书馆 1923 年版,第 29—35 页。
[4] 同上。

金融市场上进行自行投资操作[1]。对抗日战争前邮政部门而言，养老抚恤金管理委员会作为养老金制度的组织者和管理者，除了通过委托各类金融中介机构外（多为资本殷实的外资银行），自身还参与资本市场上的投资，两种渠道并行不悖。

从1932年开始，邮政管理委员会当务委员每年根据之前一个年度养老金的投资情况编制一份年度账目明细呈递给交通部审核[2]，其中包括投资的种类和详细数额统计[3]。以笔者收集的从1933年7月1日至1934年6月30日的年度投资账目为例，从中可知邮政养老抚恤金项下投资种类主要为债券与股票、房地押款、定期存款三类（如表5-1所示）。其中，债券与股票占到3/4有余，其次是房地押款，约占总数的1/5，而定期存款不足2%。唯一一项投资于上海中国银行的定期存款仅5万元，和房地投资押款中数目最少的一项——上海美租界道契2027号8厘押款一样多，但年利还少2厘。

**表5-1　邮政养老抚恤金项下年度投资项目一览表**

（1933年7月1日至1934年6月30日）　　单位：元（银元）

| 种类 | 币别 | 票面 | 购值 | 折合价率 | 金额 | 委托银行 |
|---|---|---|---|---|---|---|
| （一）债券与股票 | | | | | | |
| 7年长期6厘债券 | 法币 | 226 700 | 185 689.6 | | 185 689.6 | 上海麦加利银行 |
| 14年8厘债券 | 法币 | 39 000 | 32 760 | | 32 760 | 同上 |
| 17年短期金融8厘债券 | 法币 | 124 000 | 114 080 | | 114 080 | 同上 |
| 上海法工部局1921年8厘债券 | 规银 | 24 000 | 25 584 | 0.715 | 35 781.82 | 同上 |
| 上海电力公司6两规元积息优先股票 | 规银 | 206 000 | 197 985 | 0.715 | 276 902.10 | 同上 |
| 上海电力公司6两规元积息优先股票 | 规银 | 50 000 | 50 125 | 0.715 | 70 104.90 | 同上 |
| 上海华懋地产公司1930年6厘债券 | 规银 | 600 000 | 596 970 | 0.715 | 834 923.08 | 同上 |
| 上海普益地产公司1930年6厘第一期债券 | 规银 | 200 000 | 198 990 | 0.715 | 278 307.69 | 同上 |

[1] 张俊山著：《现代资本主义国家年金制度研究》，南开大学出版社2001年版，第171—172页。

[2] 《交通部指令（第三五九八号）：令邮政总局呈一件为邮政养老抚恤金管理委员会函送十八十九两年度养老抚恤金收支总结表投资数目表及会议纪录转呈鉴核备案由》（1932年7月18日），《交通公报》1932年第372期，第12页。

[3] 《交通部指令（第六四八七号）：令邮政总局呈一件为养老抚恤金二十年度账目俟经稽核完毕立即造送呈请鉴核由》（1932年11月15日），《交通公报》1932年第405期，第18—19页。

（续表）

| 种类 | 币别 | 票面 | 购值 | 折合价率 | 金额 | 委托银行 |
|---|---|---|---|---|---|---|
| 上海普益地产公司 1930 年 6 厘第二期债券 | 规银 | 350 000 | 344 750 | 0.715 | 482 167.83 | 同上 |
| 上海中国建业地产公司 1946 年 6 厘债券 | 规银 | 200 000 | 198 990 | 0.715 | 278 307.69 | 同上 |
| 上海市灾区复兴市政 1932 年 7 厘债券 | 法币 | 49 900 | 51 646.5 | | 51 646.5 | 同上 |
| 上海电力公司第一期 5 厘半债券 | 法币 | 100 000 | 100 250 | | 100 250 | 同上 |
| 挪威电业 5 厘半债券 | 美元 | 15 000 | 13 800 | 2.899 | 40 006.2 | 纽约花旗银行 |
| （二）房地押款 | | | | | | |
| 上海法租界道契 1162 号 8 厘押款 | 规银 | 60 000 | 60 000 | 0.715 | 83 916.08 | |
| 上海英租界道契 711,5907,5684 号及美租界道契 2205,670 号 8 厘押款 | 规银 | 100 000 | 100 000 | 0.715 | 139 860.14 | |
| 上海英租界道契 3844 号及英租界道契 9022 号 8 厘押款 | 法币 | 330 000 | 130 000 | | 330 000 | |
| 上海法租界道契 2422 号 8 厘半押款 | 法币 | 118 000 | 118 000 | | 118 000 | |
| 上海美租界道契 2027 号 8 厘押款 | 法币 | 50 000 | 50 000 | | 50 000 | |
| （三）定期存款 | | | | | | |
| 上海中国银行年利 6 厘定期存款 | 法币 | 50 000 | 50 000 | | 50 000 | |
| 总计 | | | | | 3 552 703.63 | |

资料来源：《邮政养老抚恤金投资种类数目表》，《中华邮工》1935 年第 1 卷第 5—6 期，第 219 页。

注：上海麦加利银行为总部设在英国伦敦的上海渣打银行的旧称，是渣打银行 1858 年在上海设立的首家分行。

由上可知，通过外资银行的债券与股票无疑是养老储蓄金投资的主要渠道。在该年度内，邮政养老抚恤金投资的债券与股票共 13 项，分别为债券 11 项、股票 2 项。在总数额上，前者是后者的 7 倍。其中，数额最大的投资项目是上海华懋地产公司 1930 年的 6 厘债券，超过了 83 万元。相较之下，全都集中于上海公共租界（英美租界）和法租界内的房地押款道契投资仅有 5 处。作为实物资产，地产投资的坏债风险、利率风险和市场风险相对较小。如果一个养老基金是成熟的，那么通常在其资产组合中持有较大比例的是流动性资产，而非道契或地产之类实物资产[1]。与此相反，如果一个并不成熟的养老基金投资了较大比例

[1] 因为在高度成熟的时候，即基金的受益者开始大比例地领取养老金的时候，它必须有更多的现金支付养老金负债。参见刘世锦、张军扩著：《资本市场新论：与企业重组相适应的资本市场》，中国发展出版社 2001 年版，第 80—81 页。

的流动性资产，就容易为它参与风险水平较高的套利投资创造条件[1]。笔者曾看到一则有趣的例子：圣约翰大学的新进教师可以自主选择决定其养老金的投资方式，结果他们的选择无非两项——债券和股票[2]。

此外，管理委员会每年还要编制邮政养老抚恤金项下收支总结表，并递交到邮政总局。以1933年7月1日开始的年度结算为例(见表5-2)，该年度管理委员会进行投资的数额占当年结余的73%之多(投资总额为3 552 703.62元，结余总额为4 860 777.65元)。

**表5-2 1933年度邮政养老抚恤金项下收支总结一览表**

(1933年7月1日至1934年6月30日止)　　单位：元(法币)

| 摘要 | 收入金额 | 支出金额 |
| --- | --- | --- |
| 甲 1932年度结余 | 3 812 047.17 | |
| 乙 收入项： | | |
| 1. 1933年度由各局提成等于全体员工实薪5%辅助：864 357.69元 | | |
| 减去各区多提拨的辅助：422.95元 | 863 934.74 | |
| 2. 1933年度收进利息共计：211 778.25元 | | |
| 减去应拨入特别金项下款：44 995.67元 | | |
| (1) 特别金利息账：244.95元 | | |
| (2) 特别金账：44 750.72元 | 166 782.58 | |
| 3. 1933年度投资盈余款 | 15 808.76 | |
| 丙 已出账而未实付的抚恤金(应付未付款) | 2 202.8 | |
| 丁 支出项： | | |
| 1. 1933年度6月份退职各员工的养老抚恤金 | | • |
| 退休53人的养老金：177 398.06元 | | |
| 病故251人的抚恤金及乙种抚恤金：230 819.5元 | | |
| 休假79人的抚恤金及乙种抚恤金：57 197.75元 | | |
| 裁返307人的抚恤金及乙种抚恤金：353 044.75元 | | |
| 辞退207人的养老金：4 842元 | | |
| 因公伤亡19人的抚恤金及甲种抚恤金：11 596.81元 | | |

[1] 李绍光著：《养老金制度与资本市场》，中国发展出版社1998年版，第135页。

[2] 江文君：《近代上海中产阶级的日常生活》，苏智良、陈恒编：《中国历史与传统文化讲演录》，商务印书馆2013年版，第263页。

(续表)

| 摘要 | 收入金额 | 支出金额 |
| --- | --- | --- |
| 减去已索还各区误在养老抚恤金账款:110 元 | | 834 788.87 |
| 2. 付会计师查核 1932 年度账目费用计规银 100 两(按 715 折合) | | 131.86 |
| 戊　1933 年度结至 1934 年 6 月 30 日止结余款(原有基金 200 万在内) | | |
| 养老抚恤金:4 023 646.32 元 | | |
| 应付未付账:2 202.8 元 | | 4 025 618.92 |
| 结余总计 | 4 860 539.65 | 4 860 539.65 |

资料来源:《邮政养老抚恤金投资种类数目表》,《中华邮工》1935 年第 1 卷第 5—6 期,第 220 页。

以上分析不能忽略一个重要的隐含前提,即与养老基金投资有关的资本市场和保险市场都是完善的。事实上,近代资本市场并不发达,“在自由市场制度时期,股票市场,中长期的企业债券、保险和信贷市场、中长期的用于投资开发的国债市场等,都是很不发展的,有的即使形成,也很不稳定”[1]。在这样的市场环境下,如果养老基金会是通过中介机构进行投资,即便降低了交易成本,避免了前者与企业之间的信息不对称问题,也会带来其与中介机构之间委托-代理关系的风险。

因此,近代邮政养老抚恤金管理委员会在养老基金投资过程中充当了养老基金会和投资中介机构的双重角色,这种制度创造便完美解决了该问题:其一,避免了对投资中介机构的甄别和筛选,即避免出现可能产生的“逆向选择”问题;其二,在激励机制方面,邮政养老抚恤金管理委员会的委员既有邮务局长,又有邮工代表,他们直接参与养老金的投资决策和管理的过程,不仅对邮政部门拥有绝对的信息优势,而且与员工有共同的利害关系,这就避免了其他投资中介机构的机会主义行为,进而降低了“道德风险”。如果说养老储蓄金或养老基金是近代经济中养老保障系统与经济活动有机结合的媒介,养老抚恤金管理委员会便是近代养老金制度的演进、金融与资本市场发展的有力推手。

值得一提的是,邮政部门还通过邮政储金汇业局兼办储金等银行业务。与养老储金的投资相比,邮政储金汇业局的投资更接近于银行业务。1935 年,邮

[1] 杜恂诚:《中国近代两种金融制度的比较》,《中国社会科学》2000 年第 2 期。

政储汇局“投资数目达千余万”[1],这绝非养老储蓄金能够比拟的。而且,邮政储金汇业局的投资还涉及实业和生产事业[2]。例如,1934 年全国所有邮区和储汇总局的储金总计 20 781 269.38 元,其中储汇总局总计 18 900 795.27 元,占到了近 95%,主要来自银行存款、金币债券、银币债券、放款和房屋地基四项[3]。但是,养老储金的投资与邮政自身存款储金的投资是完全分开操作的,前者由管理委员会进行,独立于邮政部门务运作,这也便于邮工对养老储蓄金的监督和邮政内部的自我管理。由此可见,无论是邮政养老储金还是各行业的养老金投资,都会对近代的资本市场产生巨大的影响。

## 三、对当代养老金管理制度改革的启示

近年来,虽然政府相继主导养老基金投资管理改革及养老金并轨,对于养老金亏空、改善收入分配不均等问题意义深远,但随着我国人口老龄化趋势的加剧、城乡“二元经济”结构的变动,覆盖全国范围的统一的多层次多支柱的公共养老保障体系建设仍面临着诸多挑战。通过分析近代养老金制度变迁的过程可以发现,无论是部门抑或是企业中的养老金,其产生与发展的推动都不仅依赖于政府的行政力量或法律手段,部门或企业的内部治理结构改造和参与市场的程度也十分关键。例如,近代养老金管理委员会的出现有效地解决了政府主导的自上而下强制性制度变迁表现出的效率缺失。

在与资本市场的关系方面,首先,在完善养老金制度的过程中,如何在养老金管理和资本市场运作之间维持平衡,建立一套健全的监管机制是至关重要的。对于南京国民政府或是个别部门而言,他们都无法负担起劳动工人的长期利益。他们建立养老储金管理委员会以及将养老金投入资本市场,其更多地是为了眼前的利益。因为,在邮政部门养老金管理模式中,监管部门也是邮政部门自身。对于现代养老金制度的管理,在建立监管机制的时候,应该由政府承担和负责国家的长期利益,并且监管的主体需要实施行业的监管要求,例如证券监管、银行监管、基金管理等,对不同阶段的管理环节和管理主体进行充分的监管。其次,针对养老金保值增值的入市工作,虽然近代中国早有养老金投资股票和债券的

---

[1] 《邮政储汇局发表一年来业务概况》,《银行周报》1935 年第 19 卷第 1 期,第 91—92 页。

[2] 《邮政储金汇业局进行投资实业》,《中行月刊》1934 年第 9 卷第 4 期,第 87—88 页;《邮政储金激增投资生产事业》,《海外月刊》1934 年第 23 期,第 94—95 页。

[3] 《储金之运用》,《交通部统计半年报》1934 年第 1—6 期。

先例，现代西方发达国家也有“养老金计划就是资本市场”的说法，但是考虑到现代社保基金投资运营的特殊性，如何依靠法律法规强化其管理和监督，避免系统性风险，并通过设立相关的基金投资委员会，追求长期稳定的收益，将是当前和今后要深入推进的课题。

# 第六章
# 近代养老金制度的二元结构特征

在经济学理论上，关于“二元结构”的完整概念和发展中国家的二元经济结构模型，最早是由美国经济学家威廉·阿瑟·刘易斯(William Arthur Lewis)在1954年发表的《劳动无限供给条件下的经济发展》一文中提出。“二元经济结构”理论最初是指发展中国家现代化工业与技术落后传统农业并存的经济结构，后泛指现代与传统经济并存。他首创了二元经济结构模型，把发展中国家的经济结构概括为两大部门：一个是以现代方法进行生产的劳动生产率和工资水平相对较高的资本主义部门，一个是以传统方法进行生产的劳动生产率很低的非资本主义部门，以自给农业部门为代表。资本主义部门劳动的边际生产力较高，而自给农业部门劳动的边际生产力很低，甚至为零或负数，在该部门中，工资不是由农民的边际生产力决定，而是取决于劳动者平均分享农业的产量。自给农业部门的收入又决定了资本主义部门工资的下限。由于人多地少，劳动力相对于资本和土地过于丰富，以至于把一部分劳动力从农业中转移出来，农业产量也不会下降。也就是说，对资本主义部门按照现行工资所提供的就业机会来说，劳动力供给是无限的。因此，刘易斯模型的实质就是在劳动力无限供给条件下，资本主义部门的扩大和自给农业部门的缩小。也就是说，伴随着劳动力的转移，二元经济结构将会消除。

在古代，中国仅有为数不多的大城市，且因交通、户籍的局限而与农村的经济联系极为有限。古代中央集权下的城乡关系主要是靠赋税等强制制度，而很少有商业交换或贸易往来，即中国古代所说的“皇权不下县”。直至近代，中国经济发展的停滞局面随着西方资本主义国家的入侵和中国近代工业的兴起而被打破，由此产生了二元经济问题。近代工业主要集中在沿海大城市，不仅形成了工业部门和乡村农业部门的二元性，而且也使得沿海与内地发展出现了巨大差异。一方面，工业发展使得城市经济逐步繁荣；另一方面，农村经济日益凋敝衰败。由于近代城市的工商业经济发展不充分，因此，农村的剩余劳动力并不能全部为城市工商业所吸纳，农村依旧存在着大量的剩余劳动力，而这意味着近代中国社会二元经济格局进一步加剧[1]。

近代中国经济呈现出传统经济与现代产业并存的格局，决定了近代养老金制度的二元结构特征：首先，在近代沿海工业城市和传统自给自足农村中两种养老金模式并存；其次，城市中各行业之间的养老金待遇差异巨大，尤其是产业工人与政府部门职员之间的养老金待遇之间存在显著差异。一方面，在近代早期工业化过程中，大规模的农村人口向沿海城市转移，虽然城市与农村的养老金体系处于完全割裂的状态，但 20 世纪 30 年代养老储金制度的推行在一定程度上促进了城乡间劳动力的流动和劳动密集型产业的结构升级，进一步改善了二元经济的问题。另一方面，各行业、事业部门等实行完全不同的养老金制度，这种多轨制度既违背了社会公平原则、拉大了民国时期的收入分配差距，又限制了劳工在各行业与各部门之间的正常流动，加剧了财政负担。虽然近代养老金的二元结构具有一定的历史独特性，但对当前的养老金“并轨”改革仍有一定的借鉴作用。

## 一、近代二元经济结构的理论内涵与实际表现

吴承明根据中国经济的史实，将刘易斯的二元经济重新修正，定义为：“传统经济与现代产业并存的格局，是传统社会向现代社会过渡中常见的现象。”[2]吴承明强调，传统经济是一个完整的经济体系，包括农、工、商、运输等各个部门，在中国更是存在一个十分发达的传统经济体系。传统部门中也有人力之外的物质和资本投入。关于现代经济，吴承明强调把市场经济作为现代化的一个标志。吴承明还认为，中国的二元经济始于 19 世纪后期，大致以洋务运动的兴起为开端[3]。

实际上，中国近代化过程不仅仅是刘易斯二元经济论中的资本主义部门取

---

[1] 杨德才著：《中国经济史新论（1840—1949）》，经济科学出版社 2004 年版，第 570 页。
[2] 吴承明：《论二元经济》，《历史研究》1994 年第 2 期。
[3] 同上。

代传统部门的简单过程，既有资本密集化道路，也采用劳动密集型的路径，更有二者相结合的模式。因此，有学者认为中国近代的经济状况并不完全符合刘易斯的二元结构，甚至提出中国近代经济的“三元结构论”，即把“中元部门”作为一元[1]。这种“三元结构论”讨论的是现代部门无法吸收庞大的传统部门劳动力前提下的经济发展问题，认为在中国现代化过程中传统部门和现代部门可以在一定条件下互补互动。通过三元结构，中国经济现代化途径不是单向的现代部门取代传统部门，而是多方向的特别是通过传统部门的现代化来消化劳动力，通过传统部门和现代部门的协调发展提高全社会的现代化水平[2]。但无论如何，二元结构也好，三元结构也罢，其实都是在刘易斯的模型之内的争论。刘易斯的关注点也并不是传统和现代的对立，而是将影响经济发展的多种因素（如经济内部结构、人口和劳动力变化、储蓄和积累）纳入一个模型中，寻求现代部门资本的积累与扩大。所以“三元结构论”并没有解构和推翻刘易斯的理论，而是根据中国近代经济发展的史实，对二元经济论的一种发展和延续。

近代的二元经济结构主要表现为区域之间、城乡间经济结构以及行业之间与行业内部三个方面的不平衡。首先，区域之间的不平衡主要指农村与城市、沿海与内地之间的发展差异。随着商品化程度急剧提高，近代沿海沿江的大城市日益从自然经济的轨道中游离出来，成为广大农村的一种对立力量，形成一条在近代中国占有优势的以洋行为中心、以租界为基地、脱离农村的口岸经济发展路线。随着这些口岸城市商品贸易的迅速发展，各类大小工厂纷纷设立，居民的消费水平和生活方式发生着相应的变化。与此形成鲜明对比的是，近代中国农村基本上仍然滞留在中世纪的古老与沉寂之中[3]。

其次是经济结构的不平衡。一方面，近代中国社会经济中已经出现了资本主义生产方式和近代机器大工业；但直到 1949 年，中国仍然是一个极端贫弱落后的农业国。1936 年，全国耕地几乎一半被仅占农村人口 4％的地主所占有；而占有农村人口 70％的贫农及雇农，则仅占有 17％的耕地。此外，占人口 6％的富农耕地占 18％，占人口 20％的中农耕地占 15％[4]。

---

[1] 林刚的“中元部门”的内涵是，传统部门中运用资本进行的，与现代部门有直接经济联系的（如原料与产品关系）商品生产。

[2] 林刚：《长江三角洲近代经济三元结构的产生与发展》，《中国经济史研究》1997 年第 4 期；《关于中国经济的二元结构与三元结构问题》，《中国经济史研究》2000 年第 3 期。

[3] 王翔：《近代中国经济转轨与现存二元经济结构》，《江苏社会科学》1991 年第 2 期。

[4] 张锡昌、孙晓村：《民元来我国之农村经济》，《银行周报》1947 年第 31 卷第 2—3 期，第 20—24 页。

再次是行业之间和行业内部的不平衡。就前者而言，近代中国并没有形成一个相对完整、相互协调的国民经济体系。以工业部门为例，饮食、纺织等行业得到了一定程度的发展，机械制造和钢铁冶炼等重工行业则相当薄弱，而那些代表当时工业发展方向的高科技行业，更是寥若晨星，甚至是一片空白。就后者而言，同一行业内部也总是新旧生产方式的合二为一：资本主义经营的高级形态、低级形态和前资本主义经营形态并行，近代机器生产与传统手工操作并举，以及各种不同经济成份并存[1]。

养老金是模仿西方经济和工业化的产物，其本质属于劳动力市场发展到一定程度的表征，然而，其与近代资本市场的关系又极为密切。因此，近代养老金的二元结构是兼具中国传统社会的劳动力要素和西方先进文明的工业社会的资本要素的特殊例子。近代养老金待遇呈二元化特征主要表现为城乡之间、不同的职业人群之间养老金模式和水平差距较大。例如，城市中政府部门公务员一般可以享受丰厚的养老金保障，而近代私营部门企业的工人退休金却缺乏保障，对农村老年人的养老福利计划仍处于传统模式。

## 二、农村传统养老保障模式的缓慢发展

在近代的农村地区，尤其是内地或偏远地区，几乎没有现代化的劳动工人和机械工厂，因此，近代农村中基本没有养老金的概念。日本学者顾琳在《中国的经济革命》中曾以河北省高阳县为例，考察了20世纪乡村工业经济的发展变化。她通过研究发现，在20世纪90年代，尽管乡村工厂的工资较高，但是工人很少有其他福利，高阳县没有一家工厂有养老金制度。即便到了20世纪90年代中期，政府一直在鼓励非国有企业加入政府发起的社会保障和养老金体系，但是由于这一要求并非强制性的，始终没有几家企业参与[2]。直至21世纪初，新型农村养老保障制度的逐步建立和完善，农村中养老保险和养老问题才得以初步解决。那么，近代的农村社会是如何解决养老问题的？其在近代是否已出现近现代化的趋势？

早在先秦社会，农村养老思想业已形成。正如《札记·礼运》开篇所载："大

[1] 王翔：《论近代中国的二元经济结构》，《中州学刊》1992年第1期。
[2] [日]顾琳著，王玉茹、张玮、李进霞译：《中国的经济革命：二十世纪的乡村工业》，江苏人民出版社2010年版，第248页。

道之行也，天下为公，选贤与能，讲信修睦。故人不独亲其亲，不独子其子；使老有所终，壮有所用，幼有所长，矜寡孤独废疾者，皆有所养。”然而，传统家庭养老、家庭赡养仍是封建社会农村养老保障的主要内容。直至近代，在西方价值理念的影响下，我国传统的社会福利观念经历了一场从“重养轻教”到“以教代养”的变革。民国社会对弱势群体的界定不仅初步摆脱了传统社会的伦理道德标准，而且强调社会救济中的国家责任观念，提倡“救人救彻”[1]。这是西方近代慈善思想对中国慈善养老产生影响的结果，它们主要是通过教会慈善敬老事业在华的活动、西学书报在中国广泛传播以及中国人在海外的所见所闻等方式[2]。因此，以政府为主导的济贫、救灾、养老、恤孤等传统的社会救济形式不再是民国时期农村养老保障措施的唯一形式[3]。

对于农村养老保障的具体实践和现代化转型，近代社会慈善救济事业在其中起了极为关键的作用。例如，在民间慈善方面，近代最早的新型企业家兼慈善家张謇是典型代表。在辛亥年间，张謇在得知比年耶教会在上海设立安老院后深受影响，认为在开办实业的同时须重视慈善养老事业的发展[4]。1912年，张在自己60岁生日宴会上，面对满座宾客宣布了他准备出资在南通修建养老院的决定。张謇创办养老院的目的很明确，就是要使流落社会无依无靠的老人老有所养。他在第三养老院开幕演说中说得很清楚，他说：“今日第三养老院开幕，承诸君光临，慨予补助，鄙人及在院诸老人，心感无既。鄙人创设此院，动机在六十岁时，曾约十年续办一院，今年政七十矣。人恒以寿为重，其实人之寿不寿，不在年岁之多寡，而在事业之有无。若其人果有益于地方，虽早夭亦寿，无益于地方，即活至百岁，奚得为寿……鄙人六十岁时，曾与亲戚朋友约以有用之金钱，与其消耗于无谓之酬酢，何如移其款而办公共事业……夫养老，慈善事也，迷信者谓积阴功，沽名者谓博虚誉，鄙人却无此意，不过自己安乐，便想人家困苦，虽个人力量有限，不能善济，然救得一人，总觉心安一点……天之生人也，与草木无异，若遗留一二有用事业，与草木同生，即不与草木同腐，故踊跃从公言，做一分便是

[1] 董根明：《从“重养轻教”到“救人救彻”——清末民国时期社会福利观念的演化》，《中国社会科学院研究生院学报》2005年第5期。

[2] 任云兰：《西方慈善救济思想在近代中国的传播与影响分析》，《天津大学学报》(社会科学版)2007年第5期。

[3] 苏保忠著：《中国农村养老问题研究》，清华大学出版社2009年版，第51页。

[4] 赵有梅、张照青：《论张謇举办慈善事业的缘起》，《西南交通大学学报》(社会科学版)2007年第3期。

一分，做一寸便是一寸，鄙人之办事，亦本此意。”[1]随后，张謇又在南通创办育婴堂、医院、贫民工场、残废院、盲哑学校等慈善机构共十六所，并主张将这些慈善机构纳入“村落主义”的大框架内，进一步推广至全国各地[2]。

南京国民政府时期，官办慈善救济仍是养老保障的主要方面。国民政府主办的救济院统辖各地方市县官立、公立慈善机关，并监督指导各私立慈善机关，是各慈善机关的主管机关。1928 年 5 月，南京国民政府公布《各地方救济院规则》，根据各地实际情况，规定地方救济院或分别缓急设立，或合并办理。这是南京政府成立后颁布的第一部救济法规，它以法令形式将社会救济纳入规范化管理[3]。《各地方救济院规则》共八章，涵括了其指导性纲要和具体实施细则，对地方慈善机构作了详细的规范。第一章“总纲”规定了救济院的基本原则，诸如救济院的设置及施济对象、院务管理、经费来源及院所名称变更等。“各省区、各特别市、各县市政府为教养无自救力之老幼残废人，并保护贫民健康、救济平民生计，于各该省区、省会、特别市政府及县市政府所在地依本规则规定设立救济院。各县、乡、区、村、镇人口较繁处所亦得酌量情形设立之。”并规定，救济院须分设下列六所：养老所、孤儿所、残废所、育婴所、施医所、贷款所。各县、各普通市及乡、区、村、镇设立救济院时，对于此六所，得分别缓急次第筹办，亦得斟酌各地方经济情形合并办理。[4]《各地方救济院规则》还将“教养并重”的积极救济方式推及各种救济机构，如养老所规定收养对象为年 60 岁以上无力自养无人赡养之男女；入院所的老者视其身体状况适当从事一些室内外劳动，并教以有益身心之课程，以调剂生活。同时，养老所还配置方便老年人生活起居的设施、场所，保持清洁，避免感染。10 月，内政部咨各个省政府及民政厅筹办各地的救济院，分为养老所、孤儿所、残废所、育婴所等 10 类，截至 1934 年，全国共有约 330 多个县设立了各类救济院 373 所[5]。然而，这种由政府直接干预并承担责任的养老保障组织所救济的老人只占全国老人中微不足道的比例，仅对社会救济起示范作用。

除此之外，传统以家庭为单位的“养儿防老”等养老模式也在逐步发生转变。

[1] 张孝若著：《南通张季直先生传记》，中华书局 1930 年版，第 380—381 页。
[2] 周秋光、曾桂林著：《中国慈善简史》，人民出版社 2006 年版，第 247 页。
[3] 蔡勤禹著：《国家社会与弱势群体：民国时期的社会救济（1927—1949）》，天津人民出版社 2003 年版，第 96 页。
[4] 《内政部制定各地方救济院规则》，《国民政府公报》1928 年第 64 期，第 23—29 页。
[5] 赵兴胜、高纯淑、徐畅等著：《地方政治与乡村变迁》，南京大学出版社 2015 年版，第 467 页。

个别农村地区还通过自发形成的养老保障互助网络来巩固传统的家庭养老模式。例如，闽南地区自民国时期以来形成了宗族型、姻亲型、邻里型和社区型等四种养老互助形式，包括过继、孝子会、外孙过继、招赘、外嫁女儿赡养、邻里互助、社区基金会资助等形式，从而将身处其中的人们通过血缘、姻亲以及地缘而织成一个养老互助的关系网络，在促进乡村养老互助持续发展方面共同发挥作用。人们通过各种仪式搭建起了参与者间沟通信息和情感的平台，维系了乡村社会间互帮互助的优良传统[1]。这种互助养老模式在一定程度上解决了传统农村中无儿赡养老人的难题，也是对近代国家养老保障体制普遍缺失的补充。

然而，虽然民国时期的养老制度打破了血缘、地缘等传统社会的限制，打破了封建社会几千年来宗法制下家族式的社会保障养老模式，逐渐形成以国家为主导、民间慈善机构为辅助的养老社会保障组织形式，但从总体上看来，当时的农村养老保障措施仍流于形式，实际实施成效极为有限，并未摆脱传统社会中以家庭养老为主导的农村养老保障模式。在自然经济逐步解体的近代，农村养老模式显然滞后于经济和社会制度的发展。农民家庭作为社会经济的细胞，出于自我保障依然承担着生产、生育和赡养的传统社会功能，作为一项延续千年的非正式制度，其保障能力殊为单薄。一旦农民家庭遇到无力克服的灾难，只能靠亲朋和邻里给予一定的支援；一旦灾害或疫病殃及所有家庭，只能弃家而逃、死者盈路[2]。总之，南京国民政府只注意了公务员与劳工的退抚与养老金制度，而普通百姓尤其是农村人却仍以家庭养老为主，即便是政府开办的养老机构，至多也只是点缀作用，社会养老制度明显滞后。

## 三、工业化的影响与部门间养老金制度的差异

养老的制度安排从非正式制度到正式制度的变迁，是随着工业化的起步而开始的。工业化引发经济高速增长的同时，促使劳动力由农业向非农业转移，人口由农村向城市转移，从而导致社会养老取代家庭养老成为人类养老的主要方式。具体而言，在中国早期工业化进程中，机器大工业这种现代生产组织方式取代了落后的传统家庭手工业和家庭农业，农业人口不断向非农业产业转移，乡村

---

[1] 高和荣、张爱敏：《中国传统民间互助养老形式及其时代价值——基于闽南地区的调查》，《山东社会科学》2014年第4期。

[2] 李华主编：《农村公共管理》，中国农业出版社2009年版，第125页。

人口不断向城市聚集；与此同时，工业化使得家庭功能向社会机构转移，建立在工业经济基础上的社会养老保险逐步取代了建立在自然经济、家庭生产基础上的传统家庭养老方式，养老方式由家庭养老逐渐向社会养老过渡，养老风险也从单个家庭被提升到整个社会层面进行系统整合和防范。

工业化推动了城市化的进程，伴随着工业化的过程，城市数量增多，城市人口在总人口中的比重越来越大。民国时期的城市化浪潮不仅使得城乡之间的养老金差距愈发明显，也体现在城市中各部门和行业之间养老金制度的差异上。据史料记载，民国时期城市中在业人员的养老年金制至少在四个领域都得到了应用：教育界教职人员、以邮政和交通部门公职人员为代表的公共事业从业人员、公务员以及产业工人。若再进一步将这些行业或部门中养老金的待遇、比例、年龄限制等进行比较，我们会发现它们因各业特征不同而存在明显差异。即便同为产业工人，在天津华新纺织公司，"男工年满 60 岁，女工年满 50 岁，并无过失而自行告退时，其在厂继续工作满 10 年者，得给予 1 年工资，以作养老金"，在青岛的华新纺织公司实行"工人服务在 10 年以上者，告老回籍时，得酌给川资，并给予半年之工资"[1]。

接下来，我们重点考察一下民国时期政府部门公职人员（文职公务员）的养老金制度，以便进一步对比民国时期各业的养老金待遇。随着南京国民政府成立后一系列法律法规的出台，我国现代的公务员退休制度开始出现。1927 年，南京国民政府颁布《官吏恤金条例》，又于 1934 年在其基础上修正公布了《公务员恤金条例》[2]，对恤金的给予情形、给予标准、领受权的效力等问题作了规定。由于此两条例内容较为简略，且退休和抚恤合为一体，不便适用，南京国民政府又于 1943 年 11 月 6 日在重庆颁行《公务员退休法》和《公务员抚恤法》，将公务员退休制度与遗属抚恤制度分离开来。《公务员退休法》是南京国民政府第一部专门性的退休法规，对退休条件、退休种类、退休金发放等作了详尽规定。此外，军人、教师等公职人员的退休保障也有相关的法律依据。

《公务员退休法》的施行，将公务员的退休金给予同抚恤金给予明确分开，并相应建起近代较为完整、规范的退休制度[3]。其对文官的退休事宜作出了具体的规定：凡是退休人员，应以组织法规定有员额等级，并经铨叙合格或准予任

[1] 刑必信等编：《第二次中国劳动年鉴》（下册），北平社会调查所 1932 年版，第 198 页。
[2] 《公务员恤金条例》，《社会周刊》1934 年第 90 期，第 1—5 页。
[3] 房列曙著：《中国近现代文官制度》下册，商务印书馆 2016 年版，第 901 页。

用、派用者为限；退休金依年龄及服务状况分为申请退休及命令退休两种；合乎一定的条件而退休者，分别给予年退休金或一次退休金。按照《公务员退休法》的规定(详见附录11)，公务员退休分为“命令退休”和“申请退休”两种退休方式，其具体条件、退休金给与以及中止的标准分别为[1]：

关于退休种类与条件。凡任职15年且年龄已达60岁或任职25年以上成绩昭著者，可申请退休；凡年龄已达65岁或心神丧失、身体残废致不胜任职务者，即命令退休。

关于退休金种类及发放条件。凡公务员申请退休或命令退休时，如年资达15年以上者，都给予年退休金，自退休的次月起至权利消灭之日为止；如任职年资为5年以上而未满15年者，则发给一次退休金，但被命令退休时，其任职年限虽未达15年，仍以满15年论，可给予年退休金。

关于退休金发放的标准及数量。任职15年以上未满20年申请退休者，退休金为40%，命令退休者为50%；任职20年以上未满25年申请退休者，退休金为45%，命令退休者为55%；任职25年以上未满30年申请退休者，退休金为50%，命令退休者为60%；任职30年以上申请退休者，退休金为55%，命令退休者为65%；以上年退休金的数额按照该公务员退职时的月俸额合成年俸，根据百分比进行计算。一次退休金的数额按该公务员服务年资计算，每满1年给予退职时月俸1个月的退休金，未满1年而有6个月以上者以1年计算。此外，在非常时期退休的人员，除按规定给予退休金外，还应按现任公务员待遇比例增给，但一次退休金的增给额不得超过其待遇一年总额的40%。

关于退休金的中止。请领退休金的权利自退职的次月起，经过5年不行使就自动中止，此项权利不得扣押、让与或供担保；当退休公务员死亡或褫夺公权终身、背叛中华民国通辑有案，或丧失国籍时，即丧失领取退休金的权利；支领退休金的公务员，如再任有俸薪的公职时，则停止其领受年退休金的权利。

这项法规实施后，逐步引起包括在职文官在内的人员的不满，如退休金金额过低、物价上涨引起生活水平降低等。施行将近3年以后，国民政府考试院于1947年12月22日对其中条款进行了若干修改，主要变化有如下五个方面：一是调整了退休的任职年资，如申请退休者，将原规定的任职25年以上成绩昭著改为“任职30年以上”；又如公务员虽达命令退休年龄，但尚堪任职，经服务机关依事实的需要，报请铨叙部延长，但至多以10年为限。二是对同一对

[1] 《公务员退休法》，《国民政府公报》1943年渝字第621号，第3—4页。

象同时使用退休金发放的种类，如凡经命令退休的公务员且在职15年以上者，均应按规定给予年退休金及一次退休金；在职5年以上者，给予一次退休金；经命令退休，而其心神丧失或身体残废不胜职务，系因公伤病所致者，给予年退休金及一次退休金。三是在一定程度上增加年退休金发放的百分比，即在原定百分比的基础上，分别对申请退休人员各增加5%的年退休金，使申请退休和命令退休人员在任职年资相同的情况下，由原来相差10%减为5%。四是扩充了一次退休金的发放内容，凡符合申请退休条件的人员，按该员最后在职时月俸，给予4个月的月俸；凡符合命令退休条件的人员，如任职满5年者，给与6个月的月俸；每增1年加给1个月的月俸；凡符合同时享受年退休金和一次退休金条件的人员，如任职满5年的，给予8个月的月俸，每增加1年则加给1个月薪俸。五是对退休金的"含金量"作出保障，即规定在物价高涨时期，退休人员应享受的退休金应按现任公务员的增给待遇比例增给，但一次退休金的增给额应以待遇总额的60%为限。

1944年2月10日，国民政府考试院另行颁布了《公务员退休法施行细则》（详见附录12），对有关公务员的退休办法作出明文规定，并明令公务员享受的退休待遇"以现职经铨叙机关审定资格登记有案为限"，因此，实际上每年退休人数不多。其详细规定如下：

关于办理退休的程序。申请退休的人员应填具申请退休事实表两份，连同相片两张和证明文件，呈报服务机关递转铨叙部；命令退休的人员，退休事实表则由服务机关分别填报。如属因心神丧失或身体残废而被命令退休的人员，还应附送公立医院或领有执业证书医师的诊断书。

公务员申请退休事实表及证明文件，应先由服务机关核明，如与事实不符、程序不合、证件不足者，即分别驳回并令其补正；应命令退休的人员，服务机关未命令退休者，经铨叙机关查明后，通知其服务机关或上级机关依法办理。

关于退休金的发给。退休人员经审定给予退休金者，由铨叙部填发退休金证书，递由原转请机关发交退休人员后，汇案通知审计机关备核，并呈考试院转呈国民政府备案。公务员退休金，依其最后服务机关的经费，属中央机关者，以铨叙部为支给机关，由国库支出；属于省（市）级机关者，以省（市）财政厅（局）为支给机关，由省（市）支出；属于县（市、局）级机关者，以县（市、局）政府为支给机关，由县（市、局）库支出。

退休人员于每年4月前，将退休金证书送支给机关并开具详细通讯地址及通汇邮局或银行，请求汇发应领的退休金；支给机关受退休人员请求后，于每年

6月1日将退休金汇票连同退休金证书及空白领据寄发退休者;邮局或银行凭退休金领取人所持汇票及退休金证书付款[1]。

总之,由于各业根据行业基本特征而制定适合的养老金制模式,在养老金发放条件和待遇计发方式等方面均存在差异。首先,在工作年限方面,15年是各个群体的最低要求。邮政部门最低要求服务25年以上,最高可以服务满40年。就退休年龄来说,公务员和邮政部门职员可以50岁退休,其他大多数群体都要求是60岁退休,邮差则满45岁即可要求退休。就退休的最后年龄来说,除了公务员可以工作到75岁之外,其他所有群体都要在60岁退休。因此,相较之下,公务员在以上各个不同的群体中,要求是最为宽松的,何时退休只要身体允许或者得到铨叙部门批准即可[2]。

其次,在养老金的发放标准方面,不同群体养老金的发放百分比有所差异:邮政人员每月发月薪之90%;公务员命令退休者发月薪的65%;国营铁道员工服务满25年者,照最后之月薪资给予50%;党务工作人员以最终服务机关时全年薪的一半数为准。通过比较可知,如果各业皆取最高的百分比,邮政人员的养老金发放在百分比上最高,其次是公务员,最后是铁道员工和党务工作人员。如果皆取最低百分比,邮政人员月养老退休金仍排在第一位,因为其月薪在270元以下者,可以获得一个月月薪的养老金。根据1928年10月公布的《邮政职员薪率表》的规定,邮政职员最低月薪为40元,那么,该职员退休时发放的退休金则为40元[3];而公务员最低月薪按照1933年9月23日国民政府颁布的《暂行文官官等官俸表》规定为55元,因此,公务员年退休金之数额:任职15年以上20年未满,申请退休者40%,每月退休金可领取22元,命令退休者50%则可获得27.5元;[4]铁路人员按照1930年1月国民政府公布《国有铁路局职员薪给登记表》规定,最低月薪为50元,服务满15年者,照最后之月薪给予30%,则一个铁路职员每月可获得退休金15元[5]。因此可以看出,邮政职工的退休养老金无论是按最高百分比还是最低百分比,始终较其他行业更高。

---

[1] 《公务员退休法施行细则》,《国民政府公报》1944年渝字第649号,第10—12页。

[2] 何家伟著:《国民政府公务员俸给福利制度研究(1928—1949)》,福建人民出版社2010年版,第255页。

[3] 《邮政职员薪率表》(1928年10月),蔡鸿源主编:《民国法规集成》第60册,黄山书社1999年版,第133—134页。

[4] 《暂行文官官等官俸表》,《考试院公报》1933年第9期,第8页。

[5] 《国有铁路局职员薪给登记表》(1930年1月),蔡鸿源主编:《民国法规集成》第62册,黄山书社1999年版,第309页。

特别值得注意的是，外商企业的养老金相较国有企业要丰厚许多。如上海电力公司（美商企业）规定："凡华工工作满20年，年龄超过60岁退休，均可得养老金，按现在之薪金及工作年限之百分之五……被裁汰或因病辞职或死亡之人员均有领受此项养老金之权。"至抗日战争结束后，上海电力公司的待遇已高于任何一处企业或商业机构，高级职员月工资达百万元，小职员也在25万元以上。因此，战后出现了大批电力公司职员辞职的现象，因为他们辞职后可以拿到一大笔养老金。据悉一位任职23年抄写电表的外勤职员在退休后拿到的养老金为国币1 400万元，按月计每月可拿到200余万元，而其退休前的月薪为27万元[1]。

总而言之，各业之间养老金的门槛和待遇存在较大差异。在民国时期各主要工业化城市里，统一的劳工或职员养老保障体制尚未建立起来，尤其是在个别行业中，养老金制度较政府部门和事业部门更为混乱。例如，电车公司的职业虽不及海关、邮局，但和他们一样，职工也有养老金制度。电车公司规定，凡服务满15年者，55岁退职时，可领1/24的养老金，即满一年给半个月；服务满20年者，满一年给一个月养老金。但职工要想拿到这笔养老金，殊非易事，一旦被开革就不予发给。而资方往往借故开革工人，剥夺工人的养老金。电车公司的工人也往往会因为一点小事就被开除。1937年从八·一三战役到年底，短短五个月中共计被开除的职工就达一百多人[2]。工人不得不联合起来通过罢工、停工借势与资方相抗[3]。相较之下，海关、邮局的职工养老金和待遇福利来源较为稳定。这种行业间"多轨"和不平衡的养老保障制度不仅违背了社会公平原则，拉大了民国时期的收入分配差距，而且限制了劳工在各业内部，以及各行业与各部门之间的正常流动，显然也限制了近代工业化和城市化的发展。

## 四、近代养老金制度二元结构特征的现实借鉴

近代养老金制度碎片化主要表现在城乡之间以及不同的职业中，由于劳动工人身份、工作部门的不同，而在社会养老保障制度及保障水平上差异较大，导致很难形成全国统一的养老金制度。这种近代养老保障碎片化带来许多不利的

[1] 陈默：《电力公司的巨数养老金》，《海星（上海）》1946年第13期，第10页。
[2] 朱学范：《上海工人运动与帮会二三事》，中国人民政治协商会议上海市委员会、文史资料研究委员会编：《旧上海的帮会》，上海人民出版社1986年版，第3页。
[3] 田彤著：《民国劳资争议研究（1927—1937）》，商务印书馆2013年版，第74页。

影响:首先,国民政府在不同人群中实行不同的养老保障制度,制定不同的养老保障标准,违反了社会的公平性,不利于社会的稳定;其次,养老保障碎片化所带来的制度性排斥,限制了劳动人口的自由流动,不利于统一的劳动力市场的形成和建立;最后,养老保障制度碎片化成为养老保障制度改革的阻力,造成了一定的路径依赖,同时,相关的既得利益获得者在制度改革过程中的阻挠,也延迟了制度整合的时机。

在任何一个历史时段上,都会合乎逻辑地出现两代甚至三代生产力并存共生的"二元结构",而近代中国的社会经济就是这样呈现出鲜明的工业文明与农业文明、近代经济与传统经济并存的格局。直至现在,中国仍是一个典型二元社会经济的发展中国家,未来也将长期处于二元性的社会经济结构之中,这就决定了当前中国养老金制度的二元特征:城镇基本养老保险制度与农村社会养老保险制度的分离。在城镇,公共养老金制度由企业保险向社会保险、现收现付制向由现收现付制与基金制组合而成的混合制进行制度变迁,产生了巨额的隐性养老金债务;在农村,随着农村工业化实践和农业经济的逐步增长,家庭养老方式愈发难以单独承担未来农村养老这一重任。近年来,国家明显加大了补充养老保险的支持力度,意在构筑多层次、多元化的养老保障制度。总的来说,在结合中国城乡二元的社会结构特征、重视广大城乡居民尚无有效养老保障的社会现实的同时,国家试图尽快建立以底线公平为价值理念的非缴费性养老金,满足全体老年居民的基本生活保障需求,进而推动以养老保险为核心的、多项目的、覆盖城乡全体居民的、社会化、责任主体多元化、保障层次多样化、法治化、职域保障与地域保障相结合的现代养老保障体系的建设。

养老金制度的二元特征还表现为企业和机关事业单位之间的双轨制。1995年,我国开始试行养老金双轨制度,即对于不同性质的工作人员采取不一样的退休养老制度。对企业事业人员采用个人和社会统筹结合的方式,养老金部分有国家承担,部分由个人承担,而机关事业人员养老金全部由国家承担。进入21世纪以后,虽然国家一直在努力缩小企业与机关事业单位之间的养老金差距,然而双轨制仍带来诸多问题。这种制度设计不仅在理论上引起了系统冲突,实践中也有可能会导致各人员养老金待遇方面的不公平,引起企业在职职工和退休职工的不满,构成新的社会不稳定因素。而且,机关事业单位退休人员的养老金都是由政府根据支出的需要,从当期财政收入中划拨资金来全额支付的,没有专门的养老金基金,甚至在财政部门也没有专门的预算科目。但随着机关事业单位人员规模的逐步扩大以及人员老龄化,退休人员的数量也越来越多,各级财政用于机关事业单位养老金支出的负担越来越重。此外,机关事业单位职工与企业职工养老保险制度分设,也在一定程度上直接制约了两部门之间的员工流动[1]。

2014 年 12 月 23 日,中央政治局常委会和国务院常务会议通过养老金并轨方案。2015 年 1 月,国务院印发《关于机关事业单位工作人员养老保险制度改革的决定》,明确表示中国将实行社会统筹与个人账户相结合的基本养老保险制度,个人缴费比例为本人缴费工资基数的 8%,而单位需缴纳员工个人缴费工资基数之和的 20%。此方案一出,意味着 4 000 万机关事业单位工作人员将从吃财政饭转变为缴养老金,从单位养老转向社会养老[2]。

[1] 闫彩琴:《我国城镇养老金制度的二元化特征分析》,《经济师》2008 年第 4 期。
[2] 郑秉文:《机关事业单位养老金并轨改革:从"碎片化"到"大一统"》,《中国人口科学》2015 年第 1 期。

# 第七章
# 结　论

## 一、近代中国社会福利的制度萌芽与思想启蒙

近代以前，我国传统社会的福利制度是围绕着家庭和宗族关系建立起来的，追求大同社会的良好愿望成为这一社会主流的福利思想，其中，“养”而非“教”民之策是传统社会救济的主要承载形式[1]。这种“重养轻教”的救济方式虽然在我国传统农业社会中发挥了满足人们最基本的需要的作用，但这种“养之而不教之作工”的方式不仅不利于受助者个人潜能的充分发挥，而且易导致“国赋虚靡”。

鸦片战争结束后，国内的阶级矛盾更加尖锐，频繁的天灾人祸加速社会矛盾激化。随着西方国家福利制度的巨大变革和西方社会福利思想的传入，清末一批“睁眼看世界”的思想家们在与西方的接触中逐渐认识到中国的“重教”这一社会救济方式在福利社会构建中的重要性。在这种历史背景之下，中国传统救济开始了近代转型，即由“重养轻教”转变为“教养并重”[2]。1878年，清廷重臣李鸿章在天津创设广仁堂，试图改变旧式善堂“重养轻教”的局限，而施予救治的功能。“新政”开始后，以“振兴实业”为契机，清政府努力将失业游民救济纳入工艺振兴之道，各级工艺局所都将“教养并重”作为其创办宗旨，除救济贫民衣食外，还教之以文化知识和生产技艺，从而使收养之人获得基本的谋生手段。

清末民初的思想家们一方面仍延续着传统以家庭和宗族为中心的传统社会福利模式；另一方面又提出慈善福利事业应该通过建立“公养”“公教”“公恤”等

[1] 储丽琴：《清末民国时期中国社会福利思想的嬗变》，《商业时代》2011年第21期。
[2] 同上。

慈善公益机构辅助推行。例如，作为封建时代最后一位和近代时期第一位思想家，龚自珍提出采取“农宗”的宗族福利保障模式来解决社会上的贫富分化问题和流民问题，实现所谓的“宗族社会福利”。至太平天国运动时期，洪秀全把“太平天国”作为农民的理想天国，将福利思想反映在《天朝田亩制度》中，主张“有田同耕，有饭同食，有衣同穿，有钱同使，无处不均匀，无人不饱暖”，“鳏寡孤独废疾免役，皆颁国库以养”。

清末维新变法之际，康有为在其变法思想中也提出了系统的社会福利主张。他从公有的角度出发，在《大同书》中设计了理想的福利社会模式，在批判现实社会的基础上，指出中国传统宗族福利保障的狭隘性，认为只有建立“公养”“公教”“公恤”的福利保障制度，人类才能真正地走向大同。康有为指出，在大同世界中，所有的社会福利事业均有公共机构来承担：(1)公教。康有为指出，大同社会最重视教育，设立从慈幼院至大学等完整的学校体系，人人自幼而学至 20 岁大学毕业止，接受完整的教育和专门的训练；(2)公养。康有为指出，在公有的大同社会里，人人都是“公人”，为公家而勤苦劳作，年老体衰、无法食力以自养者，公家即设立养老院收养之，凡 60 岁者皆可入院养老，安享晚年；无子女者则由护侍人进行照顾，根据老年人年龄高低分别配给 1—4 名不等的护侍人；老人按照其壮年时期的“奋勉”状况和程度分为六等，享受不同的待遇。(3)公恤。在康有为看来，大同社会的良性运行就在于人各尽其能，但在公有制度下，人们不虞匮乏和生存，难免会有懒惰心态，要使人人都要勤奋工作和劳动就不能仅靠自觉和自愿，必须进行警示，如设立恤贫院可以起到救济和告诫的双重作用。凡无业无所无衣食者准予入恤贫院，公家供给衣食也仅足饱暖而已，且均按照其能力由官监督罚做苦工，“别具衣服以耻之”，以示惩罚[1]。

随着 19 世纪末西方社会福利思想陆续传入中国，以洪仁玕、郑观应和冯桂芳等为首的一批思想家主张引进西方的社会福利制度。洪仁玕在太平天国后期回到国内后，向洪秀全提出了《资政新篇》。尽管《资政新篇》中关于社会福利方面的文字并不多，但首次以西方资本主义的社会福利事业为蓝本提出了具有近代意义的社会福利方案，形成了具有鲜明时代特色的慈善福利观。洪仁玕也被认为近代中国介绍和学习西方社会福利事业的第一人。他提出建立西式的医院、残疾人福利院、“鳏寡孤独院”等，并主张模仿西方的慈善福利制度，靠私人捐赠来兴办福利。他还主张建立“士民公会”，以监督社会福利事业。

---

[1] 张剑、赵宝爱主编：《社会福利思想》，山东人民出版社 2014 年版，第 192 页。

洪仁玕的社会福利思想可概括为以下四方面：一是他提倡在发展资本主义工商业的同时，举办社会福利事业。他设计规划兴建医疗机构并引进西医，兴建“跛盲聋哑院”“鳏寡孤独院”等社会福利事业和机构。二是在经费来源方面，他主张依靠民间捐赠等。洪仁玕不赞同国家出钱举办社会福利机构，他认为兴办医院的费用可通过没收庙宇寺观产业和富人捐助等途径来解决，救济机构应靠私人捐献施舍来兴办。三是他介绍了西方负责监督社会福利执行情况的机构——“士民公会”，以监督慈善福利捐款不被滥用以及社会福利事业的正常有序运行。四是他建议政府设法让贫困者“自养其身”，“宜令作工，以受其值”，即效仿西方资本主义社会中的雇佣劳动制度，通过积极救济而非消极的施舍来促使贫民自食其力[1]。相较之下，郑观应在其《盛世危言》中较全面地介绍了西方的慈善事业。他一方面介绍了西方慈善机构建立的背景，包括其基督教“兼爱”的思想基础、慈善捐赠的社会风气等；另一方面介绍了西方慈善机构的分类，如养病院、育婴堂、养老院、绣花会、童艺院、保良会、疯人院、训哑院等；再一方面，他还对西方慈善事业作出了积极的评价，认为西方慈善事业对改善社会风气、保持社会稳定起到了很好的作用。

清末社会改革家冯桂芬建议中国模仿西方各国在各省建立善堂，并设立养老室、恤嫠室、育婴室、读书室、严教室等，收养贫民，教授农桑技艺等。同时，冯桂芬推崇宗族的互助救济功能，他认为宗法是“佐国家教民、养民之原本也”，故力主“复宗法”，特别是仿照宋代范仲淹设立义庄的办法并推而广之，每一宗族设立一义庄，义庄内设立养老室、恤嫠室、育婴室等，专门救济本族的鳏寡孤独者，同时设立读书室，招收本族中无力延师的子弟就读，养疴室则专门收养笃疾者。冯桂芬所构建和推崇的社会福利其实仍是传统的宗族福利保障模式，也就是宗族组织以其共有财产或宗族成员以私人财产对宗族的特定成员或全体族众给予物质帮助的一种福利模式[2]。

孙中山进一步发展了前人的“大同”思想，在“三民主义”中提出社会福利保障。孙中山主张“天下为公”，要使“老者有所养，壮者有所营，幼者有所教”；在民生主义思想中，他构想了一个带有乌托邦色彩的福利保障社会的蓝图，在这一社会里，没有剥削，没有压迫，“家给人足，四海之内，无一夫不获其所”；他在《革命方略》中进一步主张以国家财力来办老人院、贫民院、麻风院、盲哑院、孤儿院等

[1] 张剑、赵宝爱主编：《社会福利思想》，山东人民出版社2014年版，第184—185页。
[2] 同上书，第184页。

各项福利事业，强调政府在福利事业中的责任。总的来看，孙中山社会福利思想兼顾发展与公平，直接为其资产阶级革命的政策服务，只不过受西方的影响较大，对当时中国的经济与社会基础分析得不够，因此过分理想化，导致在具体实施中遇到困难[1]。孙中山去世后，其社会福利思想也未能继续发展下去。

总而言之，西方社会福利制度和学说的传入与中国近代传统社会福利思想的勃兴，构成了近代中国社会福利思想发展的基本线索[2]。近代中国的福利思想既承继了儒家思想的传统，又受到资产阶级民主革命和西方福利思想的影响，逐渐形成了一种独特的中国式的“补救型”社会福利思想。“补救型”社会福利思想将社会福利看作一种在常规的社会机制不能正常运转或者不能满足一部分社会成员某些较为特殊的社会需求时而采取的应急措施，因此，社会福利的目标被锁定为“为社会弱者服务”，即济贫。清末民国时期的思想界从“民有、民享”的近代国民意识出发，对于传统“宗族救济模式”的狭隘性和“视民如子”思想的局限性进行批判，强调“救人救彻”的救助理念和“以教代养”的救助原则，试图结合中西方的社会救助思想，构建新的社会保障体系[3]。与西方社会福利制度随着工业化的发展和市民权利的扩张而逐步发展起来不同，中国古近代的社会福利制度则更多的是因政治需要而临时采取的应急措施，具有短期效应。同时，在中国古代传统的社会福利模式中，中国人固有的以“孝”为基础的传统儒家文化深刻影响着社会福利制度，使得中国近代以来的社会福利制度和思想仍有别于西方。

至南京国民政府时期，社会福利在实践方面表现突出，以西方各国所建立的近代社会福利制度为参照、并结合中国自身特点所制定的一系列福利政策在全国范围内逐步实施，开创了中国现代社会福利制度之先河。具体而言，南京国民政府采取的一些加强社会福利事业的措施主要包括以下三项：一是在中央政府和地方政府中设立了专门负责社会福利工作的机构。先是在中央设立内政部民政司，在省级设立民政厅。1940 年，国民政府设置了全国最高社会行政机构——社会部，主管抗战时期的社会事业。社会部改隶行政院后，社会部主管社会救济事业，以国家意志来主导非常时期的救济工作，使政府救济由“慈善式”的救济转变为“福利式”的救济理念，变“消极式”的临时性救济为“积极式”的经常

[1] 中国社会工作教育协会组编：《现代社会福利思想》，高等教育出版社 2006 年版，第 321 页。
[2] 田毅鹏：《西学东渐与近代中国社会福利思想的勃兴》，《吉林大学社会科学学报》2001 年第 4 期。
[3] 王超、齐飞编著：《中国社会救助概论》，中国矿业大学出版社 2007 年版，第 61 页。

性救济。这也是在借鉴近代西方政府救济思想的基础上而推行的救济事业。社会部专门设立了社会福利司,这是我国历史上第一次使用"社会福利"这一概念做政府机构的名称,在省级则设社会局负责社会福利工作。二是政府拨出专项资金用于社会福利事业。在中央、省、县的财政支出中,均规定有"保育及救济支出"一项,用于育幼、养老、救灾、恤贫及其他救济事业及补助。三是制定、颁布一系列法规。鉴于此前各社会福利机构大都各行其是,没有统一的准则,国民政府制定、颁布了一系列法规,将社会福利事业置于政府的统一领导和监督下,使社会福利事业走上了有序进行的道路。这一时期的民办社会福利事业也相较民国初期有较大发展,尤其是出现了全国性甚至国际性的慈善团体,包括中华民国红十字会总会和中国华洋义赈救灾总会[1]。

民国时期的社会福利制度或社会保障制度比清末时期有巨大的进步。北洋军阀政府与南京国民政府为了维持其统治,为了维护其所代表阶级的既得利益,制定、颁布和实施了一些有关社会保险、救灾、福利与救济、优抚安置等方面的社会保障法律法规和政策措施,并使得民国时期的中国在保障劳动者和社会成员生活安全的保障方式、保障内容、保障政策上有了一些新的变化,诸如,社会保险制度开始建立,政府成立了专门的救灾、救济福利机构,制定了优抚安置计划,等等。然而,由于这些社会保障法律法规和政策措施实施和执行不力,社会保障资金投入太少,保障项目不全,待遇偏低,加之社会长期处于动荡不安的状态,劳动者和社会成员从中所获取的收益甚微[2]。

## 二、近代中国社会福利的法治化

在近代中国,因城市化进程加快,传统的家庭保障功能受到冲击、传统的官府施舍性保障模式开始向社会公益性保障模式转变,且市民社会初步形成,这一系列因素直接推动了近代社会福利的立法理念由传统的施舍、慈善、救济施舍嬗变为国家责任,推动中国社会保障模式从传统单一形态向近代多元化形态嬗变、实现法治化[3]。例如,与传统帝制中国的荒政相较,近代中国社会立法在救济模式、救济理念与救济范围三方面实现了重大变革:社会福利由消极的临时性赈

[1] 黄天华、钟灵娜:《国民政府时期社会保障制度概述》,《财政史研究》(第七辑),中国财政经济出版社 2014 年。

[2] 宋士云:《民国时期中国社会保障制度与绩效浅析》,《齐鲁学刊》2004 年第 5 期。

[3] 岳宗福著:《近代中国社会保障立法研究(1912—1949)》,齐鲁书社 2006 年版,第 44—49 页。

济变为积极的常态化救济，由在位者单方面的"恩赐"转变为国家的责任与人民的权利；社会立法在传统公法与私法的中间地带蓬勃发展，涵盖了现代社会生活的方方面面，以期实现所谓全时、全民、全盘的社会救济，而社会福利权也最终上升为宪法位阶的权利[1]。

清末民初，随着近代工业化的兴起、劳工阶级的崛起以及由自然灾害带来的环境变化，社会的转型和变迁容易导致社会结构的失调和各种社会问题丛集而生，但传统农业时代单一的社会救济模式又难以应对由工业化带来的新生社会问题。在此历史背景之下，通过国家立法，建立适应工业时代需要的社会保障体系，就成为社会历史发展的必然趋势。据统计，民国 30 多年时间里，约制定了 20 多部救济法规来调整和规范社会救济行为。1928 年 5 月，南京国民政府内政部颁布了《各地方救济院规则》，共 8 章 58 款，对社会福利机关予以规范，既有纲领，又有实施细则，是南京国民政府初期关于社会福利最重要的文件。此后，南京国民政府又制定和颁行了许多以"社会救济"或"救济"字样命名的社会立法，内容涉及残疾老弱之救济、贫民之救济、无正当职业者之收容教养、贫病医疗救护之倡导推行、慈善团体之指导监督等事项，如《工厂法》《工厂法施行条例》《工厂检查法》《国营企业最低工资暂行办法》《最低工资法》《救济院规程》《游民习艺所章程》等，这些法规标志着传统的社会救济事业和社会福利制度进入法治化轨道。

抗日战争期间，南京国民政府设立了社会福利专门机构——社会部社会福利司，真正在社会立法活动中明确使用"社会福利"的概念。当时颁行的以"社会福利"或"福利"字样命名的法规主要涉及劳工福利、儿童福利、农民福利及奖助社会福利事业等几个方面，如《职工福利金条例》《社会福利部组织法》等。其中，1943 年颁行的《社会救济法》在中国近代社会救济法治化进程中具有划时代的意义。

1943 年 9 月 29 日，南京国民政府以"全民救济、全面救济"的理念正式公布施行了我国历史上第一部完整系统的《社会救济法》，共 5 章 52 条，包括救济范围、救济设施、救济方法、救济经费、附则。这部法律及 1944 年的《社会救济法施行细则》，对社会救助的实施范围、实施标准等内容均作出了具体而明确的规定（详见附录 13 和 14）。

从社会救济范围来看，《社会救济法》对社会救济范围作了较深入和周详的

[1] 聂鑫：《近代中国社会立法与福利国家的建构》，《武汉大学学报》（哲学社会科学版）2019 年第 6 期。

考虑，并对概念的内涵和外延予以较全面的界定，尽可能全面地涵盖各种急需救济的弱势群体。第一章"救济范围"开宗明义地对法律的救济客体予以明确的规定，合于下列各款规定之一，因贫穷而无力生活者，得依本法予以救济："(1)年在六十岁以上精力衰耗者；(2)未满十二岁者；(3)妊妇；(4)因疾病伤害残废或其他精神上身体上之障碍，不能从事劳作者；(5)因水旱或其他天灾事变，致受重大损害，或因而失业者；(6)其他依法令应予救济者。"法令所涵盖的社会救济范围，已较广泛地涉及老、幼、残、孕、病等社会各个层面的弱势群体。它在一定程度上试图体现辛亥革命以来国民政府在政治宣传策略上所强调和渲染的民生理想目标，也在一定程度上体现了国民政府社会救济的政治功能的价值取向。这也表明1943年《社会救济法》已有意识纠正明清以来社会救济事业中较单维和较狭窄的救济面。

从社会救济设施来看，《社会救济法》根据不同的救济客体对象设计了不同的救济设施和项目：(1)安老所；(2)育婴所；(3)育幼所；(4)残疾教养所；(5)习艺所；(6)妇女教养所；(7)助产所；(8)施医所；(9)其他以救济为目的之设施。从以上法律条款中的规定可知，老、幼、残、孕、病等弱势群体，弱势特征不同，法律规定的救济设施也各不相同，救济项目较为丰富。老有安老所，幼有育婴、育幼所，残有残疾教养所，孕有助产所，病有施医所。

从社会救济经费管理来看，《社会救济法》中规定了社会救济的经费来源。"救济设施由县市举办者，其费用由县市负担；中央或省举办者，其费用由中央或省负担；由乡镇举办者，其费用由乡镇负担；由团体或私人举办者，其费用由各该团体或私人负担；前项救济设施，办理著有成绩者，得由主管官署酌予补助。"此外，救济事业经费应列入中央及地方预算。县市依本法举办之救济事业，得由中央政府予以补助。

从社会救济方法上看，《社会救济法》设计了多种多样的社会救济方法。救济除本法或其他法律另有规定外，依受救济人之需要，以下列方法为之：(1)救济设施处所内之留养；(2)现款或食物衣服等必需品之给予；(3)免费医疗；(4)免费助产；(5)住宅之廉价或免费供给；(6)资金之无息或低息贷与；(7)粮食之无息或低息贷与；(8)减免土地赋税；(9)实施感化教育及公民训练；(10)实施技能训练及公民训练；(11)职业介绍；(12)其他依法令所定之救济方法。由上可知，民国社会救济方法较为灵活多样，开辟了较多的传统救济中尚未出现的方式、方法及途径。

从社会救济机构来看，根据《社会救济法》有关内容的规定，政府各级行政机关在社会救济中的职责为：贯彻、实施、执行、落实国家颁布的《社会救济法》等相关法律、法规和政策。这些法律、法规、政策是各级行政机关开展社会救济、管理救济设施和慈善团体的法律准绳和具有约束力的决策参照；政府需有计划地增建、添置、储备各种社会救济硬件设施，这也是民国社会救济事业新增的特色及特征。可见，在《社会救济法》中，国家各级社会救济机构的职责得到了进一步的明确。

由上可知，《社会救济法》至少在规范层面上已经符合现代福利国家社会立法的基本精神了。这部法律的颁布标志着近代社会救济事业规范化乃至社会保障法治化的萌芽。只不过，由于民国时期国内政治经济形势的纷繁复杂，这部法律实际上并没有得到推行。但从传统社会救济制度转型与现代福利国家建构的角度来看，《社会救济法》仍可大致展现出民国时期社会福利立法的以下三个特点[1]：

(1) 由消极趋于积极：社会救济模式的常态化。传统中国政府的社会救济措施以救灾(荒政)为主，一般为灾害发生之后被动的、临时性的事后救济。古代政府的目标仅仅是暂时纾解灾区和灾民的紧急危难，在理念上可谓是救急不救穷、治标不治本，在实践中并未主动承担起日常救济的责任，反而主要依赖社会力量的自力救济。而《社会救济法》则是以临时性的灾荒救济为辅，以对弱势群体的经常性社会救济为主；通过立法，国家积极承担起常态化社会救济的责任。

(2) 由慈善易为责任：社会救济理念的现代化。从国民政府对于《社会救济法》设定的立法要旨以及法律的具体规定来看，社会救济在当时已成为政府基本的行政职能与法定义务。在理念上，作为政府主动、主导的积极行政责任，社会福利事业已由传统上政府自由裁量的恩惠措施转变为国家的法定义务，社会福利权也由此成为人民的法定权利。

(3) 全民救济、全面救济：社会救济范围的最大化。传统荒政的救济对象以灾民、流民等受灾人群为主，《社会救济法》则将社会上的一般弱势群体(包括老幼病残孕、无家可归者及无业、失业人群等)尽可能地纳入其救济范围。

总体来说，整个民国时期的社会福利政策法规性质大体可分为四个历史发展阶段：北洋政府时期，社会救济政策法规主要照搬英国的《济贫法》，社会救济处于次要和边缘性地位；1927—1937 年南京国民政府时期，作为民生主义政策重要组成部分的社会救济地位提高；1937 年全面抗战爆发后，因为抗战建国和全民抗战等原因，社会救济与军属抚恤达到高峰，灾民、贫民、难民、难童、游民和

---

[1] 聂鑫：《近代中国社会立法与福利国家的建构》，《武汉大学学报》(哲学社会科学版)2019 年第 5 期。

军属激增,灾害贫困救济、临时救济与军属抚恤融为一体;1945 年抗战胜利后,在儿童福利、劳工福利、社会服务等处境中,社会救济日趋现代化[1]。简言之,赈灾赈济与社会救济政策法规历史变迁轨迹,基本反映了社会福利政策与立法现代化进程[2]。而且,民国时期赈灾赈济与社会救济立法活动具有若干鲜明的结构特点与时代特征。首先,从救济政策与社会救济立法数量来看,这类政策法规与法律所占比重和比例较高,显示灾害救济、贫困救济与社会救济问题的广泛性和全民性特征,反映社会救济的政治性特征。其次,民国时期社会救济政策与立法理念、救济对象、救济程序与救济方法已基本现代化[3]。不过,由于立法本身很不完善,法律在执行过程中存在诸多弊端,再加上频繁发生的战争和财政状况捉襟见肘,南京国民政府的这些法律法规并没有得到完全贯彻,这也再次说明民国时期尚未推行完善的现代化社会福利制度。

## 三、近代福利制度建设的借鉴与启示

与西方资本主义国家相比,我国社会保障制度起步较晚,仍存在责任不清、发展不平衡等问题。而且,由于中国与西方国家无论在政治、经济、文化还是社会方面都存在着重大差别,我国一方面须从自身国情出发,总结西方福利国家制度改革与发展的经验和教训,提出解决我国社会保障制度建设中存在问题的办法;另一方面需总结近代中国福利制度的发展经验,建立一套符合中国特色的社会保障体系。

首先,在构建社会主义和谐社会的时代背景下,传统的社会福利体系可视为现代社会保障的有效补充,建立在血缘和地缘基础上的生活保障方式仍具有十分重要的现代功能。特别是中国农业人口众多,传统的生活保障仍然具有巨大的优势和生命力,对于解决政府资金不足问题起着不可或缺的作用。当前,中国已步入"老龄化"社会,解决城乡养老问题,家庭的作用仍至关重要。

其次,对于仍处在社会主义初级阶段和发展中国家的中国而言,当前的社会保障和福利制度正在经历政府逐步退出、越发依靠市场的改革,这难免造成市场

---

[1] 蔡勤禹著:《国家、社会与弱势群体:民国时期的社会救济(1927—1949)》,天津人民出版社 2003 年版,第 239—251 页。

[2] 刘继同:《近代中国社会政策、社会立法百年历史经验与发展规律研究》,《社会工作》2019 年第 1 期。

[3] 岳宗福著:《近代中国社会保障立法研究(1912—1949)》,齐鲁书社 2006 年版,第 392—401 页。

失灵和监管缺失，进而导致社会保障的低效率。因此，中国的社会保障制度建设应当认真思考政府与市场的角色定位，协调政府与市场的权责分配，提高福利制度推广的效率。

再次，当前我国经济处于区域、城乡发展不平衡，收入差距过大的状态，社会保障制度也存在相应的不平衡、不协调，这与我国过去过分追求效率的发展战略有极大关系。在今后的社会保障制度改革与发展过程中，应当对公平给予足够重视，坚持效率优先兼顾公平的原则，增大政府财政投入和转移支付，通过各种国民收入再分配措施努力缩小收入差距，促进社会保障公平建设。

最后，孔子在两千多年前所提出的“大道之行也，天下为公”这一大同社会理想，虽然在古代传统封建社会历史条件下只是一种不可能实现的道德理想，但是这一理想的蓝图吸收了自先秦诸子百家起数千年的社会理想精华，在一定程度上反映了古代人们向往美好社会的愿望，从而为后世许多思想家所继承、阐发与发展，成为贯穿于中国传统社会的重要政治目标和社会理想。因此，在当前建设中国特色社会主义的重要时期，我国社会福利制度的建设有必要始终遵循以人为本的根本原则，以实现广大人民群众的根本利益为最终目的和根本追求，切实发挥社会福利制度的调节作用，实现我国社会的公平正义、和谐有序、科学发展。

总之，虽然近代乃至古代国家治理和福利建设中有许多理论思想、政策实践不符合现代发展的要求，需要对其进行合理地去芜存菁，但是历代重要的福利建设经验仍能为改进新时代中国特色社会主义社会保障和养老金制度提供有益的借鉴与参考。

# 附　录

## 附录1:近代社会保障史研究现状

关于近代社会保障史的研究,一直是我国近代经济史、社会史研究中较为薄弱的环节。到目前为止,国内外还没有一部直接以研究近代中国社会保障为主题的学术专著,有的著作可能涉及个别问题,如周秋光主编的《中国近代慈善事业研究》考察了慈善事业在近代社会的演变、发展及所产生的社会作用与影响[1]。个别文章也仅提及社会保障制度发展中某个具体问题的历史进程或审视某方面社会保障的历史观念,如黄鸿山、王卫平的《传统仓储制度社会保障功能的近代发展——以晚清苏州府长元吴丰备义仓为例》通过对晚清苏州府丰备义仓的个案研究,对我国传统慈善事业的近代化进行了微观考察,揭示出传统义仓等慈善机构的功能如何趋向近代化[2]。此外,虽然近年来古代社会保障研究逐渐受到海内外学者们的关注,研究成果呈日益增长的趋势,但也多以明清时期特定地区为研究对象,在研究观点上存在一定的分歧和争议。而以近代为着眼点的全面研究,特别是在经济和社会变迁转型的大背景下,结合近代经济制度变迁来全面探讨该问题的成果尚付阙如。

(1) 中国社会保障史的研究现状及传统社会保障概念的提出

在当前的社会保障研究热潮中,随着历史学领域社会史热潮的兴起,我国传统社会的救荒、慈善事业、民间互助等方面的内容日益受到重视,一些学者开始

[1] 周秋光主编:《中国近代慈善事业研究》,天津古籍出版社2013年版。
[2] 黄鸿山、王卫平:《传统仓储制度社会保障功能的近代发展——以晚清苏州府长元吴丰备义仓为例》,《中国农史》2005年第2期。

以“社会保障”为视角来考察这些问题。

为数较少的论著以中国古代社会保障史作为研究对象,这些论著的作者多为历史学出身,在史料的搜集、鉴别和实证史学方法的运用上比较成熟,其立论建立在更严密的考据和实证的基础上,但这些论著多为立足于一定时段的断代研究,对社会保障史研究的理论与方法问题有所忽视,在论述古代社会保障问题时,对社会保障的概念、适用性及传统与现代社会保障的区分等问题未作认真的辨析。也有一些论者采用回避与折中的办法,小心翼翼地用“中国古代传统社会保障”等名称来标识中国古代的社会保障制度[1]。

20 世纪 90 年代以前,学术界并未使用传统社会保障的提法。历史学家和学者最早将“古代传统社会保障”这一概念引入中国古代史和近代史的研究中,要追溯到张大鹏《朱子社仓法的基本内容及其社会保障功能》[2]和龚书铎主编的《中国社会通史》[3]。《中国社会通史》首次采用新的视角对中国历史进行了全面概述,对历史中的“社会保障”作了界定,将社会保障作为“社会运行机制”的一个组成部分,认为“社会对其自身运行的安全进行防护和保卫的举措,就是社会保障”,其方式主要为“社会援助”和“社会疏导”。

传统社会保障概念的正式提出则是相当晚的事情,社会保障学专家郑功成大概是最早使用这个概念的学者。他在《我国古代社会保障思想及其评价》和《中国社会保障论》等论著中对我国古代社会保障的思想传统和具体措施作了初步介绍,但由于关注焦点的不同,他并未作深入考察[4]。不久之后,随着我国社会保障制度的开展和学界对社会保障学理论了解的加深,历史学界开始尝试运用社会保障学的理论和方法来研究我国历史上的相关制度和设施,张岩在《论清代常平仓与相关类仓之关系》一文中便认为仓储属于“清代财政经济政策中的一项社会保障性措施”[5];张品端在《朱子社仓法的社会保障功能》中也指出南宋朱熹创立的社仓法应属于古代的社会保障措施[6]。

---

[1] 王卫平、黄鸿山著:《中国古代传统社会保障与慈善事业——以明清时期为重点的考察》,群言出版社 2005 年版。

[2] 张大鹏:《朱子社仓法的基本内容及其社会保障功能》,《上饶师专学报》(社会科学版)1990 年第 4 期。

[3] 龚书铎总主编:《中国社会通史》,山西教育出版社 1996 年版。

[4] 郑功成:《我国古代社会保障思想及其评价》,《上海保险》1991 年第 4 期;郑功成:《中国社会保障论》,湖北人民出版社 1994 年版。

[5] 张岩:《论清代常平仓与相关类仓之关系》,《中国社会经济史研究》1998 年 4 期。

[6] 张品端:《朱子社仓法的社会保障功能》,《福建论坛》(人文社会科学版)1995 年第 6 期。

在以近代为时段的论文中，马敏的《传统社会保障体系与现代化——以中国传统社会公益为观照点》[1]、范金民的《清代徽州商帮的慈善设施——以江南为中心》[2]、杨剑利的《晚清社会灾荒救治功能的演变——以"丁戊奇荒"的两种赈济方式为例》[3]、王永平的《中央苏区的社会保障事业》[4]、杨志文的《陕甘宁边区社会保障政策初探》[5]、陆玉、徐云鹏的《论抗日根据地的军事社会保障》[6]、张丹的《抗日战争时期陕甘宁边区的社会保障》[7]等文较早地提出了"社会保障体系"这一概念，均认为中国传统封建社会晚期已经形成了由官方和民间机制共同构成的多层次的社会保障体系。总体而言，以社会保障为主题的史学研究尚属于起步阶段，但不难看出，我国传统社会中的社会保障问题已引起越来越多的学者的重视。

(2) 国内学者对于近代社会保障史相关问题的研究

在近代史研究领域，与社会保障相关的研究主要包括荒政史、公益事业史和慈善事业史等几个方面的内容。相关综述已基本揭示了自民国以来中国学者研究成果的主要方面[8]。

在民国时期，中国荒政史、社会救济史和慈善事业史的研究曾经掀起一个高潮，涌现了一批清代及民国社会保障史的研究成果。其中，在荒政和社会救济方面较有开创性和代表性的是冯柳堂的《中国历代民食政策史》[9]和邓云特的《中国救荒史》[10]。冯柳堂有感于"迩来学子，言谷物原始，则盛道西方。常平制度，则侈陈东瀛"的状况，以"民食"和"善政养民"为主题，依据正史、典志史籍和荒政丛书的资料对历代民食政策进行考述。邓云特的《中国救荒史》将理论思

---

[1] 马敏：《传统社会保障体系与现代化——以中国传统社会公益为观照点》，华中师范大学历史研究所、华中师范大学中国教会大学研究中心编：《莺花无际楚江头——章开沅先生七十华诞学术纪念论文集》，武汉出版社1996年版。

[2] 范金民：《清代徽州商帮的慈善设施——以江南为中心》，《中国史研究》1999年第4期。

[3] 杨剑利：《晚清社会灾荒救治功能的演变——以"丁戊奇荒"的两种赈济方式为例》，《清史研究》2000年第4期。

[4] 王永平：《中央苏区的社会保障事业》，《中南民族学院学报》(哲学社会科学版)1995年第1期。

[5] 杨志文：《陕甘宁边区社会保障政策初探》，《中共党史研究》1997年第6期。

[6] 陆玉、徐云鹏：《论抗日根据地的军事社会保障》，《抗日战争研究》1997年第2期。

[7] 张丹：《抗日战争时期陕甘宁边区的社会保障》，《江西社会科学》2000年第11期。

[8] 朱浒：《二十世纪清代灾荒史研究述评》，《清史研究》2003年第2期；曾桂林：《20世纪国内外中国慈善事业史研究综述》，《中国史研究动态》2003年第3期；邵水忠：《二十世纪以来荒政史研究综述》，《中国史研究动态》2004年第3期。

[9] 冯柳堂著：《中国历代民食政策史》，商务印书馆1934年版。

[10] 邓云特著：《中国救荒史》，商务印书馆1937年版。

考和实证研究相结合,他从考察灾荒的基本语义出发,对灾荒、救荒和救荒史的含义作了辨析。在慈善事业史领域,民国初年朱友渔在海外完成的《中国慈善博爱精神:关于互助的研究》将中国慈善事业的源头追溯到孔子的仁爱思想,列举了历代王朝的慈善和救济设施,重点论述了清代的善会善堂和宗族、行会、公会等民间慈善救助机制。他认为,尽管这些组织得到了官府的支持和帮助,但在其中发挥主导和关键作用的是民间力量。

民国年间另外两项有开创性的研究成果是窦季良的《同乡组织之研究》[1]和王宗培的《中国之公会》[2]。前者立足于重庆和四川地区对会馆等同乡组织的乡土观念、组织演变、功能转化等内容作了全面的论述。后者将公会作为救助会员的金融组织对其组织方式和功能作了论述。他们的成果在中国会馆史和民间会社史的研究中具有里程碑的意义,而且,他们对于中国社会保障史研究中同乡组织、民间会社等民间保障机制的探讨也有里程碑的意义。

改革开放以后,伴随着我国社会保障制度的建立和社会保障学理论的发展,社会保障史的系统研究逐渐出现。与之前学者明显不同的是,近年的研究借鉴了西方的社会保障理论,并从中国传统社会中寻找可资借鉴的史料。郑功成教授将中国古代的荒政和慈善事业的思想和实践纳入到社会保障理论的框架中,实现了西方社会保障理论与中国传统社会保障思想和实践的对接[3]。近年来,王卫平及其所属的苏州大学社会学院在社会保障史研究方面研究卓著[4]。他们的研究在方法上立足于实证研究,并将实证研究成果统一在"社会保障"这样一个富有启示性意义的范式之中;在内容上立足于江南慈善事业,逐步向救灾济贫、社会优抚及传统社会保障的思想基础等方面拓展,努力形成完整意义上的传统社会保障史研究;在时段上立足于明清,略有涉及近代,并朝着古代和近代两个方向拓展,以期从"社会保障"的层面理顺中国历史演变的脉络。王卫平和

[1] 窦季良著:《同乡组织之研究》,正中书局 1945 年版。

[2] 王宗培著:《中国之公会》,中国合作学社 1931 年版。

[3] 郑功成著:《中国社会保障论》,湖北人民出版社 1994 年版。

[4] 王卫平:《清代苏州的慈善事业》,《中国史研究》1997 年第 3 期;王卫平:《清代江南市镇的慈善事业》,《史林》1999 年第 1 期;王卫平、施晖:《清代江南地区的育婴事业》,《苏州大学学报》(哲学社会科学版)1999 年第 4 期;王卫平:《普济的理想与实践——清代普济堂的经营实态》,《江海学刊》2000 年第 1 期;王卫平:《清代江南地区的育婴事业圈》,《清史研究》2000 年第 1 期;王卫平:《论中国古代传统社会保障制度的初步形成》,《江海学刊》2002 年第 5 期;黄鸿山、王卫平:《清代社仓的兴废及其原因——以江南地区为中心的考察》,《学海》2004 年第 1 期;黄鸿山、王卫平:《传统仓储制度社会保障功能的近代发展——以晚清苏州府长元吴丰备义仓为例》,《中国农史》2005 年第 2 期;王卫平:《论中国传统慈善事业的近代转型》,《江苏社会科学》2005 年第 1 期。

黄鸿山合著的《中国古代传统社会保障与慈善事业——以明清为重点的考察》对“中国古代传统社会保障”的历史进行了初步梳理，重点考察了传统社会保障“以民为本”的思想基础和明清政府制定的社会保障政策、民间社会主持的以社区为中心的慈善事业和宗族面向族内贫困人员所实行的救济[1]。

除了研究方法和范式上取得巨大进展，近年来的多数文献在近代社会保障研究内容上也有所拓展。首先，政府救济政策方面的研究一直是清代以来社会保障史研究的重点。其中，陈桦和刘宗志的《救灾与济贫——中国封建时代的社会救助活动(1750—1910)》是较早地全面梳理政府救灾的著作。他们对明代之后减灾、救荒、济贫的国家条例作了详细介绍，并揭示了国家在社会救助中作用下降和民间救助机制兴起的过程及其在城市工商业等领域发挥作用的方式[2]。莫子刚的《略论 1927—1937 年国民政府的救灾政策》论述了 1927—1937 年间南京国民政府采取的赈灾减税、兴修水利、植树造林等政策的介绍及有效性分析[3]。蔡勤禹的《国家、社会与弱势群体：民国时期的社会救济(1927—1949)》论述了民国时期的社会救济思想、行政体制、立法和设施以及社会救济事业的业绩、效应和水平，作者还对社会救济在民国社会保障、社会安全及社会成长中所起的作用进行了深刻的分析[4]。

其次，在荒政事业研究方面，早在民国年间，荒政事业已进入学界的视野，出现了诸如冯柳堂的《中国历代民食政策史》[5]、于佑虞的《中国仓储制度考》[6]等著作。所谓荒政，即指我国历史上形成的一整套救灾备荒的制度和设施。新中国成立以后，有关荒政的研究曾一度较为沉寂。但随着 20 世纪 80 年代以来灾害学和社会史的兴起，荒政事业又重新受到学界的重视，取得了明显的成果。20 世纪 80 年代末，戴逸、李文海便先后撰文呼吁开展灾荒史的研究。在他们的带动下，灾荒史研究逐渐成为学界的热门课题，作为灾荒史的重要内容，荒政研究也倍受关注。除绝大多数的灾荒史著作都对此有所涉及外，还有学者对荒政

---

[1] 王卫平、黄鸿山著：《中国古代传统社会保障与慈善事业——以明清时期为重点的考察》，群言出版社 2005 年版。

[2] 陈桦、刘宗志著：《救灾与济贫——中国封建时代的社会救助活动(1750—1911)》，中国人民大学出版社 2005 年版。

[3] 莫子刚：《略论 1927—1937 年国民政府的救灾政策》，《四川师范大学学报》(哲学社会科学版)2000 年第 1 期。

[4] 蔡勤禹著：《国家、社会与弱势群体：民国时期的社会救济(1927—1949)》，天津人民出版社 2003 年版。

[5] 冯柳堂著：《中国历代民食政策史》，商务印书馆 1934 年版。

[6] 于佑虞著：《中国仓储制度考》，正中书局 1948 年版。

事业进行了专门考察，其中较有代表性的如李向军的《清代荒政研究》等，对明清以来备荒仓储和救灾措施作了较为深入的研究[1]。在备(救)荒仓储制度的研究方面，较早的系统研究是萧公权的《中国乡村：19 世纪的专制统治》，该书初版于 1960 年，其第五章专述清代仓储的救荒功能，分别介绍了常平仓、义仓和社仓的兴起过程和救荒功能，论述了地方士绅和仓储系统的关系[2]。

再次，关于近代民间慈善组织的研究，成了近年社会救济和社会保障史研究的新领域。王卫平的《论中国传统慈善事业的近代转型》论述了中国古代慈善机构重在"收养"，发现中国的慈善事业开始由传统向近代转型[3]。周秋光、曾桂林的《近代慈善事业与中国东南社会变迁(1895—1949)》结合中国东南社会变迁的概况，论述 1895—1949 年间慈善事业在中国东南地区的兴起和发展，探讨近代慈善事业与东南社会变迁的互动关系，发现慈善事业是推动社会前进的一种动力[4]。蔡勤禹的《民国慈善团体述论》论述了民国慈善团体的发展概况、团体结构以及与政府之间的互动关系[5]。还有马真、于德孔的《南京国民政府时期慈善救济团体机构述略》[6]、李国林的《民国时期上海慈善组织研究(1912—1937)》[7]、张礼恒的《民国时期上海的慈善团体统计(1930 年前后)》[8]等。

20 世纪 50 年代以来，台湾学者在近代社会弱者救助和民间慈善事业史方面的研究一直未中断[9]，其中最有影响的是梁其姿 20 世纪 80—90 年代的研究成果。1984 年，她发表了《十七、十八世纪长江下游之育婴堂》[10]一文，开始了对明清慈善事业的探索历程，她的最终成果体现为《施善与教化——明清的慈善组织》[11]一书。《施善与教化——明清的慈善组织》在对明末以前的贫穷、慈善

[1] 李向军著：《清代荒政研究》，中国农业出版社 1995 年版。
[2] [美]萧公权著：《中国乡村：论 19 世纪的帝国控制》，华盛顿大学出版社 1960 年版。
[3] 王卫平：《论中国传统慈善事业的近代转型》，《江苏社会科学》2005 年第 1 期。
[4] 周秋光、曾桂林：《近代慈善事业与中国东南社会变迁(1895—1949)》，《史学月刊》2002 年第 11 期。
[5] 蔡勤禹：《民国慈善团体述论》，《东方论坛》2001 年第 4 期。
[6] 马真、于德孔：《南京国民政府时期慈善救济团体机构述略》，《山东省农业管理干部学院学报》2005 年第 6 期。
[7] 李国林：《民国时期上海慈善组织研究(1912—1937)》，华东师范大学博士学位论文，2003 年。
[8] 张礼恒：《民国时期上海的慈善团体统计(1930 年前后)》，《民国档案》1996 年第 3 期。
[9] 例如，朱浩怀：《我国历代政府对鳏寡孤独废疾者之救济》，《新社会》1955 年第 10 期；黎圣伦：《我国历代敬老养老制度》，《中山学术文化集刊》1968 年第 2 期；张秀蓉：《清代慈善事业之意理研究》，《中山学术文化集刊》1980 年第 26 期。
[10] 梁其姿：《十七、十八世纪长江下游之育婴堂》，曹永和等编：《中国海洋发展史论文集》，台北中研院三民主义研究所 1984 年版。
[11] 梁其姿著：《施善与教化——明清的慈善组织》，河北教育出版社 2001 年版。

观念和传统施善团体和政府的救济活动进行长时段追溯的基础上，探讨明末清初民间慈善组织的兴起与教化作用，认为它们是明清社会的新现象。

最后，在社会福利史方面，陈红霞的《社会福利思想》根据社会发展的历史时期分述了古代、中世纪、近代和现当代主要的社会福利思想产生发展演变的过程，涉及国内外的社会福利思想[1]。王子今、刘悦武、常宗武合著的《中国社会福利史》对先秦以来中国对老幼鳏寡孤独等弱势群体的各项救济和福利措施作了较系统的回顾，并兼及救荒、赈灾和中国传统社会福利思想的文化构成，勾勒出中国传统社会福利发展的大致轮廓。作者在第十章中专门叙述了民国时期的社会福利事业，论述了民国初年的社会福利状况、国民党政府的社会福利政策以及抗日战争时期的救济[2]。关于 20 世纪上半叶社会福利的研究还有许多成果[3]。

此外，在社会保障立法方面，岳宗福的《近代中国社会保障立法研究(1912—1949)》不仅论述了近代中国社会保障立法的社会历史背景和社会动因、中国社会保障立法的思路渊源与理论基础、近代中国社会立法概况及与之密切相关的社会政策与社会性行政问题，而且从社会福利、社会救济、社会保险和社会抚恤四个方面分析了近代中国政府的社会保障立法内容[4]。蔡勤禹的《国家、社会与弱势群体：民国时期的社会救济：1927—1949》第二章第四节专门以“社会救济法”为中心分析法律、法规的内容，探讨了民国社会救济法治化建设历程[5]。吴亦明主编的《中国社会保障制度》也专门叙述民国社会保障立法的大致情况[6]。

(3) 国外学者重要研究成果评介

贫困和慈善问题一直是西方史学研究的中心问题之一，尽管西方学者的研究兴趣长期以来主要集中在西方基督教世界，但在西方悠久的汉学传统中，中国

[1] 陈红霞著：《社会福利思想》，社会科学文献出版社 2002 年版。

[2] 王子今、刘悦斌、常宗虎著：《中国社会福利史》，中国社会出版社 2002 年版。

[3] 田毅鹏：《西学东渐与近代中国社会福利思想的勃兴》，《吉林大学社会科学学报》2001 年第 4 期；陈竹君：《南京国民政府劳工福利政策研究》，《江汉论坛》2002 年第 6 期；林琳：《近代中国社会福利思想探析》，吉林大学硕士学位论文，2006 年；姜春燕：《南京国民政府社会福利政策研究》，山东师范大学硕士学位论文，2006 年；董根明：《从“重养轻教”到“救人救彻”——清末民国时期社会福利观念的演化》，《中国社会科学院研究生院学报》2005 年第 5 期。

[4] 岳宗福著：《近代中国社会保障立法研究(1912—1949)》，齐鲁书社 2006 年版。

[5] 蔡勤禹著：《国家、社会与弱势群体：民国时期的社会救济(1927—1949)》，天津人民出版社 2003 年版。

[6] 吴亦明主编：《中国社会保障制度》，南京师范大学出版社 2000 年版。

古代的荒政和慈善问题也曾引起一些汉学家的重视。例如,在荒政制度方面,较突出的是法国学者魏丕信的研究成果。《18世纪中国的官僚制度与荒政》是魏丕信关于中国荒政研究的代表作[1]。这部著作以方观承《赈纪》所记载的1743—1744年直隶大旱灾的赈济活动为中心展开对清代荒政问题的全方位研究。由于这次赈灾活动特殊的时间和地点,他把它当作传统社会赈灾活动的一个典型:"这次救灾中的举动代表了当时所能采取的最好措施。"他十分详尽地展示了这次救荒活动的实态和细节,从而揭示出在其中起作用的各种力量。官僚政府面对大旱灾的各种救灾措施和有条不紊的组织能力是他论述的重点。

日本学者稻田清一的救荒史研究有一定的特色。他的《清代江南的救荒与市镇——关于宝山县和嘉定县的"厂"》、《清末江南的"地方共事"与镇董》等论文立足于基层市镇,在田野调查的基础上,通过对赈灾过程中嘉定、宝山两县"分厂"制度确立和衍化过程的考察,以及对清末镇董的身份、角色、职责和管辖区域的探讨来探索传统乡村的赈济和管理模式。他的论文通过对赈灾事件中地域成员共有意识的探讨来揭示"地域形象"[2]。典型的海外研究还有美国学者李明珠的《华北的饥荒》。李明珠关于中国救荒史的成果《华北的饥荒:国家、市场与环境退化(1690—1949)》在史料上的突破是获得了北京中国第一历史档案馆和台北"故宫博物院"所藏档案资料中的较系统的粮价数据,从而改变了以往粮食价格问题的探讨以分散的地方史料为基础的局面。在对华北地区粮价演变的长期趋势和原因进行分析的同时,他强调了国家的救荒政策与保护措施(如省级之间的粮食调配、仓储的维护等)在减轻自然灾害影响方面的作用[3]。

在中国慈善事业史研究领域,日本著名学者今堀诚二、星斌夫等人的研究具有开创性,夫马进对中国明清时期慈善事业的研究则不仅更具体,而且达到了新的高度,他从20世纪80年代初即开始关注这个问题,先后发表了十数篇论文。1997年,夫马进将相关研究汇集出版,著成《中国善会善堂史研究》一书[4]。在此书中,夫马进在广泛收集资料的基础上,对明清以来的慈善组织出现、演变、分布、经营实态、在城市近代化中的作用以及慈善事业发展中所体现的国家与社会

[1] [法]魏丕信著,徐建青译:《18世纪中国的官僚制度与荒政》,江苏人民出版社2003年版。
[2] [日]稻田清一:《清代江南的救荒与市镇——关于宝山县和嘉定县的"厂"》,《甲南大学纪要:文学编》1993年第86号;《清末江南的"地方共事"与镇董》,《甲南大学纪要:文学编》1999年第109号。
[3] [美]李明珠著,石涛、李军、马国英译:《华北的饥荒:国家、市场与环境退化(1690—1949)》,人民出版社2016年版。
[4] [日]夫马进著,伍跃、杨文信、张学锋译:《中国善会善堂史研究》,商务印书馆2005年版。

关系等众多问题进行了研究探讨。日本学者小浜正子的《近代上海的公共性与国家》一书也对民国时期慈善公益事业作了专门研究。为讨论近代上海“公共性”的领域与国家的关系问题，小浜正子对近代上海慈善机构的种类、运营方式、救济功能等方面作了详尽的论述，对了解近代以来慈善事业的发展贡献甚大[1]。

**附录2:《邮政养老抚恤金支给章程》,1929年10月25日公布。**
**(《邮政养老抚恤金支给章程》,《交通公报》1929年第87期,第18—22页。)**

**第一条** 下列邮政员工得给予养老金：

一、服务满二十五年以上呈准退休者；

二、服务满十五年以上、年龄满五十岁以上(邮差满四十五岁以上)呈准退休者；

三、服务满四十年或年龄满六十岁(邮差五十五岁)强令退休者。

**第二条** 前条员工按其服务年份及退休时之薪额，依第一号附表所列金额支给养老金，但超过二十五年之年份，依表列金额支给半数。员工养老金作一次支给之。

**第三条** 员工退休日期，分为每年二月底及八月底。凡呈请退休者，须于三个月以前将呈文送达邮政总办查核。逾期到达者，递推至次期办理。

**第四条** 邮政总办因处理事务上有窒碍，或本年养老金定额不敷支配对于前条之声请得先尽年老者核准；年龄相等者，先尽资深者核准，其余递推至次期办理。

**第五条** 员工呈请退休，依前条之规定分别准驳后，由邮政总办于退休日期一个月以前分别通告，其强令退休者亦同。

**第六条** 具有第一条资格之员工，因过失被辞退者，得由邮政总办依其情节轻重，酌量减额给予养老金。

**第七条** 下列员工不得请求支给养老金：

一、被革退者；

二、弃职潜逃者。

**第八条** 下列员工或其遗族，得请求支给抚恤金，但第一、二两款以非出于自己过失者为限：

[1] [日]小浜正子著:《近代上海的公共性与国家》，日本研文出版社2000年版。

一、因处理公务致死亡者；

二、因处理公务受伤致成残废者；

三、在职死亡者；

四、因病休致者；

五、被裁退者。

**第九条** 前条第一、二两款员工，其抚恤金应比照第一号附表之定率，并第二号附表甲种定额支给之。

前条第三款员工，其抚恤金应比照第一号附表之定率，并第二号附表乙种定额支给之。

前条第四、五两款员工，其抚恤金应比照第一号附表之定率支给之。

**第十条** 本章程所称遗族，以下列亲属为限，尽前列者交付之，伺列有二人以上时，尽年长者交付之：

一、配偶人；

二、子女；

三、孙男女；

四、曾孙男女；

五、父母；

六、祖父母；

七、曾祖父母。

**第十一条** 抚恤金应依本人或其遗族之请求，经邮局指定之医生检验证明核实后支给之。但其情节无证明之必要者，得不经检验。

**第十二条** 前条之请求，自死亡、致伤、休致或裁退之日起，限一年以内向邮政总办具呈。在各邮区者，由邮务长核实转呈。在总局者，由处长核实转呈。其逾期不请求者，视为抛弃，不得补请。但能证明确因故障未能在期内请求者，不在此限。

**第十三条** 应得养老金或抚恤金之员工，如系照章对于邮局有损害赔偿之责任者，应由其养老金或抚恤金内扣除之。

**第十四条** 本章程施行之程序，由邮政总办拟订呈部核准。

**第十五条** 本章程施行后，所有以前关于邮政员工保证防后金，及资助金等规程均废止之。但关于保证书部分，仍继续有效。

**第十六条** 本章程自公布之日施行。

**第一号附表**

| 退休或退职时之月薪额 | 按每服务一年支给之养老金金额 |
|---|---|
| 超过 500 元者 | 一个月月薪之百分之九十 |
| 270 元至 500 元者 | 一个月月薪之百分之九十五 |
| 270 元以下者 | 一个月月薪之全额 |

**第二号附表**

| | 职别服务年份 | 邮务长 | 副邮务长 | 甲等邮务员 | 乙等邮务员 | 邮政佐 | 信差邮差杂役等 |
|---|---|---|---|---|---|---|---|
| 甲种：因公受伤致成残疾或死亡者 | | 5 000 | 4 000 | | | | |
| | 满十年或十年以上者 | | | 3 000 | 1 500 | 1 000 | 500 |
| | 未满十年者 | | | 2 000 | 1 000 | 750 | 400 |
| 乙种：在职死亡者 | 超过六年以上者 | | | | 月薪五个月 | 月薪五个月 | 月薪五个月 |
| | 满三年至六年者 | | | | 月薪四个月 | 月薪四个月 | 月薪四个月 |
| | 未满三年者 | | | | 月薪三个月 | 月薪三个月 | 月薪三个月 |
| | | 月薪两个月 | 月薪两个月 | 月薪两个月 | | | |
| 附注：乙种抚恤金之最高额以 1 000 元为限，其最低额：(1)乙等邮务员为 150 元；(2)邮务佐为 100 元；(3)信差邮差杂役等为 80 元。 | | | | | | | |

**附录 3：《邮政养老抚恤金管理章程》，1929 年 10 月 25 日公布。**

**(《邮政养老抚恤金管理章程》，《交通公报》1929 年第 87 期，第 22—24 页。)**

**第一条** 邮政养老抚恤金以下列款项充之：

一、原有保证防后金及资助金余款之金额及所生利息五分之三(其余五分之二拨充邮政纲要第 580 条规定之特别金)；

二、每月由邮局收入项下提出等于全体员工薪水百分之七之款(此项提出之款归营业支出项下出账)；

三、每年由邮政盈余项下提拨十分之一；

四、二、三两项之利息及每年支付养老抚恤金所余之款，并不便分配之畸零。

**第二条** 每年应支付之养老抚恤金，以 100 万元为限，所余之款悉数充作基金。

**第三条** 基金除遇第五条但以下情形外不得动用。

**第四条** 第一条第二、三两项之款，俟基金积累至其每年所生利息足敷支付该年度养老抚恤金之用时，即行停拨。

**第五条** 每年应支付之养老抚恤金，如超过第二条规定之限度时，照支给章程第四条之规定办理。但在该年度养老抚恤金业经支配后，发生因公致伤或致死之员工，必须于该年度内支出抚恤金，以致超过此限时，得暂由基金内拨付，以次年度按月提拨之款尽先拨还之。

**第六条** 邮政养老抚恤金，由邮政养老抚恤金管理委员会管理之。

**第七条** 管理委员会设委员七人至九人，以邮政司长、邮政总办、会办为当然委员，其余由交通部就邮局处长中遴选二人，部员及局员中遴选二人至四人派充之。

**第八条** 管理委员会以邮政总办为委员长，并由委员互推三人为常务委员，常务委员长处理常务及基金之营运事项。

**第九条** 管理委员会每半年开会一次。遇有重要事项，应由委员长召集临时会议。常务委员会由委员长召集之。管理委员会议事规程应依一般会议之通例。

**第十条** 管理委员会投资营运，应以最稳妥之方法行之。

**第十一条** 管理委员会每年应将本年度管理情形，详细报部查核。

**第十二条** 管理委员会委员长，得酌调局员助理事务。

**第十三条** 管理委员会人员不得另支薪水或津贴。

**第十四条** 关于养老抚恤金之管理，设监查委员二人，由交通部就部员中派充之。监查委员对于养老抚恤金之支配及投资营运方法，应随时视查情形，稽查账目表册及第十一条之报告，并列席各项会议，但不得参与表决。监查委员遇必要时，得请派部员随同助理查账。

**第十五条** 监查委员对部各自单独负责。遇必要时，递呈部长核办。

**第十六条** 本章程自公布之日施行。

**附录 4:《邮政养老抚恤金管理章程及支给章程施行细则》,1930 年 8 月 9 日公布。**

**(《邮政养老抚恤金管理章程及支给章程施行细则》,《交通公报》1930 年第 169 期,第 29—32 页。)**

**第一条** 邮政养老抚恤金(以下简称养老抚恤金)应立账目如下：

甲、基金账:

按照《邮政养老抚恤金管理章程》(以下简称《管理章程》)第一条第一项之规定,应由原有保证防后金及资助金余款拨入 200 万元作为开办基金,其每年度乙丙两项账款之结余亦应拨入此账作为续入基金,统于每年度终止时结算后将总结之款转入下届账内。

乙、基金利息账:

每年基金所生利息按照《管理章程》第一条第一项之规定,除以原拨基金 200 万元所生利息五分之二拨充特别金外,余款暂列此账俟年终结算总数后,拨归基金账内。

丙、养老抚恤金流动金账:

按照《管理章程》第一条第二项之规定,每月由邮政收入项下提出等于全体员工薪水百分之七之款,及同章程同条第三项之规定,每年由邮政盈余项下提拨十分之一之款列入,此账为收入门。按照《邮政养老抚恤金支给章程》(以下简称《支给章程》)支付之款列入,此账为支出门。其每年度结账之余款应拨入基金账。

丁、养老抚恤金基金投资账:养老抚恤金营运投资之账目。

戊、投资损益账:基金投资之损益账目。

巳、汇兑盈亏账:汇兑行情之盈亏账目。

庚、银行往来账:银行往来之现金账目。

辛、邮局往来账:邮局往来之现金账目。

壬、特别金账:按照《管理章程》第一条第一项之规定,原有保证防后金及资助金余款 200 万元拨作养老抚恤金基金后,其每年所生利息提出五分之二列入此账并附立(一)特别金利息账;(二)特别金投资账;(三)邮局往来账。

**第二条** 每月由邮政收入项下提出等于全体员工薪水百分之七之款,应以各该员之实薪计算。无论何项津贴虽在薪水项下支出均不得计算在内,员工在邮政总局服务者由总局账内按月提拨归入养老抚恤金与邮局所开立之往来账内,其在各区管理局及管理局所属之各局服务者由各区管理局按月提拨各局结账,如在月终者,即按是月实薪总数计算,其未至月终先行结账者,则按前一个月所发实薪之数目计算,务期所拨款项适合各该局是月所发全体员工实薪总数百分之七。

**第三条** 各区管理局提拨之款,员工之在各区管理局者,其应拨款数由各区会计长负责核算,送由邮政总局稽核处复核,其在各区所属内地各局者,由各区会计负稽核之责(各内地局员工薪水清册向不呈送总局,故应由该管理局负责)。

**第四条** 每年出邮政盈余项下提拨十分之一之款,应于每会计年度终止时(即每年六月底)由邮政总局结算提拨之。

**第五条** 员工退休、休致、残废或裁退时应由邮政总局将其姓名履历及应得之养老金或抚恤金数目负责核算,按时送交邮政养老抚恤金管理委员会(以下简称管理委员会)。常务委以设核后分别饬发,未经核准饬发以前,各区管理局不得擅发。

**第六条** 所有各区管理局按照本细则第二条之规定,每月提拨等于该区全体员工薪水百分之七之款,及按本细则第五条支给各款彼此对销。如有余款作为由总局协济之款入账遇支给之款超出所提拨之款时,则将超出之数作为拨解总局之款出账,账再由总局汇合登入养老抚恤金与邮局所开立之往来账内。

**第七条** 养老抚恤金各项账目概用国文复式簿记法登记,于每年六月及十二月底各结算一次,但每月仍须编造资产负债对照表,存案以备咨查各项账目于每会计年度结算后,应送邮政总局稽核处审核并延聘会计师再事稽核后送由管理委员会通过,移送邮政养老抚恤金监察委员复核后再行呈部备案,并以通饬公布俾各员工得明真像。

**第八条** 员工退休日期每年分二月底及八月底两期,凡呈请退休者须于三个月前(即每年五月底及十一月底以前)将呈文送达邮政总办,逾期到达者递推至次期,办理但具有特别情形者得由邮政总办,查核情形提前办理。

**第九条** (甲)人员领受养老金或抚恤金时应于收据上签名盖章,所有收据上签名及印章式样应于在职时签领月薪之式样相同是项,收据应经由发款邮区之邮务长签署发交领款人邀请,邮务人员签名作证证明领款人确系本人无误,方可具领并应由会计长签名证明发款手续无讹,然后呈送总局备核。

(乙)人员遗族领受抚恤金或呈准退休人员在未领到养老金以前病故,由其遗族领受其养老金时,发款邮区之会计长应切实查明该领款人是否为该已故人员之正当遗族(参照《支给章程》第十条)。其收据上签名盖章等手续与甲项之规定同,惟当局员签名作证时应于收据上添注负责证明领款人,确俟死者之正常遗族无误,倘局员中无人负责证明时,应俟该领款人觅具可靠铺保后方可发给。

**第十条** 员工或其家族请领养老金或抚恤金时得指定下列各局支给之惟一次支给之。养老金或抚恤金不得请求在两处或两处以上之局所支给:

一、该员工离局时服务之局或其隶属之管理局;

二、该员工原籍地方之管理局;

三、该员工初入局之局或其隶属之管理局；

四、该员工最后调出之局或其隶属之管理局；

五、上海管理局。

**第十一条** 本细则如有未尽事宜得随时修订之。

**第十二条** 本细则自公布之日施行。

**附录5:《学校职教员养老金及恤金条例》,1926年11月2日公布。**

**(教育部参事处:《教育法令汇编(第一辑)》,商务印书馆1936年版,第50—51页。)**

**第一条** 学校职教员(以下简称职教员)领受养老金及恤金,依本条例之规定行之。

**第二条** 凡连续服务十五年以上之职教员,年逾六十,自请退职,或由学校请其退养者得领养老金;或年未满六十而身体衰弱不胜任务者,亦得领养老金;但以不任其他职务者为限。

**第三条** 职教员如因公受伤,以致残疾不胜任务时,虽未满前条之年限,亦得领养老金,但以不任其他职务为限。

**第四条** 职教员养老金给予之标准如下:

一、职员及专任教员之养老金依下表行之(详见下表,同书中表4-4);

专任教员养老年金给予之标准

单位:元(银元)

| 最后月俸 | 在职年数 | | |
|---|---|---|---|
| | 20年未满 | 20年至25年 | 25年以上 |
| 小于20 | 180 | 192 | 204 |
| 20—30 | 210 | 225 | 245 |
| 30—45 | 261 | 319 | 342 |
| 45—60 | 296 | 413 | 445 |
| 60—80 | 462 | 546 | 546 |
| 80—100 | 540 | 594 | 648 |
| 100—120 | 594 | 660 | 726 |
| 120—150 | 648 | 729 | 810 |
| 150—200 | 735 | 840 | 945 |
| 200以上 | 900 | 1 050 | 1 200 |

二、兼任教员之养老金，照最后三年内年俸平均数之百分之二十。

**第五条** 凡连续服务十五年以上之职教员，如依第三条之规定而退职时，其养老金照下列标准给予之：

一、职员及专任教员之养老金，除依养老年金表外，照最后年俸给予百分之十；

二、兼任教员之养老金，照最后三年内年俸，平均数之百分之三十。

**第六条** 养老金之支给，自退职之翌日起，至死亡日止。

**第七条** 职教员如有下列情事之一者，得领恤金：

一、连续服务十年以上者死亡时；

二、连续服务十五年以上者死亡时；

三、连续服务二十年以上者死亡时；

四、因公致死亡时；

五、因公受伤或受病以死亡时。

**第八条** 恤金给予标准如下：

一、职员及专任教员之在第七条第一项者，照最后年俸之半数；第二项者照最后年俸之额数；第三第四第五项者，照最后年俸之倍数。

二、兼任教员之在第七条第一项者，照最后三年内年俸平均数之百分之三十；第二项者百分之四十；第三项者百分之五十；第四第五项者，照最后三年内年俸之平均数。

**第九条** 服务年数之计算，以连续在一校者为限；但当转任他校时，系经主管教育行政机关调用或经原校长许可，并专案呈准者，不在此例。

**第十条** 承领恤金者，应依死亡者之遗嘱为准，无遗嘱时，由法定继承人具领之。

**第十一条** 国立学校，遇有应发之养老金，或恤金，由国库支给；省立学校，由省库支给；市县区立学校，由市县区教育经费支给。

**第十二条** 私立学校遇有应发之养老金或恤金，由各该校察度经费情形酌量支给之。

**第十三条** 各校请领养老金或恤金，由本人或其法定继承人，开具履历事实，及请领金额，经由该校校长，呈请主管教育行政机关核给之。

**第十四条** 各校校长请领养老金或恤金，应由本人或其法定继承人，经由该校继任或代理校长，参照第十三条程序办理。

**第十五条** 本条例公布以前，各职教员服务年数，得照追计，但以有确据者为限。

**第十六条**　得领养老金或恤金之职教员，以在职者为限；但领受养老金未满二年而死亡者，得给予第八条所定恤金之半额。

**第十七条**　本条例自公布日施行。

**附录6：《学校职教员养老金及恤金条例施行细则》，1926年12月21日公布。**

**（教育部参事处：《教育法令汇编（第一辑）》，商务印书馆1936年版，第51—53页。）**

**第一条**　依学校职教员养老金及恤金条例第二条之规定，应领养老金者，须开具下列各项，呈由最后所在校校长，转呈主管教育行政机关；因身体衰弱不胜任务而退职者，须加具医生证明书。

一、姓名、年龄、籍贯及现住所；

二、在职中之履历；

三、在职之合计年数；

四、退职之事由；

五、退职之年月日；

六、依《学校职教员养老金及恤金条例》某条某项，请求养老金年金若干。

**第二条**　依《学校职教员养老金及恤金条例》第三条之规定，应领养老金者，须开具前条各项及受伤之原因，连同医生证明书，呈由最后所在校校长，转呈主管教育行政机关。

**第三条**　依《学校职教员养老金及恤金条例》第七条之规定，应领恤金者，须由承领恤金合法人，开具下列各项，连同死亡者之遗嘱，（无遗嘱时得缺之）呈由最后所在校校长，转呈主管教育行政机关。

一、承领恤金合法人之姓名、年龄、籍贯及现住所；

二、承领恤金合法人，与死亡者之关系；

三、死亡者之履历；

四、死亡者在职之合计年数；

五、死亡者死亡之年月日；

六、依学校职教员养老金及恤金条例某条某项，请求恤金若干。

**第四条**　各教育行政机关，遇有呈请发给养老金及恤金时，依下例规定办理

一、国立学校，由中央教育行政机关核准，呈请国民政府备案；

二、省立学校，由省教育厅核准，呈省政府备案；

三、市县区立学校，由市县教育行政机关核，呈请市县政备案。

**第五条** 职教员应领之养老金或恤金，经前条手续决定后，由各该主管教育行政机关，依本细则所定款式，制定养老金或恤金证书，经由各该校校长送达本人或承领恤金合法人。

**第六条** 职教员之养老年金，由各该主管教育行政机关，于三月、六月、九月、十二月，分四期发给之。受领养老金人于领款时，须提出养老金证书，证明其受领权。

**第七条** 职教员之恤金，由主管教育行政机关，于发给证书后三个月内，发给之领恤金人于领款时，呈缴其恤金证书。

**第八条** 各教育行政机关发给养老金或恤金时，应取具本人领状及癸实保结一纸，声明并无冒领等事。

**第九条** 有下列情事之一者，其养老金应即停止发给，并追缴其证书，同时呈报各该主管上级机关备案：

一、褫夺公权者；

二、丧失中华民国国籍者；

三、违反《学校职教员养老金及恤金条例》之规定，退职后，再任他项职务者。

**第十条** 领受养老金者，死亡时，应由其遗族呈报主管教育行政机关，并缴还其证书。各教育行政机关接受前项呈报后，除将证书注销外，应即呈报各该上级主管机关备案。

**第十一条** 承领恤金合法人，有下列情事之一时，其应领恤金，准由第二合法人依法具领之：

一、褫夺公权者；

二、丧失中华民国国籍者。

**第十二条** 当证书遗失或污损时，得详叙事由，呈请原主管教育行政机关补发，或换给之。

**第十三条** 本细则自公布日施行。

**附录7:《工人储蓄暂行办法》,1932年4月1日公布。**

**(《工人储蓄暂行办法》,《工商半月刊》1932年第4卷第7期,第1—2页。)**

**第一条** 在工厂工人储蓄法规未公布以前，《工厂法》第38条及《工会法》第

15条之储蓄事项依本办法之规定。

**第二条** 工人储蓄事项由工厂或工会附设工人储蓄会办理之。但无论何方已成立工人储蓄会时,他方不得再设。

**第三条** 工人储蓄会不得以营利为目的。

**第四条** 工人储蓄会得免纳一切国税或地方税。

**第五条** 工人储蓄会之设立,应由发起之工厂或工会连同发起之工人10人以上拟具章程,呈请主管官署核准,并转呈实业部备案。主管官署在市为市政府,在县为县政府。

**第六条** 工人储蓄会章程应载明下列各事项:

一、工厂或工会之名称及所在地;

二、储金之种类;

三、管理委员及监察委员额数及选任解任之规定;

四、会议之规定。

**第七条** 主管官署得随时检查工人储蓄会之簿册,遇有不合法或不确实时,应纠正之。

**第八条** 凡工厂之工人均应加入工人储蓄会。

**第九条** 工厂依《工厂法》应给予工人之津贴及抚恤,不得从工人储金内扣除,工人亦不得借口储蓄要求工厂增加工资。

**第十条** 加入工人储蓄会之工人均为工人储蓄会会员。

**第十一条** 会员大会每年举行一次。

**第十二条** 工人储蓄会设管理委员及监察委员。

**第十三条** 管理委员9人至15人,其中1/3由工厂选派,2/3由会员大会选举。管理委员得互选3人为常务委员,执行日常事务。

**第十四条** 监察委员3人至5人,由会员大会选举。

**第十五条** 管理委员任期2年,监察委员任期1年,得连选连任,均为无给职。

**第十六条** 管理委员之职权如下:

一、关于储金办法之议决事项;

二、关于储金利息之规定事项;

三、关于审查会员请领储金之用途事项;

四、关于签发储金支票事项;

五、关于储金收支报告并公告事项;

六、关于会员大会之召集事项；

七、关于其他执行事项。

**第十七条** 管理委员每月至少开会一次。

**第十八条** 监察委员之职权如下：

一、关于审核管理委员之会计事项；

二、关于纠正工人储蓄不合法之行动事项；

三、关于监察管理委员之管理事项。

**第十九条** 监察委员各得单独行使职权。遇必要时，得以全体监察委员之同意，召集会员大会。

**第二十条** 每届会员大会开会时，管理委员应将一年内之收支账目及存贮情形，造具详细表册，于开会前30日，送经监察委员审核后，报告会员大会。

**第二十一条** 储蓄分下列两种：

一、强制储蓄，分工资为若干等级，依其等级在不妨害最低生活之范围内，酌定储金数额，凡入会之工人，均应如数储蓄；

二、自由储蓄，由工人自动储蓄，凡满1元者，均得存储，并得自行指定用途。

**第二十二条** 储金存储工厂者，应由该工厂取具确实之担保品。工厂破产时，应将工人储金本利全数先行发还，不受破产之拘束。

**第二十三条** 储金不存工厂者，由管理委员选择殷实银行存储。

**第二十四条** 强制储蓄之储金，由工厂于每月发给工资时，会同管理委员核扣之。

**第二十五条** 工人储蓄会应备存折，发给工人，于储入或支出时凭折登记。

**第二十六条** 工人储蓄会应备储金名册，将会员之姓名、工资等级、储金等级及强制储金，或自由储金额数，分别登记。

**第二十七条** 强制储金非遇下列情事之一，不得支取：

一、本人婚嫁或子女婚嫁；

二、直系亲属之丧葬费；

三、家遭重大之灾变；

四、本人或妻室生产；

五、本人伤病甚重；

六、本人失业或身故；

七、本人年老不能工作。

因前项各款支取储金时,须有相当证明。

**第二十八条** 工人储蓄会所需经费,应由工厂负担。

**第二十九条** 各地方主管官署得依照本办法拟订施行细则,呈由实业部核准施行。

**第三十条** 本办法自公布日施行。

**附录 8:《铁道部直辖国有铁路员工储蓄通则》,1931 年 12 月 28 日公布。(《铁道部直辖国有铁路员工储蓄通则》,《铁道公报》1932 年第 236 期,第 4—7 页。)**

**第一条** 路局为策励员工工作安定员工生活举办储蓄应依本通则之规定。

**第二条** 储蓄金应按全体职员以及工匠警役薪资数目(公费津贴房金一律除外),月达二十元者,照下列比例按月扣储:

薪资三十元以上者,扣储蓄金百分之二;

薪资一百元以上者,扣储蓄金百分之三;

薪资二百元以上者,扣储蓄金百分之四;

薪资三百元以上者,扣储蓄金百分之五;

前项储蓄金以每月薪费达二十元者为储蓄起点,每递满五元为一扣算额,其零敷不及五元者不计。储蓄金比例之细数得于路局专章按本条第一项所定比例之范围内附表列明之。

**第三条** 路局按各员工每月薪资数目照下列提出,金额按月存储作为该员工之补助金:

薪资二十元以上者,提补助金百分之五;

薪资五十元以上者,提补助金百分之四;

薪资一百元以上者,提补助金百分之三;

薪资二百元以上者,提补助金百分之二;

凡薪资不满二十元者路局照二十元之百分之五提出,存储作为各该员工之补助金。补助金比例之细数得于路局专章按本条第一项所定比例之范围内附表列明之。

**第四条** 员工薪资遇有增减或扣罚时,按其增减扣罚之月实支敷目扣储路局所提之补助金亦如之。

**第五条** 员工因故暂时停止薪费时,亦暂行停扣储蓄金及提存补助金。

**第六条** 关于储蓄金及补助金之收支保管存放生利等事项，由路局会同储金人设立储蓄管理委员会处理之。前项储蓄管理委员会章程另定之。

**第七条** 员工与路局脱离关系时，除有亏欠公款情事应行扣抵外，其各该名下储蓄金本息一概发还。员工储蓄届眉满十年得发还各该名下储蓄金本息二分之一。

**第八条** 除前条第二项办法外，员工在服务期内储蓄金不得提回并不得以之抵借或担保。

**第九条** 员工具有下列情形之一时得发给补助金：

一、系法定年龄退休者；

二、自行辞职者；

三、因故离职者；

四、在职身故者。

**第十条** 凡因重大过犯而停职或撤职者仅发还储蓄金本息不给补助金。

**第十一条** 补助金应依下列之规定分别发给：

一、服务一年以上二年未满者，给补助金本息全数百分之十；

二、服务二年以上四年未满者，给补助金本息全数百分之三十；

三、服务四年以上六年未满者，给补助余本息全数百分之五十；

四、服务六年以上八年未满者，给补助金本息全数百分之七十；

五、服务八年以上十年未满者，给补助金本息全数百分之九十；

六、服务十年以上者，给补助金本息全数。

**第十二条** 依前二条规定之剩余补助金另行提存满五年后递年连同利息退还路局。

**第十三条** 员工在职身故，除生前曾经以书面声明其预定之承受人外，其储蓄金本息及应得补助金本息均交其遗族具领，遗族之范围及顺序依国有铁路员工抚恤通则第十二条之规定。

**第十四条** 本通则第十一条所称之服务年资计算办法依照本部颁布之员工资历计算办法办理，其在部及在路之服务年资得接续计算。

**第十五条** 员工调路服务时，其各该名下之储蓄金暨补助金应依下列之规定分别办理：

一、已办储蓄之路互调者，应将其储蓄金本息暨补助金本息一并移转其年资得接续计算；

二、由已办储蓄之路调至未办储蓄之路者，应将其储蓄金本息暨补助金本息一并发给；

三、由未办储蓄之路调至已办储蓄之路者，应自调路到差之日起，依本通则照扣储蓄金暨照提补助金，但以前年资不得接续计算。

**第十六条** 各路所用之外籍人员不适用此通则。

**第十七条** 本通则自公布之日施行。

**附录9:《胶济铁路员工养老储金章程》**

**(《胶济铁路员工养老储金章程》,《胶济日刊》1931 年第 223 期,第 5—7 页。)**

**第一条** 本章程以提倡同人储蓄预筹养老为宗旨。

**第二条** 本路员工自委员长委员以至工匠警役等均须依本章程之规定，每月按照薪工(津贴公费房金一概不针)扣提百分之五作为储金。前项储金为计算便利起见，以一元为最低数，薪工在二十元以下者，按二十元扣算，二千元以上者，每增五元为一扣算额，其薪工零数不满一扣算额者，亦按一扣算额计算(例如薪工二十五元者，月扣一元二角五分，三十元者月扣一元五角，以上照此类推，二十元以上不满二十五元者按二十五元扣算，二十五元以上不满三十元者，按三十元扣算，余类推)。

**第三条** 路局每月照各员工薪工数目按前条所定扣提储金，另给同数金额按月存储作为补助金，以备员工离职时按照情形分别发给。

**第四条** 凡本路员工遇有加薪或减薪时，于其加减之月起按其加减薪额扣提其补助金，亦按其加减薪额补助。

**第五条** 凡本路员工遇有告假扣薪或罚薪时，其扣除之仍应照原数缴入。

**第六条** 凡本路员工遇有事故并未离差而暂行停止薪工或调赴他处留资停薪时，其停薪期内暂行停止扣存储金及补助金。

**第七条** 凡储金及补助金均由本路存入妥实银行与银行商定按月起息。(附注)本条内所定之每月息率应俟与银行商定后再行填入。

**第八条** 上项利息每年六月、十二月底各结算一次，每次利息核结后即作为储本。

**第九条** 储金及补助金之保管及支付等项另设养老储金保管委员会，其章程另定之。

**第十条** 储金及补助金不得移作他用。

**第十一条**　本路员工储金由本局按人填给储金存折一扣，由局按月将扣提储金数目登入折内，每次结算本息均载入储折之内，其补助金于每次结算后报告一次。

**第十二条**　凡员工与本路脱离关系时，所有各该名下储金本息一概发还。

**第十三条**　凡员工在本路服务期内，不得提回储金。

**第十四条**　储金存折应由各人自行保存，不得私行抵押借款，倘有抵押情事，一经查出，从严处罚。

**第十五条**　储折如有遗失时，应由本人呈具声叙书并觅具保人证明无误，得由各该本人缴纳补折费五角，补领储折一扣。

**第十六条**　凡下列各项员工均得发给补助金：

（1）年满六十的高老退休者；

（2）自行告退者；

（3）凡非因过失由路局辞退者；

（4）在职身故者。

**第十七条**　补助金应依下列办法分别发给下余之补助金积存作为公积金：

服务一年以上二年未满者，给补助金本息全数百分之十；

服务二年以上四年未满者，给补助金本息全数百分之三十；

服务四年以上六年未满者，给补助金本息全数百分之五十；

服务六年以上八年未满者，给补助金本息全数百分之七十；

服务八年以上十年未满者，给补助金本息全数百分之九十；

服务十年以上者，给补助金本息全数。

**第十八条**　储金及补助金遇有意外或不可抗力受损失时，经养老储金保管委员会之议决，得以公积金补充之。

**第十九条**　公积金满五年后，除提十分之一作为公益金外，其余本息全数递年退还路局作为本路资本。如第一年公积金第六年退还，第二年公积金第七年退还，后此类推。

**第二十条**　凡因过失开革者，不论年限长短，仅发还储金本息，不给补助金，如有亏空公款情事并应在各该储款内扣抵。

**第二十一条**　员工在职身故，除生前具函预行指定承受人外，其储金本利及应得补助金均交其家属具领，其家属之范围及顺序应照《国有铁路员工抚恤通则》第十二条之规定。

**第二十二条**　第十七条所称之服务年限计算办法，依照铁道部颁布之员工资历计算办法办理，即在部及在各路服务年限得接续计算，不自储金之日起计算。

**第二十三条** 本章程于雇用之外国人员不适用之。

**第二十四条** 本章程有未尽事宜得呈部修正之。

**第二十五条** 本章程自呈部核准之日施行。

**附录10:《胶济铁路员工养老储金保管委员会章程》**

**(《胶济铁路员工养老储金保管委员会章程》,《胶济日刊》1931年第223期，第7—9页。)**

**第一条** 本路为保管员工养老储金安全起见，按照养老储金章程第九条设立员工养老储金保管委员会。

**第二条** 本会设委员十五人，以下列人员充任之：

一、本路委员长及委员（五人）；

二、会计处长（一人）；

三、出纳课长（一人）；

四、公益课长（一人）；

五、党部代表（一人）；

六、工人代表（三人）；

七、员司代表（三人）；

党部、工会及职员代表其地位如无变更，任期均以三年为限。

**第三条** 本会设常务委员三人以下列人员充任之：

一、委员长；

二、会计处长；

三、公益课长。

**第四条** 本路委员长为本会主席。

**第五条** 本会之职权如下：

一、关于储金及补助金之审核事项；

二、关于储金及补助金之存放事项；

三、关于储金及补助金之提取事项；

四、关于储款之保管安全事项；

五、关于储款银行之审定事项；

六、关于公积金之保管及退还事项；

七、关于收支储金及补助金之报告事项。

**第六条** 本会例会规定六个月开会一次，每年一月、七月间举行之，如有紧急事宜，得由常务委员招集临时会议。

**第七条** 本会开会时人数须到三分之二以上方能开会。

**第八条** 本会常务委员之职权如下：

一、每月储金及补助金之存储；

二、储金及补助金之提取支付（仅限退职或离差员工）；

三、储金及补助金之统计；

四、储金及补助金账目之稽核；

五、其他关于储金及补助金之一切事项。

**第九条** 处理第八条各项事务须经常务委员全体签字。

**第十条** 每月员工储金及补助金应于发薪后三日内送存银行，不得迟延。

**第十一条** 本会不另设职员，一切储金扣领事项由本路会计处办理，其详细办法另定之。

**第十二条** 本会委员不另支薪津及公费。

**第十三条** 对于保管上有不完善之处，员工皆得用书面报告本会，以备开会时提出讨论。

**第十四条** 本章程如有未书事宜，得由本会议决后呈部修正。

**第十五条** 本章程自呈部核准公布之日施行。

**附录11:《公务员退休法》，1943年11月6日公布。**

**(《公务员退休法》,《国民政府公报》1943年渝字第621号，第3—4页。)**

**第一条** 公务员之退休依本法行之。

**第二条** 本法所称公务员除长警外以组织法规定有员额等级，并经铨叙合格或准予任用、派用有案者为限。

**第三条** 公务员有下列情形之一者得申请退休：

一、任职十五年以上年龄已达六十岁者；

二、任职二十五年以上成绩昭著者。

前项第一款之年龄于长警及其他职务有特殊性质者，得由铨叙部酌予减低，但不得少于五十岁。

**第四条** 公务员有下列情形之一者，应命令退休：

一、年龄已达六十五岁者；

二、心神丧失或身体残废致不胜职务者。

前项第一款之年龄，于长警及其他职务有特殊性质者，得由铨叙部酌予减低，但不得少于五十五岁。公务员已达第一项第一款之年龄，如尚堪任职，服务机关得使事妥之需要，报请铨叙部延长之，但至多以十年为限。

**第五条** 公务员有下列情形之一者，给予年退休金：

一、任职十五年以上已达申请退休年龄而申请退休者；

二、任职二十五年以上成绩昭著而申请退休者；

三、任职十五年以上已达命令退休年龄而命令退休者；

四、任职十五年以上心神丧失或身体残废致不胜职务而命令退休者；

五、因公伤病致心神丧失或身体残废不胜职务而命令退休者；

前项第五款之公务员，如任职未满十五年者，其领受年退休金额以满十五年论。

**第六条** 公务员有下列情形之一者，给予一次退休金：

一、任职五年以上十五年未满，已达命令退休年龄而命令退休者；

二、任职五年以上十五年未满，因心神丧失或身体残废，致不胜职务而命令退休者。

**第七条** 年退休金之数额，按该公务员退职时之月俸额合成年俸，依下列百分比率定之：

一、任职十五年以上二十年未满：申请退休者百分之四十，命令退休者百分之五十；

二、任职二十年以上二十五年未满：申请退休者百分之四十五，命令退休者百分之五十五；

三、任职二十五年以上三十年未满：申请退休者百分之五十，命令退休者百分之六十；

四、任职三十年以上：申请退休者百分之五十五，命令退休者百分之六十五；

长警申请退休或命令退休者，其退休金除依前项规定外，再加百分之十。

**第八条** 一次退休金之数额，按该公务员服务年资计算，每满一年给予退职时月俸一个月之退休金，其未满一年而达六个月以上者，以一年计，但长警再加给百分之十。

**第九条**　在非常时期，退休人员除依前二条给与退休金外，并按现任公务员待遇比例增给之，但一次退休金，其增给额不得超过其待遇一年总额百分之四十。

**第十条**　年退休金之给予，自退职之次月起至权利消减之月止。

**第十一条**　请领退休金之权利，自退职之次月起，经过五年不行使而消减。

**第十二条**　有下列情形之一者，丧失其领受退休金之权利：

一、死亡；

二、褫夺公权终身者；

三、背叛中华民国经通缉有案者；

四、丧失中华民国国籍者。

**第十三条**　有下列情形之一者，停止其领受年退休金之权利：

一、褫夺公权尚未复权者；

二、领受年退休金后再任有俸薪之公职者。

前项第二款之公务员于再请退休时，得依第七条第一项之规定，改定年退休金。

**第十四条**　请领退休金之权利，不得扣押、让与或供担保。

**第十五条**　退休人员、本人、其配偶及其直系血亲属现在任所者，于回籍时，得视其路程远近、亲属年龄，由最后服务机关给予旅费。

**第十六条**　本法除关于命令退休之规定外，于政务官准用之。

**第十七条**　本法施行细则由考试院定之。

**第十八条**　本法自公布日施行。

**附录12：《公务员退休法施行细则》，1944年2月10日公布。**

**(《公务员退休法施行细则》，《国民政府公报》1944年渝字第649号，第10—12页。)**

**第一条**　本细则依《公务员退休法》第十七条之规定制定之。

**第二条**　本法第二条所称准予任用派用，指依公务员任用法规审定之准予任用或派用人员。

**第三条**　本法第二条所称长警，指警长及警士。

**第四条**　本法第三条所称成绩昭著，以考绩成绩优异或经嘉奖有案者为限。

**第五条**　本法第五条第五款所称因公伤病，指有下列情事之一者而言：

一、因执行职务所生之危险,以致伤病;

二、因尽力职务积劳成疾;

三、因出差遇险,以致伤病;

四、在办公时间遇意外危险,以致伤病;

五、非常时期在任所遇意外危险,以致伤病。

**第六条** 本法所称心神丧失,指疯癫白痴等不能治愈者。所称身体残废,指有下列情事之一者而言:

一、毁败视能;

二、毁败听能;

三、毁败语能;

四、毁败一肢以上机能;

五、毁败其他重要机能。

前项心神丧失或身体残废,缴验公立医院或领有执业证书医师诊断书及服务机关之证明书。

**第七条** 计算公务员退休年龄,以经铨叙部登记有案者为准。

**第八条** 计算公务员任职年资,以在国民政府统治下者为限。

**第九条** 本法第二条规定之人员,曾任有给之聘用派用及军用文职,经铨叙部登记有案或具有任卸职文件者,其年资得合并计算。

**第十条** 申请退休人员应填具退休事实表三份,检同相片二张及证明文件,呈报服务机关递转铨叙机关;命令退休者,前项表件由服务机关分别填取,迳转铨叙机关。

**第十一条** 应命令退休人员未经服务机关命令退休者,经铨叙机关查明,应通知其服务机关或其上级机关依法办理。

**第十二条** 退休人员填送之事实表及证明文件,应先由服务机关核明,如有与事实不符、程序不合或证件不足者,应分别驳回或令其补正。

**第十三条** 退休人员经审定应给予退休金者,由铨叙部填发退休金证书,递由原转请机关发交退休人员,并汇案呈请考试院转呈国民政府备案。

**第十四条** 公务员退休金,依其最后服务机关之经费,属于国家财政支出者,其退休金由国家财政支给,属于地方自治财政支出者,其退休金由地方自治财政支给。

**第十五条** 公务员退休金由国库总库支出者,以铨叙部为支给机关,县市政府为经发机关;由国库分库(即省市库)支出者,以省市财政厅局为支给机关,县市政府为经发机关；由县市库支出者，以服务之县市政府为支给机关，现住地之县市政府为经发机关。

前项退休金，铨叙部得商同财政部交通部交由银行或邮局转发。

**第十六条** 公务员年退休金每年一次发给，以六月为开始发给时期。

**第十七条** 依本细则第十三条规定填发之退休金证书分五联，第一联存根留铨叙部，第二联证书交退休金领受人，第三联通知交经发机关，第四联备查交支给机关，第五联备审送审计机关。退休金由银行或邮局转发时，其证书式样另定之。

**第十八条** 公务员退休金由国库总库支出者，铨叙部须将通知一联连同退休金转交领受人所在地之县市政府经发，由国库分库或县市库支出者，省市财政厅局或县市政府须将通知一联交经发机关。

**第十九条** 公务员退休金之经发与报核程序如下：

一、由国库总库支出者，应由经发之县市政府于经发时取具退休金领受人领据，呈由铨叙部按月汇编退休金支出计算书类，送审计部核销，并汇编退休金收支对照表，送财政部备查；

二、由国库分库支出者，应由经发机关于经发时取具退休金领受人领据，送由支给退休金之省市财政厅局按月编造支给退休金清册，连同领据呈送财政部转请审计机关核销；

三、由县市库支出者，应由经发机关于经发时取具退休金领受人领据，送由支给退休金之县市政府，呈送本省财政厅转请审计机关核销。

前项经发机关对于一次退休金发给领受人后，应将退休金证书即时掣回，并取具领据，送由支给机关分别转请核销。

**第二十条** 各县市政府经发年退休金后，应在退休金证书及通知联内即时注明发款数目及起讫日期，加盖戳记，并取具领据，转送支给机关，未加盖戳记者，如发生错误，应由经发机关负责。

**第二十一条** 由国库总库支出之退休金，如遇特殊情形，有迳行发给之必要者，铨叙部得迳行发给，仍将迳发情形随案通知经发机关。

国库分库或县市库支出之退休金发给时，遇有前项特殊情形者，得比照办理。

**第二十二条** 退休金支给机关应将退休金领受人之姓名、年龄、籍贯、住址，分别开送领受人现住地之警察、地方自治及司法机关。

前项领受人如有本法第十二条各项及第十三条第一项情事之一者，该管警察、地方自治或司法机关应即通知支给机关，停止支给退休金，但依第十三条第一项情事停止支给者，得于复权后提出证明文件，呈请支给机关自复权之月起续发。

退休金领受人之领受权丧失或停止后，如有蒙混冒领等情事者，除由经发机关追缴冒领之退休金及证书外，并应依法惩处。

**第二十三条** 退休金领受人有本法第十三条第二项情事时，应自行报告支给机关，并缴还原领退休金证书，如不报告继续蒙领，经铨叙机关查出者，除由经发机关追还蒙领之退休金及证书，取消其再退休时之权利外，并依法惩处。

**第二十四条** 退休金领受人移住其他省市或县市时，应于每届发给退休金开始期两个月前呈报原经发机关，并附缴原领退休金证书，逾期呈报者，该期退休金仍由原经发机关发给。

前项经发机关接到退休金领受人移住呈报时，应将所缴退休金证书及通知联递转铨叙部注销换发。

**第二十五条** 公务员退休金证书如有遗失或污损时，得详叙事由，取具保证书，报由经发机关查实后，递转铨叙部补发或换发。

**第二十六条** 本法第九条所称按现任公务员之待遇比例增给，其经费应依退休金支给系统另编预算，由支给机关在给予退休金时比例增给，其标准由考试院会同行政院定之。

**第二十七条** 本细则所定各种书表格式，除另有规定外，由铨叙部定之。

**第二十八条** 公务员在本法施行前退休者，仍适用旧法，但依旧法核定之金额，自本法施行日起，得依本法第九条规定酌予调整。

**第二十九条** 本细则自公布日施行。

**附录13:《社会救济法》,1943年9月23日公布。**

**(《社会救济法》,《社会工作通讯》1944年第1卷第3期,第23—29页。)**

### 第一章　救济范围

**第一条** 合于下列各款规定之一，因贫穷而无力生活者，得依本法予以救济：

一、年在六十岁以上精神衰耗者；

二、未满十二岁者；

三、妊妇；

四、因疾病伤害残废或其他精神上身体上之障碍，不能从事劳作者；

五、因水旱或者其他天灾事变，致受重大损害，或因而失业者；

六、其他依法令应予救济者。

**第二条**　对于遭受非常灾变之灾民、难民，所为之紧急救济，其受救济人不以前条所列者为限。

**第三条**　对于性格操行不良，具有犯罪倾向，有矫正之必要者，予以矫正救济。

**第四条**　应受救济人得向主管官署或有救济设施之处所，请求予以适当之救济。但救济亦得依职权为之。

**第五条**　依第一条所列各款规定得受救济者，如有受扶养之权利，其扶养义务人具有扶养能力时，得不予以救济，但有切迫情形者，不在此限。

## 第二章　救济设施

**第六条**　救济设施分下列各种：

一、安老所；

二、育婴所；

三、育幼所；

四、残疾教养所；

五、习艺所；

六、妇女教养所；

七、助产所；

八、施医所；

九、其他以救济为目的之设施。

**第七条**　各种救济设施，由各县市视实际需要及经济状况依照本法分别举办，中央及省亦得酌量办理。其设置救济院者，得于院内分办各种救济设施。乡镇财力充裕者，亦得举办各种救济设施。

**第八条**　团体或私人亦得举办救济设施，但应经主管官署之许可。

**第九条**　主管官署对于前条之救济设施有视察及指导之权。

**第十条**　团体或私人办理之救济设施，主管官署应予以保证。其成绩卓著者，应予以奖励。

**第十一条**　团体或私人办理之救济设施，如办理不善，主管官署得令其改进。其违反法令情节重大者，并得令其停办。

**第十二条**　救济设施得利用公共适宜处所为其地址，但应先经主管官署之核准。

**第十三条**　法院或警察机关得将应受救济人送交救济处所，非有正当理由，不得拒绝接受。

## 第三章　救济方法

**第十四条**　救济除本法或其他法律另有规定外，依受救济人之需要，以下列方法为之：

一、救济设瓶处所内之留养；

二、现款或食物衣服等必需品之给予；

三、免费医疗；

四、免费助产；

五、住宅之廉价或免费供给；

六、资金之无息或低息贷与；

七、粮食之无息或低息贷与；

八、减免土地赋税；

九、实施感化教育及公民训练；

十、实施技能训练及公民训练；

十一、职业介绍；

十二、其他依法令所定之救济方法。

**第十五条**　凡在六十岁以上之男女，应受救济者，得于安老所内留养之。

**第十六条**　凡未满二岁之男女婴孩，应受救济者，得于育婴所内留养之。

**第十七条**　凡满二岁以上未满十二岁之幼年男女，应受救济者，得于育幼所内留养之。

**第十八条**　育幼所应按留养儿童之年龄，设置相当班次，授予相当教育，并为技能上之训练，或送就近相当学校免费肄业。

**第十九条**　留养于育幼所者，出所时应予以适当之安置。

**第二十条**　生育子女逾五人者，如因生活困难无力养育，得请求主管官署给予补助费，或将该子女送育婴所或育幼院所留养之。

**第二十一条**　育婴所或育幼所留养之婴孩儿童，如有人愿收养为子女者，得具委实保证，请求主管官署核准给领。前项之婴孩儿童，如有直系血亲尊亲属者，于核准给领前应得其同意。给领后，主管官署或原有育婴所育幼所得于相当期内，查视被收养人之生活状况。

**第二十二条**　残疾人应受救济者，得留养于残疾教养所。

**第二十三条**　残疾教养所对于留养者应分盲、哑及肢体残废三种，就其各个能力授以相当之知识及技能，必要时并得开办盲哑学校。

**第二十四条** 残疾人受教养后，力能自谋生活者，应为介绍职业，令其出所。

**第二十五条** 残废之荣誉军人，其救济设施不适用本法之规定。

**第二十六条** 为治疗受救济人疾病得设置施医所。

**第二十七条** 施医所得附设于公立医院，或由主管官署嘱托著有声誉之私立医院设置之。其设有卫生院所之县市，得由该院所办理。

**第二十八条** 应受救济之妊妇，由助产所医师助产士助产，未设助产所之县市乡镇，应为指定助产之医师、助产士或处所，不收费用。

**第二十九条** 为治疗精神病及防护社会利益，得设精神病院。患精神病应受救济者，得令入院治疗。

**第三十条** 对于幼年男女之应受矫正救济者，得设矫正处所，予以矫正。

**第三十一条** 为收容曾从事不正当业务或受虐待之妇女，得设置妇女教养所，授予相当之知识及技能，并矫正其不良习惯。

**第三十二条** 对于懒惰成习或无正当职业之游民，得设置习艺所收容之，强制其劳作，并授以必要之知识及技能，养成其勤俭之习惯。

**第三十三条** 对于受救济人应予介绍职业者，由职业介绍所办理之。

**第三十四条** 在人口稠密之地区，住宅不敷居住时，县市政府得修建平民住宅，廉价出租；或修建宿舍，免费或廉价供平民暂时住宿。

**第三十五条** 粮食或其他生活必需品之价格昂贵，致一般平民无力购买时，县市政府得办理公共食堂；或采凭证购买制，以廉价供给之。

**第三十六条** 县市乡镇为准备救荒，设置义仓，得以粮食无息或低息贷与平民，令于次期收获时偿还。

**第三十七条** 每届冬季，得视事实之需要，开办粥厂，或对平民发给粮食棉衣或其他生活必需品。

**第三十八条** 各地遇有水、旱、风、雹、地震、蝗螟等灾，县市政府得视被灾情形，呈请减免土地赋税。

**第三十九条** 为救济遭受非常灾变之灾民、难民，实施紧急赈济时，得视现款或食物衣服等必需品之给予，必要时并得设所予以临时收容。

**第四十条** 对于专供临时急赈之赈品及灾民、难民之输送，得免缴运费。前项赈品并得免税。

**第四十一条** 受救济人或流浪人死亡无人埋葬者，由代葬所埋葬；未设代葬所者，其代葬事务由所在之乡镇公所办理之。其在救济设施处所内死亡者，由救济设施主管人办理之。

## 第四章　救济费用

**第四十二条**　救济设施由县市举办者，其费用由县市负担；中央或省举办者，其费用由中央或省负担。救济设施由乡镇举办者，其费用由乡镇负担。

**第四十三条**　救济设施由团体或私人举办者，其费用由各该团体或私人负担。前项救济设施，办理著有成绩者，得由主管官署酌予补助。

**第四十四条**　救济事业经费，应列入中央及地方预算。

**第四十五条**　县市依本法举办之救济事业，得由中央政府予以补助。

**第四十六条**　各种救济设施，得于设置时筹募基金；其因事业发展而扩充设备者，并得增募基金。但团体或私人举办之救济设施，非经主管官署核准，不得向外募捐。

**第四十七条**　救济经费之募集，不得用摊派或其他强制征募方法。

**第四十八条**　救济经费不得移作别用。

**第四十九条**　救济设施，应由主办人将收支款项及办理实况，按月公布，并分别造具计算书及事实清册，呈报主管官署查核。

## 第五章　附　　则

**第五十条**　本法称主管官署，在中央为社会部，在省为省政府，在市为市政府，在县为县政府。但第二十六条至二十九条所定事项之中央主管官署，为卫生署。关于临时及紧急之救济，由赈济委员会主管。

**第五十一条**　本法关于省市之规定，于相当于省或市之特别行政区域准用之；关于县之规定，于相当于县之行政区域准用之。本法施行细则及各种救济设施或其他救济事业之实施办法，由社会部会同各有关部、会、署拟订，呈请行政院核定之。

**第五十二条**　本法自公布日施行。

**附录 14:《社会救济法施行细则》,1944 年 9 月 5 日公布。**

**(《社会救济法施行细则》,《社会工作通讯》1944 年第 1 卷第 11 期,第 34—37 页。)**

**第一条**　本细则依《社会救济法》第五十一条之规定订定之。

**第二条**　凡向主管官署或有救济设施之处所请求救济者，应先填具申请书送请查核办理。其有情势迫切急待救济者，救济设施处所得暂予收容之。由司法或治安机关移请救济者，仍应依前项之规定办理。申请书格式另定之。

**第三条** 人有下列情形之一者，得停止其救济：

一、受救济原因消灭者；

二、不遵主管官署或救济设施负责人所为之合法处置，其情节重大者；

三、以诈欺或其他不正当方法获取救济者。

有前项第三款情形经查明属实者，得由主管官署责令受救济人或其保证人偿还其所受救济之一切费用。

**第四条** 救济设施应按其业务性质，依照本法第六条规定其名称。本法施行后，其原有名称不合规定者，应依法改正之。

**第五条** 凡救济设施由省市县或乡镇举办者，应冠以省市县或乡镇名称；一省市县有二以上同性质之救济设施时，以数字区分之；由团体或私人创办者，准另冠名称，但应冠以私立二字。

**第六条** 举办救济设施，应于成立后一个月内将下列各项报由当地主管官署核转社会部备案：

一、名称及地址；

二、有关组织管理及各项设施之规章；

三、经费来源及其概算；

四、业务性质及收容人数；

五、职员名册。

团体或私人创办各种救济设施，应依照前项各款先向主管官署申请许可。救济业务如与赈济委员会或卫生署有关者并应分报备案。

**第七条** 各种救济设施处所应按年将工作计划、经费预算、工作报告、收支计算等分别呈报主管官署查核。主管官署并得随时派员视导，视其办理成绩分别予以奖惩。前项视导人员因职务上之需要，得向救济设施查阅有关案卷及账册簿据，主持人员不得拒绝。

**第八条** 本法所称救济设施处所内之留养，应分别性质规定留养期限及教养标准。除老人及残疾人经教养后仍难自谋生活者应予终身留养外，届期应使出所自立谋生。

**第九条** 救济设施对于受救济人生产劳动之收益，除提拨百分之六十为充实基金及改良设备外，其余百分之四十应给予受救济人。

**第十条** 受医疗或助产之救济必须住院者，应取具贫苦无力之证明。前项证明得由乡镇保甲长或人民团体负责人为之。如系伪证，除代受救济人偿还一切费用外，并得移请其主管官署依法予以惩处。

**第十一条** 平民住宅由当地政府建筑，廉价或免费供给受救济人居住。

**第十二条** 以义仓粮食贷与平民者，仍应收回实物。办理平粜者，仍应籴补，不得改存现款。

**第十三条** 冬季救济以每年十一月至翌年三月为起止期，但各地得视实际情形酌予伸缩。

**第十四条** 灾难救济必须设所临时收容者，须预定收容限期，其无力生活者应即分别转送各种经常救济设施。前项收容限期，最长不得逾三月。

**第十五条** 受救济人或流浪人死亡时，应由救济设施就当地公墓埋葬之。前项公墓如由救济设施自行筹设时，仍应依法递报内政部备案。

**第十六条** 本法第四十八条所称之救济经费如下：

一、列入年度预算之救济经费；

二、地方救济事业基金款产及其孳息；

三、救济设施生产劳动所得之收益；

四、经政府临时指拨之救济经费；

五、捐赠救济设施之款产及其孳息。

**第十七条** 筹募救济经费或基金，除照统一募捐运动办法及统捐款献金收支处理办法办理外，并应使用三联收据，以一联交执，一联报核，一联存查。前项收据，应先拟定格式，编列号次，送请主管官署加盖印信。募捐结束后，应于一个月内公布捐款人姓名、捐额及拟定之用途，未用捐册并应截角缴送主管官署注销。

**第十八条** 本细则自公布日施行。

# 参 考 文 献

## 一、著作部分


[1] Cohen, Paul A., *Discovering History in China: American Historical Writing on the Recent Chinese Past*, New York: Columbia University Press, 1984.

[2] Hennock, E. P., *British Social Reform and German Precedents: The Case of Social Insurance, 1880 - 1914*. New York: Oxford University Press, 1987.

[3] Ssu-Yu, Teng and Fairbank, J. K., *China's Response to the West: A Documentary Survey, 1839 - 1923*, Cambridge: Harvard University Press, 1963.

[4] [英]阿萨・布里格斯著:《历史视野中的福利国家》,丁开杰、林义选编:《后福利国家》,上海三联书店 2004 年版。

[5] [德]埃瑞克・菲吕博顿、[德]鲁道夫・瑞切特著,孙经纬译:《新制度经济学》,上海财经大学出版社 1998 年版。

[6] [美]安东尼・哈尔、詹姆斯・梅志里著,罗敏等译:《发展型社会政策》,社会科学文献出版社 2006 年版。

[7] 包俊文:《英商宁波太古公司始末》,转见宁波市政协文史资料委员会、宁波港务局合编:《宁波文史资料》第 9 辑,浙江人民出版社 1991 年版。

[8] [美]彼得・德鲁克著,刘伟译:《养老金革命》,东方出版社 2009 年版。

[9] 蔡鸿源主编:《民国法规集成》(第 29 册),黄山书社 1999 年版。

[10] 蔡勤禹著:《国家社会与弱势群体:民国时期的社会救济(1927—1949)》,天津人民出版社 2003 年版。
[11] 陈冬红、王敏著:《社会保障学》,西南财经大学出版社 1996 年版。
[12] 陈光春著:《生成与失范——民国时期中学教师管理制度研究(1912—1949)》,华中科技大学出版社 2016 年版。
[13] 陈红霞著:《社会福利思想》,社会科学文献出版社 2002 年版。
[14] 陈桦、刘宗志著:《救灾与济贫:中国封建时代的社会救助活动(1750—1911)》,北京:中国人民大学出版社 2005 年版。
[15] 陈凌云著:《现代各国社会救济》,商务印书馆 1937 年版。
[16] 陈诗启著:《中国近代海关史》,人民出版社 2002 年版。
[17] 陈振鹭著:《劳动问题大纲》,上海大学书店 1934 年版。
[18] 成新轩编著:《国际社会保障制度概论》,经济管理出版社 2008 年版。
[19] 邓云特著:《中国救荒史》,商务印书馆 1937 年版。
[20] 丁建定著:《瑞典社会保障制度的发展》,中国劳动社会保障出版社 2004 年版。
[21] 丁建定著:《西方国家社会保障制度史》,高等教育出版社 2010 年版。
[22] 丁建定、杨凤娟著:《英国社会保障制度的发展》,中国劳动社会保障出版社 2004 年版。
[23] 董修甲著:《市宪议》,新月书店 1928 年版。
[24] 窦季良著:《同乡组织之研究》,正中书局 1945 年版。
[25] 房列曙著:《中国近现代文官制度》(下册),商务印书馆 2016 年版。
[26] 冯柳堂著:《中国历代民食政策史》,商务印书馆 1934 年版。
[27] [日]夫马进著,伍跃、杨文信、张学锋译:《中国善会善堂史研究》,商务印书馆 2005 年版。
[28] 傅金昌:《贵阳邮政概况》,中国人民政治协商会议贵阳市云岩区委员会文史资料研究委员会编:《云岩文史资料选辑》第 3 辑,内部资料 1985 年版。
[29] 高成鸢著:《中华尊老文化探究》,中国社会科学出版社 1999 年版。
[30] 龚书铎总主编:《中国社会通史》,山西教育出版社 1996 年版。
[31] [日]顾琳著,王玉茹、张玮、李进霞译:《中国的经济革命:二十世纪的乡村工业》,江苏人民出版社 2010 年版。
[32] 广西壮族自治区地方志编纂委员会编:《广西通志・邮电志》,广西人民出版社 1994 年版。

[33] 郭琳:《中国养老保障体系变迁中的企业年金制度研究》,中国金融出版社2008年版。
[34] 郭源生主编:《智慧医疗与健康养老》,中国科学技术出版社2017年版。
[35] 蔡鸿源主编:《民国法规集成》(第62册),黄山书社1999年版。
[36] 过秉堃著:《邮政人事管理制度二十五年见闻》,中国人民政治协商会议江苏省暨南京市委员会文史资料研究委员会编:《江苏文史资料选辑》第18辑,江苏人民出版社1986年版。
[37] 海关总税务司署统计科编:《中国海关人事管理制度》,海关总税务司署统计科1949年版。
[38] 中华人民共和国杭州海关译编:《近代浙江通商口岸经济社会概况:浙海关、瓯海关、杭州关贸易报告集成》,浙江人民出版社2002年版。
[39] 何家伟著:《国民政府公务员俸给福利制度研究(1928—1949)》,福建人民出版社2010年版。
[40] 黄天华著:《中国财政制度史》共4卷,上海人民出版社、格致出版社2017年版。
[41] 霍锡祥著:《关于邮政员工养老金的问题》,中国人民政治协商会议全国委员会文史资料研究委员会编:《文史资料选辑》第65辑,文史资料出版社1979年版。
[42] 江文君著:《近代上海中产阶级的日常生活》,苏智良、陈恒编:《中国历史与传统文化讲演录》,商务印书馆2013年版。
[43] 交通部、铁道部交通史编纂委员会编:《交通史电政编》,交通部总务司1936年版。
[44] 交通部、铁道部交通史编纂委员会编:《交通史路政编》第1册,1935年版。
[45] 交通部编:《中国政府关于交通四政劳工事务设施之状况》其二,祁世宝印书局1925年版。
[46] 教育部参事处编:《教育法令汇编》(第一辑),商务印书馆1936年版。
[47] 解静:《福利国家模式变迁的历史比较研究》,吉林人民出版社2016年版。
[48] 金士宣编著:《铁路运输经验谭》,正中书局1943年版。
[49] 君实、杨端六译述:《社会政策》,商务印书馆1923年版。
[50] [美]柯文著,林同奇译:《在中国发现历史:中国中心观在美国的兴起》,中华书局1989年版。
[51] 兰旸著:《中国国家治理结构研究》,知识产权出版社2018年版。

[52] 劳动和社会保障部劳动科学研究所编:《外国劳动和社会保障法选》,中国劳动出版社 1999 年版。
[53] 李超民编著:《美国社会保障制度》,上海人民出版社 2009 年版。
[54] 李华主编:《农村公共管理》,中国农业出版社 2009 年版。
[55] [美]李明珠著,石涛、李军、马国英译:《华北的饥荒:国家、市场与环境退化(1690—1949)》,人民出版社 2016 年版。
[56] 李绍光著:《养老金制度与资本市场》,中国发展出版社 1998 年版。
[57] 李文治、江太新著:《中国宗法宗族制和族田义庄》,社会科学文献出版社 2000 年版。
[58] 李向军著:《清代荒政研究》,中国农业出版社 1995 年版。
[59] 李晓林、王绪瑾主编:《社会保障学》,中国财政经济出版社 1997 年版。
[60] 李雄:《旧"中华邮政"人事管理制度》,国家劳动总局政策政策研究室资料组编:《劳动问题研究资料》,劳动出版社 1981 年版。
[61] 李岩著:《中国古代尊老养老问题研究》,中国社会科学出版社 2016 年版。
[62] 梁其姿著:《施善与教化——明清的慈善组织》,河北教育出版社 2001 年版。
[63] 梁其姿:《十七、十八世纪长江下游之育婴堂》,曹永和等编:《中国海洋发展史论文集》,台北中央研究院三民主义研究所 1984 年版。
[64] 梁绍栋:《旧中国邮政系统的派系活动》,全国政协文史资料委员会编:《文史资料存稿选编》第 22 卷下册,中国文史出版社 2002 年版。
[65] [美]列维:《现代化的后来者》,谢立中、孙立平主编:《二十世纪西方现代化理论文选》,上海三联书店 2002 年版。
[66] 林嘉主编:《社会保障法学》,北京大学出版社 2012 年版。
[67] 林兴龙著:《汉代社会救济问题研究》,厦门大学出版社 2017 年版。
[68] 刘芳、毕可影主编:《社会保障制度史》,上海交通大学出版社 2018 年版。
[69] 刘世锦、张军扩著:《资本市场新论:与企业重组相适应的资本市场》,中国发展出版社 2001 年版。
[70] 刘守刚著:《国家成长的财政逻辑:近现代中国财政转型与政治发展》,天津人民出版社 2009 年版。
[71] 刘燕生著:《社会保障的起源、发展和道路选择》,法律出版社 2001 年版。
[72] 陆仰渊、方庆秋主编:《民国社会经济史》,中国经济出版社 1991 年版。
[73] 吕洪业著:《中国古代慈善简史》,中国社会出版社 2014 年版。

[74] 马超俊著:《中国劳工问题》,民智书局 1927 年版。
[75] 马敏:《传统社会保障体系与现代化——以中国传统社会公益为观照点》,华中师范大学历史研究所、中国教会大学研究中心编:《莺花无际楚江头——章开沅先生七十华诞学术纪念论文集》,武汉出版社 1996 年版。
[76] 马寅初著:《马寅初演讲集》(二),商务印书馆 1923 年版。
[77] 牛文光著:《美国社会保障制度的发展》,中国劳动社会保障出版社 2004 年版。
[78] [美]裴宜理著,刘平译:《上海罢工——中国工人政治研究》,江苏人民出版社 2001 年版。
[79] 秦莉著:《中国适度普惠型社会福利体系的建构研究》,上海交通大学出版社 2016 年版。
[80] 上海社会科学院经济研究所编:《荣家企业史料》,上海人民出版社 1980 年版。
[81] 沈星棣、沈凤舞著:《中国古代官吏退休制度史》,江西教育出版社 1992 年版。
[82] 宋健敏编著:《日本社会保障制度》,上海人民出版社 2012 年版。
[83] 苏保忠著:《中国农村养老问题研究》,清华大学出版社 2009 年版。
[84] 孙自俭著:《民国时期铁路工人群体研究——以国有铁路工人为中心(1912—1937)》,郑州大学出版社 2013 年版。
[85] 台州市地方志编纂委员会办公室编:《〈台州地区志〉志余辑要》,浙江人民出版社 1996 年版。
[86] 夏征农、陈至立主编;谈敏、丛树海编:《大辞海・经济卷》,上海辞书出版社 2015 年版。
[87] 田彤著:《民国劳资争议研究(1927—1937)》,商务印书馆 2013 年版。
[88] 佟宝贵编:《古今中外退休养老制度读本》,中国社会出版社 2009 年版。
[89] 汪地彻著:《中国老龄法治研究》,华龄出版社 2017 年版。
[90] 王超、齐飞编著:《中国社会救助概论》,中国矿业大学出版社 2007 年版。
[91] 王德毅著:《宋史研究论集》第二辑,鼎文书局 1972 年版。
[92] 王国维著:《王国维全集》第 14 卷,浙江教育出版社 2009 年版。
[93] 王莉莉主编:《英国老年社会保障制度》,中国社会出版社 2010 年版。
[94] 王清彬等编:《第一次中国劳动年鉴》(第 3 编),北平社会调查部 1928 年版。
[95] 王卫平、黄鸿山著:《中国古代传统社会保障与慈善事业——以明清时期为

重点的考察》,群言出版社 2005 年版。
[96] 王卫平、黄鸿山、曾桂林著:《中国慈善史纲》,中国劳动社会保障出版社 2011 年版。
[97] 王伟著:《日本社会保障制度》,世界知识出版社 2014 年版。
[98] 王文素著:《中国古代社会保障研究》,中国财政经济出版社 2009 年版。
[99] 王远明、胡波、林有能主编:《被误读的群体:香山买办与近代中国》,广东人民出版社 2010 年版。
[100] 王兆成主编:《历史学家茶座》第 23 辑,山东人民出版社 2011 年版。
[101] 王振耀主编:《社会福利和慈善事业》,中国社会出版社 2009 年版。
[102] 王子今、刘悦斌、常宗虎著:《中国社会福利史》,中国社会出版社 2002 年版。
[103] 王宗培著:《中国之公会》,中国合作学社 1931 年版。
[104] [法]魏丕信著,徐建青译:《18 世纪中国的官僚制度与荒政》,江苏人民出版社 2003 年版。
[105] 吴亦明主编:《中国社会保障制度》,南京师范大学出版社 2000 年版。
[106] 吴玉韶、王莉莉等著:《中国养老机构发展研究报告》,华龄出版社 2015 年版。
[107] 夏承枫著:《现代教育行政》,中华书局 1933 年版。
[108] 向常水著:《民国北洋政府时期湖南慈善救济事业研究》,人民出版社 2015 年版。
[109] [美]萧公权:《中国乡村:19 世纪的专制统治》,华盛顿大学出版社 1960 年版。
[110] [日]小浜正子:《近代上海的公共性与国家》,日本研文出版社 2000 年版。
[111] 肖金明编:《老年人社会救助制度研究》,山东大学出版社 2015 年版。
[112] 肖金萍著:《公共养老金制度研究》,中国经济出版社 2007 年版。
[113] 谢立中、孙立平主编:《20 世纪西方现代化理论文选》,上海三联书店 2002 年版。
[114] 谢元鲁、王定璋著:《中国古代敬老养老风俗》,陕西人民出版社 2004 年版。
[115] 刑必信等编:《第二次中国劳动年鉴》,北平社会调查所 1932 年版。
[116] 徐琳著:《近代中国邮政储蓄研究 1919—1949》,上海交通大学出版社 2013 年版。

[117] 徐协华著:《铁路劳工问题》,东方书局 1931 年版。
[118] 徐雪筠等译编:《上海近代社会经济发展概况(1882—1931)》,上海社会科学院出版社 1985 年版。
[119] 许纪霖、陈达凯主编:《中国现代化史(1800—1949)》第 1 卷,上海三联书店 1995 年版。
[120] 薛伯康著:《中美人事行政比较》,商务印书馆 1934 年版。
[121] [印度]薛赉时著,许炳汉译:《财政学新论》,商务印书馆 1934 年版。
[122] 杨翠迎主编:《社会保障学》,复旦大学出版社 2015 年版。
[123] 杨德才著:《中国经济史新论(1840—1949)》,经济科学出版社 2004 年版。
[124] 杨德森编:《中国海关制度沿革》,商务印书馆 1925 年版。
[125] 杨复兴著:《中国农村养老保障模式创新研究——基于制度文化的分析》,云南人民出版社 2007 年版。
[126] 姚建平著:《中美社会救助制度比较》,中国社会出版社 2007 年版。
[127] 邮电史编辑室编:《中国近代邮电史》,人民邮电出版社 1984 年版。
[128] 《邮政职员薪率表》(1928 年 10 月),蔡鸿源主编:《民国法规集成》(第 60 册),黄山书社 1999 年版。
[129] 于佑虞著:《中国仓储制度考》,正中书局 1948 年版。
[130] [英]约翰・基恩著,马音、刘利圭、丁耀琳译:《公共生活与晚期资本主义》,社会科学文献出版社 1999 年版。
[131] 岳宗福著:《近代中国社会保障立法研究(1912—1949)》,齐鲁书社 2006 年版。
[132] 曾鲲化著:《中国铁路史》,商务印书馆 1924 年版。
[133] 张海波、郭玲著:《中国公共养老金制度的模式选择与完善》,山西经济出版社 2014 年版。
[134] 张剑、赵宝爱主编:《社会福利思想》,山东人民出版社 2014 年版。
[135] 张金鉴编著:《人事行政学》,商务印书馆 1939 年版。
[136] 张俊山著:《现代资本主义国家年金制度研究》,南开大学出版社 2001 年版。
[137] 张梁任著:《中国邮政》(上册),商务印书馆 1935 年版。
[138] 张维为主编:《国际视野下的中国道路和中国梦》,学习出版社 2015 年版。
[139] 张孝若著:《南通张季直先生传记》,中华书局 1930 年版。
[140] 张祖平著:《明清时期政府社会保障体系研究》,北京大学出版社 2012 年版。

[141] 赵立人编著:《各国社会保险与福利》,四川人民出版社 1992 年版。
[142] 赵全鹏著:《清代养老制度》,西安出版社 2003 年版。
[143] 赵晓雷主编:《中国经济思想史》,东北财经大学出版社 2007 年版。
[144] 赵兴胜、高纯淑、徐畅等著:《地方政治与乡村变迁》,南京大学出版社 2015 年版。
[145] 郑功成著:《论中国特色的社会保障道路》,武汉大学出版社 1997 年版。
[146] 郑功成著:《中国社会保障论》,湖北人民出版社 1994 年版。
[147] 郑功成、[日]武川正吾、[韩]金渊明主编:《东亚地区社会保障论》,人民出版社 2014 年版。
[148] 郑功成主编:《社会保障学》,中国劳动与社会保障出版社 2005 年版。
[149] 郑行巽编:《劳工问题研究》,世界书局 1927 年版。
[150] 郑游著:《中国的邮驿与邮政》,人民出版社 1988 年版。
[151] 中国第二历史档案馆、中国社会科学院近代史研究所合编:《中国海关密档——赫德、金登干函电汇编(1874—1907)》第 7 卷,中华书局 1995 年版。
[152] 中国第二历史档案馆编:《中华民国史档案资料汇编》第 5 辑第 1 编,财政经济(九),江苏古籍出版社 1994 年版。
[153]《中国海关通志》编纂委员会编:《中国海关通志》(第 2 册),方志出版社 2012 年版。
[154] 中国社会工作教育协会组编:《现代社会福利思想》,高等教育出版社 2006 年版。
[155] 中山大学历史系孙中山研究室等编:《孙中山全集》第 6 卷,中华书局 1985 年版。
[156] 钟仁耀主编:《社会救助与社会福利》,上海财经大学出版社 2005 年版。
[157] 周弘著:《福利国家向何处去》,社会科学文献出版社 2006 年版。
[158] 周秋光著:《近代中国慈善论稿》,人民出版社 2010 年版。
[159] 周秋光、曾桂林著:《中国慈善简史》,人民出版社 2006 年版。
[160] 周秋光主编:《中国近代慈善事业研究》,天津古籍出版社 2013 年版。
[161] 周纬编:《工厂管理法》,商务印书馆 1939 年版。
[162] 朱邦兴、胡林阁、徐声合等编:《上海产业与上海职工》,上海人民出版社 1984 年版。
[163] 朱学范:《上海工人运动与帮会二三事》,中国人民政治协商会议上海市委

员会、文史资料研究委员会编:《旧上海的帮会》,上海人民出版社 1986 年版。

## 二、期刊文章、学位论文部分

[1] 蔡勤禹:《民国慈善团体述论》,《东方论坛》2001 年第 4 期。
[2] 陈鲁民:《晚清海关为何清廉》,《学习月刊》2011 年第 2 期。
[3] 陈星:《英国养老金制度发展演变及其启示》,《中国地质大学学报》(社会科学版)2007 年第 4 期。
[4] 陈竹君:《南京国民政府劳工福利政策研究》,《江汉论坛》2002 年第 6 期。
[5] 储丽琴:《清末民国时期中国社会福利思想的嬗变》,《商业时代》2011 年第 21 期。
[6] [日]稻田清一:《清代江南的救荒与市镇——关于宝山县和嘉定县的"厂"》,《甲南大学纪要:文学编》1993 年第 86 号。
[7] [日]稻田清一:《清末江南的"地方共事"与镇董》,《甲南大学纪要:文学编》1999 年第 109 号。
[8] 丁建定:《20 世纪英国养老金制度的历史演进》,《南都学坛》2002 年第 2 期。
[9] 丁建定:《英国在西欧现代社会保障制度建立过程中的历史地位》,《欧洲》2000 年第 1 期。
[10] 董根明:《从"重养轻教"到"救人救彻"——清末民国时期社会福利观念的演化》,《中国社会科学院研究生院学报》2005 年第 5 期。
[11] 杜恂诚:《近代上海钱业习惯法初探》,《历史研究》2006 年第 1 期。
[12] 杜恂诚:《中国近代两种金融制度的比较》,《中国社会科学》2000 年第 2 期。
[13] 范金民:《清代徽州商帮的慈善设施——以江南为中心》,《中国史研究》1999 年第 4 期。
[14] 方建斌:《中国特色社会主义国家治理的特色与优势》,《新视野》2017 年第 3 期。
[15] 高成鸢:《论中华尊老传统》,《道德与文明》1999 年 4 期。
[16] 高和荣、张爱敏:《中国传统民间互助养老形式及其时代价值——基于闽南地区的调查》,《山东社会科学》2014 年第 4 期。

[17] 龚汝富:《浅议中国古代社会保障体系》,《光明日报》2001 年 12 月 4 日。
[18] 关博:《民国时期工人储蓄制度分析及检讨——基于社会保障学视角》,《广西大学学报》(哲学社会科学版)2011 年第 3 期。
[19] 黄鸿山:《清代江苏养济院的救助名额、救助标准与经费来源研究》,《中国经济史研究》2013 年第 2 期。
[20] 黄鸿山、王卫平:《传统仓储制度社会保障功能的近代发展——以晚清苏州府长元吴丰备义仓为例》,《中国农史》2005 年第 2 期。
[21] 黄鸿山、王卫平:《清代社仓的兴废及其原因——以江南地区为中心的考察》,《学海》2004 年第 1 期。
[22] 黄天华、钟灵娜:《国民政府时期社会保障制度概述》,《财政史研究》,2014 年第 7 辑。
[23] 姜春燕:《南京国民政府社会福利政策研究》,山东师范大学硕士学位论文,2006 年。
[24] 雷妮、王日根:《清代宝庆府社会救济机构建设中的官民合作——以育婴堂和养济院为中心》,《清史研究》2000 年第 3 期。
[25] 黎圣伦:《我国历代敬老养老制度》,《中山学术文化集刊》1968 年第 2 期。
[26] 李国林:《民国时期上海慈善组织研究(1912—1937)》,华东师范大学博士学位论文,2003 年。
[27] 李莎:《元代的养老政策》,《齐鲁学刊》2008 年第 3 期。
[28] 李学如,王卫平:《近代苏南义庄的宗族保障制度》,《中国农史》2015 年第 4 期。
[29] 李岩:《近二十年来中国古代尊老养老问题研究综述》,《中国史研究动态》2008 年第 5 期。
[30] 李玉杰:《"三老五更"与先秦时期的养老制度》,《河南大学学报》2004 年第 5 期。
[31] 梁坚:《中国古代的养老制度》,《台湾省立博物馆科学年刊》1952 年第 6 期。
[32] 林刚:《长江三角洲近代经济三元结构的产生与发展》,《中国经济史研究》1997 年第 4 期。
[33] 林刚:《关于中国经济的二元结构与三元结构问题》,《中国经济史研究》2001 年第 3 期。
[34] 林琳:《近代中国社会福利思想探析》,吉林大学硕士学位论文,2006 年。

[35] 林顺利:《民国初期社会养老发端与机构养老转型》,《中国社会工作》2013年第8期。
[36] 刘德增:《古代中国的养老与敬老》,《民俗研究》1992年第1期。
[37] 刘继同:《近代中国社会政策、社会立法百年历史经验与发展规律研究》,《社会工作》2019年第1期。
[38] 刘瑁、王荔:《浅议我国古代退休养老制度》,《黑河学刊》2004年第1期。
[39] 刘松林:《古代的养老制度》,《文史知识》2000年第3期。
[40] 刘松林:《浅谈我国古代养老制度》,《文史杂谈》1996年第6期。
[41] 刘兴云:《浅议唐代的乡村养老》,《史学月刊》2007年第8期。
[42] 刘宗志:《浅析清前期的养济院制度》,《河南师范大学学报》(哲学社会科学版)2008年第4期。
[43] 陆玉、徐云鹏:《论抗日根据地的军事社会保障》,《抗日战争研究》1997年年第2期。
[44] 马凯旋、侯风云:《美国养老保险制度演进及其启示》,《山东大学学报》(哲学社会科学版)2014年第3期。
[45] 马晓燕:《宋代养老制度的发展与演变》,《史志学刊》2016年第1期。
[46] 马真、于德孔:《南京国民政府时期慈善救济团体机构述略》,《山东省农业管理干部学院学报》2005年第6期。
[47] 莫子刚:《略论1927—1937年国民政府的救灾政策》,《四川师范大学学报》2000年第1期。
[48] 穆光宗:《中国传统养老方式的变革和展望》,《中国人民大学学报》2000年第5期。
[49] 聂鑫:《近代中国社会立法与福利国家的建构》,《武汉大学学报》(哲学社会科学版)2019年第5期。
[50] 任云兰:《西方慈善救济思想在近代中国的传播与影响分析》,《天津大学学报》(社会科学版)2007年第5期。
[51] 桑兵:《清末兴学热潮与社会变迁》,《历史研究》1986年第6期。
[52] 尚晓援:《社会福利与社会保障再认识》,《中国社会科学》2001年第3期。
[53] 邵水忠:《二十世纪以来荒政史研究综述》,《中国史研究动态》2004年第3期。
[54] 盛会莲:《试析唐五代时期民间的养老状况》,《中国经济史研究》2014年第1期。

[55] 时文杰:《试论先秦两汉政府的尊老养老措施》,《黑龙江史志》2013 年第 13 期。
[56] 宋士云:《民国时期中国社会保障制度与绩效浅析》,《齐鲁学刊》2004 年第 5 期。
[57] 孙津华:《中国古代养老制度及启示》,《河南教育学院学报》2017 年第 2 期。
[58] 唐军:《20 世纪英国养老金制度的变迁》,《经济社会史评论》2014 年第 1 期。
[59] 田毅鹏:《西学东渐与近代中国社会福利思想的勃兴》,《吉林大学学报》2001 年第 4 期。
[60] 汪华:《近代上海社会保障事业初探(1927—1937)》,《史林》2003 年第 6 期。
[61] 王超:《古代官吏的退休制度》,《人民日报》1981 年 11 月 3 日。
[62] 王卫平:《论中国传统慈善事业的近代转型》,《江苏社会科学》2005 年第 1 期。
[63] 王卫平:《论中国古代传统社会保障制度的初步形成》,《江海学刊》2002 年第 5 期。
[64] 王卫平:《明清时期江南地区的民间慈善事业》,《社会学研究》1998 年第 1 期。
[65] 王卫平:《普济的理想与实践——清代普济堂的经营实态》,《江海学刊》2000 年第 1 期。
[66] 王卫平:《清代江南地区的育婴事业圈》,《清史研究》2000 年第 1 期。
[67] 王卫平:《清代江南市镇的慈善事业》,《史林》1999 年第 1 期。
[68] 王卫平:《清代苏州的慈善事业》,《中国史研究》1997 年第 3 期。
[69] 王卫平、施晖:《清代江南地区的育婴事业》,《苏州大学学报》1999 年第 4 期。
[70] 王翔:《近代中国经济转轨与现存二元经济结构》,《江苏社会科学》1991 年第 2 期。
[71] 王翔:《论近代中国的二元经济结构》,《中州学刊》1992 年第 1 期。
[72] 王晓玉:《元代养老研究》,暨南大学硕士学位论文,2013 年。
[73] 王兴亚:《明代养济院研究》,《郑州大学学报》(哲学社会科学版)1989 年第 3 期。

[74] 王永平:《中央苏区的社会保障事业》,《中南民族学院学报》(哲学社会科学版)1995 年第 1 期。
[75] 王志芬:《浅析中国古代的尊老养老体制》,《学术探讨》2003 年第 7 期。
[76] 王尊旺:《慈善与社会控制:明代养济院略论——以福建省为中心的考察》,《明史研究》2010 年。
[77] 吴承明:《论二元经济》,《历史研究》1992 年第 2 期。
[78] 习近平:《切实把思想统一到党的十八届三中全会精神上来》,《求是》2014 年第 1 期。
[79] 习君:《民国时期教职员养老与社会保障制度研究》,华中师范大学硕士学位论文,2019 年。
[80] 闫彩琴:《我国城镇养老金制度的二元化特征分析》,《经济师》2008 年第 4 期。
[81] 杨斌、丁建定:《美国养老保险制度的嬗变、特点及启示》,《中州学刊》2015 年第 5 期。
[82] 杨斌、王三秀:《日本养老保险制度的变迁及其对我国的启示》,《西安财经学院学报》2016 年第 5 期。
[83] 杨建海:《西方国家养老金制度的起源及影响因素》,《兰州学刊》2012 年第 2 期。
[84] 杨剑利:《晚清社会灾荒救治功能的演变——以“丁戊奇荒”的两种赈济方式为例》,《清史研究》2000 年第 4 期。
[85] 杨志文:《陕甘宁边区社会保障政策初探》,《中共党史研究》1997 年第 6 期。
[86] 袁同成:《“义庄”:创建现代农村家族邻里互助养老模式的重要参鉴》,《理论导刊》2009 年第 4 期。
[87] 臧知非:《“王杖诏书”与汉代养老制度》,《史林》2002 年第 2 期。
[88] 曾桂林:《2000 年以来中国古代慈善事业史研究概述》,《文化学刊》2009 年第 1 期。
[89] 曾桂林:《20 世纪国内外中国慈善事业史研究综述》,《中国史研究动态》2003 年第 3 期。
[90] 曾桂林:《近 20 年来中国近代慈善事业史研究述评》,《近代史研究》2008 年第 2 期。
[91] 曾桂林、王卫平:《日美及中国港澳台地区近五十年对中国慈善事业史的研究》,《史学理论研究》2008 年第 2 期。

[92] 曾思平:《清代广东养济院初探》,《韩山师范学院学报》2000 年第 4 期。
[93] 张承宗:《魏晋南北朝养老与敬老风俗》,《史林》2001 年 4 期。
[94] 张大鹏:《朱子社仓法的基本内容及其社会保障功能》(社会科学版),《上饶师专学报》1990 年第 4 期。
[95] 张丹:《抗日战争时期陕甘宁边区的社会保障》,《江西社会科学》2000 年第 11 期。
[96] 张健:《养老金制度改革与资本市场的完善》,《上海金融》2006 年第 9 期。
[97] 张礼恒:《民国时期上海的慈善团体统计(1930 年前后)》,《民国档案》1996 年第 3 期。
[98] 张良、戴扬:《经济转型理论研究综述》,《开发导报》2006 年第 6 期。
[99] 张品端:《朱子社仓法的社会保障功能》(人文社会科学版),《福建论坛》1995 年第 6 期。
[100] 张树江:《明代社会养老保障制度初探》,《兰台世界》2015 年第 21 期。
[101] 张秀蓉:《清代慈善事业之意理研究》,《中山学术文化集刊》1980 年第 26 期。
[102] 张岩:《论清代常平仓与相关类仓之关系》,《中国社会经济史研究》1998 年 4 期。
[103] 赵凯:《〈汉书·文帝纪〉"养老令"新考》,《南都学坛》2011 年第 6 期。
[104] 赵有梅、张照青:《论张謇举办慈善事业的缘起》,《西南交通大学学报》(社会科学版)2007 年第 3 期。
[105] 郑秉文:《机关事业单位养老金并轨改革:从"碎片化"到"大一统"》,《中国人口科学》2015 年第 1 期。
[106] 郑功成:《我国古代社会保障思想及其评价》,《上海保险》1991 年第 4 期。
[107] 周秋光、曾桂林:《近代慈善事业与中国东南社会变迁(1895—1949)》,《史学月刊》2002 年第 11 期。
[108] 周祖文:《清代存留养亲与农村家庭养老》,《近代史研究》2012 年第 2 期。
[109] 朱浩怀:《我国历代政府对鳏寡孤独废疾者之救济》,《新社会》1955 年第 10 期。
[110] 朱浒:《二十世纪清代灾荒史研究述评》,《清史研究》2003 年第 3 期。

## 三、近代报刊部分

[1]《百忙中之教育谈》,《申报》1919 年 4 月 9 日,第 6 版。

[2]《本公司举办员工储蓄之意义与办法》,《福建运输》1939年第1期,第24—26页。
[3]《本路养老储金员工借贷办法》,《胶济日刊》1935年第1443期,第6—7页。
[4]《倡办养老储蓄金刍议》,《铁道公报》1930年第115期,第24—27页。
[5]陈默:《电力公司的巨数养老金》,《海星(上海)》1946年第13期,第10页。
[6]《储金之运用》,《交通部统计半年报》1934年第1—6期。
[7]《大德国:工会养老》,《万国公报》1892年第47期,第60页。
[8]独寒:《从当局取消人员养老金说到邮政经济公开》,《邮声》1929年第3卷第6期,第13—16页。
[9]《法国俳优之养老年金》,《大陆报》1905年第3卷第12期,第82页。
[10]《奉令调整退休养老金增给额》,《运务周报》1947年第51期,第20页。
[11]高维周:《对于创办储蓄银行意见书的意见》,《全国邮务职工总会半月刊》1933年第2卷第5—6期,第3—4页。
[12]《各路养老金章程及强制储金章程》,《铁路协会会报》1922年第114期,第59—60页。
[13]《各业员工储蓄标准》,《财政评论》1944年第12卷第6期,第134页。
[14]《工厂工人储蓄办法》,《行政院公报》1944年第7卷第5期,第73—75页。
[15]《公务员退休法》,《国民政府公报》1943年渝字第621号,第3—4页。
[16]《公务员退休法施行细则》,《国民政府公报》1944年渝字第649号,第10—12页。
[17]《公务员恤金条例》,《社会周刊》1934年第90期,第1—5页。
[18]《关于养老金》,《邮话》1946年第6期,第13—15页。
[19]《广东省铁路员工服务条例》,《广东省政府年报》1928年,第372页。
[20]《国营铁道员工退休养老金规则》,《铁道公报》1935年第1141期,第1—14页。
[21]《国有铁路员工储蓄通则》,《铁道公报》1932年第236期,第1—4页。
[22]《核定京沪沪杭甬路养老金退职金补助赡养金等列账办法》,《铁路杂志》1936年第2卷第2期,第82页。
[23]《技工章程》,《交通公报》1929年第5期,第5—19页。
[24]《交通部公布邮政养老金管理章程》,《申报》1930年8月13日,第13版。
[25]《交通部改良电政职工待遇委员会简章》,《电政周刊》1927年第2期,第13—14页。

[26]《交通部指令(第六四八七号):令邮政总局呈一件为养老抚恤金二十年度账目俟经稽核完毕立即造送呈请鉴核由》(1932 年 11 月 15 日),《交通公报》1932 年第 405 期,第 18—19 页。
[27]《交通部指令(第三五九八号):令邮政总局呈一件为邮政养老抚恤金管理委员会函送十八十九两年度养老抚恤金收支总结表投资数目表及会议纪录转呈鉴核备案由》(1932 年 7 月 18 日),《交通公报》1932 年第 372 期,第 12 页。
[28] 胶济路局:《倡办养老储金刍议》,《铁道公报》1930 年第 115 期,第 24—27 页。
[29]《胶济铁路员工养老储金保管委员会章程》,《胶济日刊》1931 年第 223 期,第 7—9 页。
[30]《胶济铁路员工养老储金章程》,《胶济日刊》1931 年第 223 期,第 5—7 页。
[31]《教习之养老会》,《大同报》1908 年第 8 卷第 22 期,第 13—14 页。
[32]《金陵道属教育行政会议纪》,《申报》1926 年 5 月 23 日,第 11 版。
[33]《京奉铁路员役养老储金试办章程》,《铁路协会会报》1922 年第 114 期,第 61—62 页。
[34] 静观:《关于创办邮工储蓄银行的意见》,《全国邮务职工总会半月刊》1934 年第 2 卷第 13 期,第 1—4 页。
[35]《局令修正一次额外退休金数额及改定退休养老金分期支付日期》(1946 年 10 月 17 日),《运务周报》1946 年第 27 期,第 13 页。
[36] 梁启超:《复张东荪书论社会主义运动》,《改造》1921 年 1 月 19 日。
[37] 梁绍栋:《征求创办邮工储蓄银行的意见书》,《全国邮务职工总会半月刊》1933 年第 2 卷第 5—6 期,第 1—2 页。
[38]《伦敦印刷工人养老会》,《中国印刷月报》1929 年第 1 卷第 1 期,第 20—21 页。
[39] 马廷燮:《铁路员工福利事业之研讨》,《铁路杂志》1936 年第 1 卷 12 期,第 7 页。
[40] 马廷燮:《铁路员工退休养老制度之研究》,《交通杂志》1934 年第 2 卷第 9 期,第 59—72 页。
[41]《美财政实行紧缩:公务员减薪、减低退职军人养老金》,《聚星》1933 年第 4 期,第 87—88 页。
[42]《美国养老金的最近概况》,《民鸣月刊》1929 年第 2 期,第 46—62 页。

[43] 懵:《取消养老金与药费》,《邮声》1929 年第 3 卷第 7 期,第 4—5 页。

[44]《内政部制定各地方救济院规则》,《国民政府公报》1928 年第 64 期,第 23—29 页。

[45]《欧美译闻:公司养老》,《万国公报》1903 年第 170 卷,第 60 页。

[46]《社会教育机关服务人员养老金及恤金条例》,《浙江省政府公报》1940 年第 3222 期,第 9—12 页。

[47] 孙澄芳:《退休与养老金》,《行政效率》1935 年第 2 卷 7 期,第 1061—1065 页。

[48]《孙总统演说辞的概略》,《民国日报》1921 年 5 月 1 日。

[49]《铁道部直辖国有铁路员工储蓄通则》,《铁道公报》1932 年第 236 期,第 4—7 页。

[50]《铁路员工服务条例》,《立法院公报》1930 年第 16 期,第 7 页。

[51]《通令试办铁路人员之养老储金》,《铁路协会会报》1922 年第 114 期,第 124 页。

[52] 退庐:《养老金》,《海风》1945 年第 4 期,第 6 页。

[53]《退休养老金与员工储蓄》,《工训周刊》1935 年第 167 期,第 1 页。

[54]《学校职教员养老金及恤金条例》,《中央日报(重庆)》1940 年 7 月 14 日,第 2 版。

[55] 杨端六译述:《养老年金议》,《东方杂志》1920 年第 17 卷第 18 期,第 9—18 页。

[56]《养老储金员工借贷细则》,《胶济日刊》1935 年第 1449 期,第 4—5 页。

[57]《养老抚恤金今昔观》,《邮话》1946 年第 2 期,第 3 页。

[58]《养老金制度(天津市政传习所讲义)》,《天津市政府公报》1933 年第 51 期,第 180—183 页。

[59]《邮局养老抚恤金管理委员会已成立》,《上海邮工》1930 年第 3 卷第 4—6 期,第 188 页。

[60]《邮政储汇局发表一年来业务概况》,《银行周报》1935 年第 19 卷第 1 期,第 91—92 页。

[61]《邮政储金汇业局进行投资实业》,《中行月刊》1934 年第 9 卷第 4 期,第 87—88 页。

[62]《邮政储金激增投资生产事业》,《海外月刊》1934 年第 23 期,第 94—95 页。

[63]《邮政养老抚恤金管理章程》(1929 年 10 月 25 日公布),《交通公报》1929 年第 87 期,第 22—24 页。
[64]《邮政养老抚恤金管理章程及支给章程施行细则》(1930 年 8 月 9 日公布),《交通公报》1930 年第 169 期,第 29—32 页。
[65]《邮政养老抚恤金投资种类数目表》,《中华邮工》1935 年第 1 卷第 5—6 期,第 219—220 页。
[66]《邮政养老抚恤金支给章程》(1929 年 10 月 25 日公布),《交通公报》1929 年第 87 期,第 18—22 页。
[67] 宇:《职工储蓄与工业银公司之职工保寿部》,《钱业月报》1929 年第 9 卷第 4 期,第 18 页。
[68] 袁德宣:《铁路养老储金刍议》,《交通丛报》1923 年第 92—93 期,第 1—9 页。
[69]《粤职教员养老金恤金之规定》,《申报》1926 年 7 月 7 日,第 11 版。
[70]《运用养老储金办法》,《胶济日刊》1935 年第 1443 期,第 7 页。
[71]《暂行工厂通则》,《农商公报》1923 年第 9 卷第 9 期,第 69—71 页。
[72]《暂行文官官等官俸表》,《考试院公报》1933 年第 9 期,第 8 页。
[73] 张东荪:《现在与将来》,《改造》1920 年 12 月 25 日。
[74] 张光枢:《创立邮工储蓄银行意见书之意见》,《全国邮务职工总会半月刊》1933 年第 2 卷第 5—6 期,第 2—3 页。
[75] 张锡昌、孙晓村:《民元来我国之农村经济》,《银行周报》1947 年第 31 卷第 2—3 期,第 20—24 页。
[76] 张钟元:《小学教师生活调查》,《教育杂志》1935 年第 25 卷第 7 号,第 177—197 页。
[77]《征集各路养老储金之情形》,《铁路协会会报》1922 年第 117 期,第 120—121 页。
[78]《中央决定铁路将另任专员管理》,《申报》1928 年 10 月 7 日,第 4 版。
[79] 祝世康:《美国各州公务人员养老保险之研究》,《建国月刊》1934 年第 11 卷第 4 期,第 1—4 页。
[80]《昨日之国务会议》,《申报》1928 年 10 月 20 日,第 2 版。

## 四、古籍部分

[1]《册府元龟》卷五十五,《帝王部·养老》。
[2]《管子·大匡》。
[3]《管子·轻重》。
[4]《管子·山权数》。
[5]《汉书·食货志上》。
[6]《汉书》卷四,《文帝纪》四。
[7]《礼记·祭疏》。
[8]《礼记·内则》。
[9]《礼记·王制》。
[10]《梁书》卷三,《武帝纪》。
[11]《论语·为政》。
[12]《孟子·梁惠王下》。
[13]《孟子·万章上》。
[14]《钦定大清会典事例》卷二六九,《户部·蠲恤》。
[15]《宋史》卷十二,《仁宗纪》。
[16]《宋史》卷一七八,《食货上》。
[17]《唐会要》卷四十九,《病坊》。
[18]《魏书》卷七,《高祖纪》上。
[19]《魏书》卷七,《高祖纪》下。
[20]《新唐书》卷五十一,《食货志》。
[21]《夷坚甲志》卷一,《刘厢使妻》。
[22]《元史》卷一百〇三,《刑法二·户婚》。

# 文丛后记

筹划已久的“财政政治学文丛”终于问世了，感谢丛书的顾问、众多编委和复旦大学出版社帮助我们实现了这一愿望。

“财政政治学文丛”是“财政政治学译丛”的姊妹丛书。自 2015 年“财政政治学译丛”在上海财经大学出版社陆续出版以来，再出一套由中国学者作品组成的“财政政治学文丛”就成为周边很多朋友的期待。朋友们的期待就是我们的使命，于是，我们设想用一套“财政政治学文丛”作为平台，将国内目前分散的、从政治视角思考财政问题的学者聚合在一起，以集体的力量推进相关研究并优化知识传播的途径。“财政政治学译丛”的许多译者成了“财政政治学文丛”的作者，我们还希望能够继续吸引和激励更多的学者加入这一行列，以共同推进财政政治学的发展。

无论是对国内学界来说，还是对国外学界来说，“财政政治学”(fiscal politics)都不算是一个主流或热门的概念，甚至到目前为止都没有人专门考证过这个概念的提出者、提出的具体时间及其使用意图。从财政学发展史的角度看，至少早在 19 世纪 80 年代，意大利财政学者就将财政学划分为三个密切相关的分支学科：财政经济学(economia finanziaria)、财政政治学(politica finanziaria)和财政法学(diritto finanziario)。就今天来说，财政政治学在思想上主要源于财政社会学(fiscal sociology，译自德文 Finanzsoziologie)，甚至可以说它和最初的财政社会学就是同义词。学界公认，美国学者奥康纳(James O'Connor)是 20 世纪 70 年代推动财政社会学思想复兴的重要代表，但他非常明确地在自己 1973 年出版的《国家的财政危机》一书中提倡“财政政治学”，他所说的财政政治学可以说就是财政社会学，因为他在谈到财政政治学时提及的学者就是财政社会学的创立者葛德雪和熊彼特，而其引用的也主要是熊彼特在1918年发表的《税收国家的危机》这篇财政社会学的经典文献。无独有偶，在国际货币基金组织2017年出版的《财政政治学》(*Fiscal Politics*)论文集的导论中，主编也明确地将书名溯源到熊彼特1942年出版的《资本主义、社会主义与民主》和1918年发表的《税收国家的危机》，这实际上也是将财政政治学的思想上溯到财政社会学，因为《税收国家的危机》一文不仅是财政社会学的创始文献之一，也是《资本主义、社会主义与民主》一书的思想源头。

在这里，我们有必要明确强调，初创时期的财政社会学之"社会学"和当前的财政政治学之"政治学"之间并无实质性区别。虽然在今天社会学和政治学分属两个独立的学科，但我们不能根据今天学科分化的语境想当然地将财政社会学作为社会学的子学科或将财政政治学作为政治学的子学科，尽管很多人往往顾名思义地这样认为，甚至一些研究者也是如此主张。无论是从社会学思想史，还是从创立者的研究目的来说，财政社会学的"社会学"更应该被看作社会理论(social theory)而非社会学理论(sociological theory)。前者试图理解、解释或识别大规模社会变迁，关注的是起源、发展、危机、衰落或进步等主题，因而特别重视制度和长历史时段分析；后者主要是建立一个能系统地将实证研究结果组成对现代社会的综合理解的框架，因其集中关注的主要是那些经济学、政治学、管理学遗漏的地方，甚至被人称作"剩余科学"。在今天，西方学术界自称或被称为"财政社会学"的研究中，事实上既包含财政社会学初创时期所指的社会理论的内容，又包含当前社会学学科所指的社会学理论的内容，而我们所说的财政政治学跟初创时期的财政社会学基本一致。

"财政是国家治理的基础和重要支柱"，我们理解的财政学就是揭示财政与国家治理的关系和后果，以及利用财政工具优化国家治理、推动政治和社会进步的学问。在此前提下，作为财政学分支的财政政治学，探讨的主要就是财政与国家之间的理论关系，就像熊彼特评论财政社会学时所说的，"它可以让我们从财政角度来考察国家，探究它的性质、形式以及命运"[1]。根据我们对财政政治学的理解以及试图实现的研究目标来说，财政政治学的"政治学"所体现的主要不是现代政治学的英美传统而是欧洲大陆传统。前者以英美的科学传统为基础，强调政治研究中的行为主义视角和量化方法；后者以欧洲的人文主义传统为

[1] 熊彼特："税收国家的危机"，刘志广、刘守刚译，载格罗夫斯著，柯伦编：《税收哲人》附录，中译本，刘守刚、刘雪梅译，上海财经大学出版社2018年版，第183页。

基础，强调政治研究中跨学科研究和质性研究的重要性。就欧洲社会科学研究传统而言，遵循欧洲大陆传统的政治学可作为今天的社会理论的组成部分，事实上，当政治学研究传统上溯至亚里士多德时，它本身就是我们今天所说的社会理论。

因此，尽管名称有差异，但财政政治学与财政社会学实际上并不是两类不同性质的研究，只不过财政政治学指的是财政社会学初创时期所指的社会理论范畴。考虑到国内普遍流行的是社会学理论而非社会理论，为避免将财政社会学研究局限于实证或“剩余科学”的范围内，也为了进一步突出并传播“财政是国家治理的基础和重要支柱”这一重要理念，我们的译丛和文丛都特别选择财政政治学为名。也可以说，“财政政治学”这一名称的选择是以英美用法为名，但以欧洲大陆传统为实。

在财政学研究传统的划分中，一种更为合理的标准是区分为交换范式财政学和选择范式财政学，这种区分与曾经流行的欧洲大陆传统-英美传统、旧式财政学-新式财政学、德语财政学-英语财政学等划分标准能够基本形成对应关系，但表述更为准确，既能突出不同研究传统的内核，也能够有效避免以地域、时期、国别、语言等分类标准所带来的困难。财政社会学产生于“一战”后期关于欧洲各国战后怎样重建的辩论之中，是交换范式财政学研究传统的典型代表，它与曾流行于欧洲大陆的官房学（cameralism）在思想上有很深的渊源，后者兴盛于政治碎片化下民族国家形成的历史过程之中。无论对财政社会学来说，还是对官房学来说，国家都被置于分析的中心，甚至官房学后来在德国的发展还被称为国家学（Staatswissenschaft）。在欧洲大陆，财政学被认为起源于官房学，而财政社会学也曾被认为就是财政学本身。但长期以来，对英美社会科学思想史来说，官房学都是被遗失的篇章，后来在官房学被译介到英美时，按照其时下的学科划分标准，即经济学主要研究市场问题，政治学主要研究国家问题，而社会学主要研究社会问题，官房学者因为其研究的中心问题是国家而被看作政治学家而非经济学家或社会学家。事实上，一些研究者也将选择范式财政学研究传统的思想追溯到官房学，但与今天选择范式下基于各种假设条件的虚幻选择不同，官房学中的选择是真实的选择，因为官房学者必须为其选择承担责任，有时甚至会付出生命的代价。从根本上说，官房学着眼于民族国家的实际创立、生存、竞争与发展，更能反映着眼于国家治理的财政科学的完整萌芽，它与我们理解的主要探讨财政与国家关系的财政政治学取向是一致的。阳光之下无罕事，我们并不需要假装财政政治学主张具有原创性，它并不是要构建出一个全新的出发点，而是对财政学思想史中已有传统的新的思考与拓展。周期性地追根溯源及重新阐述研究任务，似乎正是推进社会科学发展的常规做法，而官房学显然可以成为财政政治学发展的重要思想源头。

"财政政治学文丛"的选题范围与"财政政治学译丛"并没有太大区别，其覆盖面同样广泛，既涉及财政与国家的基础理论研究，也涉及此领域的历史及其实证研究。当然，探讨中国的财政与国家关系、国家治理优化过程中财政工具的运用、从财政推动政治发展等内容，是其中最为重要的组成部分。这些研究是依主题的相似而不是方法的相同而聚合在一起的，研究中各自采用的方法主要依据研究内容而定。它们所要传递并深入研究的基本思想，实际上是葛德雪和熊彼特在其财政社会学的经典论著中所总结并奠定的。

虽然财政政治学还是一个比较新的边缘性的提法，但这恰恰是其意义与价值所在，因为对社会科学研究来说，正是新的边缘性概念及其发展为理论的创新与发展提供了前提条件。更何况，从思想源头上说，财政政治学所代表的财政学思想传统，曾经是财政学本身或财政学的主流，那就是"以国家为中心"。遗憾的是，在中国目前的财政学研究中，恰恰丢掉了国家。正如葛德雪强调的，"财政学主要关心的是国家的经费问题，但它从未停止过询问，谁才是国家?"[1]因此，与政治学界以斯考克波为代表的学者呼吁"找回国家"[2]相应，财政政治学的发展实际上就是在财政学领域"找回国家"的知识努力。这种知识的发展和深化，将使我们能够拨开各种迷雾，更好地洞见在有国家的社会中财政制度安排对塑造国家治理体系、治理能力以及背后的社会权利-权力结构的基础性作用。

需要指出的是，财政政治学在当前还不是一个学科性概念，我们愿意遵循熊彼特当年对财政社会学的定位，仍将财政政治学看作一个特殊的研究领域，它涉及一组特殊的事实、一组特殊的问题以及与这些事实和问题相适应的特殊的研究方法。奥康纳在 2000 年为其《国家的财政危机》再版所写的序言中反复强调了财政政治学研究是政治经济学和政治社会学的结合，而国际货币基金组织出版的《财政政治学》论文集的主编也强调财政政治学试图复兴一种在政治经济学中将经济、社会和政治过程看作共同决定和共同演进的传统。正是在这种研究取向中，我们可以努力地去实现马斯格雷夫对财政学发展的反思性主张，他认为，主流财政学满足于帕累托最优而忽略了公平正义、个人权利以及有意义的自

[1] 马斯格雷夫、皮考克主编:《财政理论史上的经典文献》，刘守刚、王晓丹译，上海财经大学出版社 2015 年版，第 263 页。

[2] 斯考克波:"找回国家"，载埃文斯、鲁施迈耶、斯考克波编著:《找回国家》，生活·读书·新知三联书店 2009 年版。

由概念等对一个国家的重要意义[1]。主流财政学的不足主要在于其研究所依赖的方法或技术导致人为地割裂了财政与国家间的历史性与制度性联系，从而使其研究偏离了财政学的真正研究主题。我们想要做的，就是努力使财政学重新回到对国家具有重要意义的议题的关注之上，并重塑其对社会的理解力和指导力，这一重塑是出于一种迫切且共同的需要，也就是在新的时代更恰当地去理解并推动国家治理优化与中国政治的发展。

当然，我们在此处并不是在否定财政政治学今后走向独立学科的可能性，事实上，我们正在为此做准备。但这需要一个很长的努力过程，需要有更多人能够积极且静心地投入进来。当我们能够从更多的研究确立的各项解释原则的相互关系中发现财政政治学的学科统一性时，建立财政政治学学科所要探讨的问题，将像罗宾斯在重新定义经济学时所说的一样"由理论统一中的缺口和解释性原理中的不足来提示"[2]。但对财政政治学的发展，最令人期待的结果并不在于形成像现代主流财政学那样统一且标准化的理论以对世界进行技术性或工具性控制，而在于通过财政政治学这种多元、开放的思想体系吸收和转化不同学科的研究成果，并将这种独到的综合性思考成果不断地融入到所要分析的主题中去，实现对国家治理和政治发展的更深层次、更广范围的反思性对话，从而促进优良政治与美好社会建设。我们也并不在意符合这里所说的财政政治学研究目的的研究是否都冠之以财政政治学之名，在"有名无实"和"有实无名"之间，我们会毫不犹豫地选择后者，因为这才是我们真正的追求。

因此，对本文丛感兴趣的研究者和读者，不必在意是否满意于"财政政治学"这一名称，也不必纠结于财政政治学是否有一个明确的定义，关键在于志同道合，即我们试图发展一个能让我们更好地理解历史与现实并指导未来的财政学，"财政政治学"就是我们的"集结号"！我们希望拥有更多的读者，也希望有更多的研究者能够加入这一研究团队，共同使"财政政治学文丛"不断完善并成为推动财政学科发展的一支重要力量，进而贡献于国家治理的优化与政治的现代化。

**刘守刚**　上海财经大学公共经济与管理学院
**刘志广**　中共上海市委党校经济学教研部
2019年8月

[1] 布坎南·马斯格雷夫：《公共财政与公共选择：两种截然不同的国家观》，类承曜译，中国财政经济出版社2001年版。
[2] 罗宾斯：《经济科学的性质和意义》，朱泱译，商务印书馆2000年版，第9页。

**图书在版编目(CIP)数据**

福利中国的初曙:近代养老金制度的建立与发展/林矗著. —上海: 复旦大学出版社, 2021.9
(财政政治学文丛)
ISBN 978-7-309-15778-9

Ⅰ.①福… Ⅱ.①林… Ⅲ.①退休金-财务制度-研究-中国-近代 Ⅳ.①F249.213.4

中国版本图书馆 CIP 数据核字(2021)第 119608 号

**福利中国的初曙:近代养老金制度的建立与发展**
FULI ZHONGGUO DE CHUSHU: JINDAI YANGLAOJIN ZHIDU DE JIANLI YU FAZHAN
林 矗 著
责任编辑/戚雅斯

复旦大学出版社有限公司出版发行
上海市国权路 579 号 邮编: 200433
网址: fupnet@ fudanpress. com http://www. fudanpress. com
门市零售: 86-21-65102580 团体订购: 86-21-65104505
出版部电话: 86-21-65642845
江阴市机关印刷服务有限公司

开本 787 × 1092 1/16 印张 12.75 字数 222 千
2021 年 9 月第 1 版第 1 次印刷

ISBN 978-7-309-15778-9/F · 2809
定价: 60.00 元